Alexandra David-Néel

Née en 1868 à Saint-Mandé, près de Paris, décédée à Digne en 1969, Alexandra David-Néel s'embarque à 23 ans pour le Sri Lanka et ne cessera dès lors de sillonner l'Asie. Disciple du géographe Élisée Reclus, polyglotte, elle est tour à tour exploratrice, reporter et ethnologue au cours d'une longue pérégrination qui la mène de l'Inde au Tibet. Ses observations sont recueillies dans une trilogie qui paraît de 1926 à 1933, et dont le premier volet, *Voyage d'une Parisienne à Lhassa*, connaît un succès mondial. Mais son nom reste avant tout attaché à la divulgation d'un système de pensée et d'une spiritualité dont la profondeur se dérobait jusqu'alors au public occidental. Elle consacre ainsi plusieurs écrits – introductions générales ou romans initiatiques – au bouddhisme, parmi lesquels *Le bouddhisme du Bouddha* et *Le lama aux cinq sagesses*. Sa correspondance avec son mari, recueillie dans *Journal de voyage*, restitue l'itinéraire d'une aventurière qui, au cours d'une existence centenaire, s'est imposée comme l'une des plus grandes dépositaires occidentales de la sagesse orientale.

MYSTIQUES ET MAGICIENS DU TIBET

ALEXANDRA DAVID-NEEL

MYSTIQUES ET MAGICIENS DU TIBET

PLON

Pocket, une marque d'Univers Poche,
est un éditeur qui s'engage pour la
préservation de son environnement et
qui utilise du papier fabriqué à partir
de bois provenant de forêts gérées de
manière responsable.

© Librairie Plon, 1929

ISBN 978-2-266-13462-0

> *« Le Tibet... patrie
> du Mystérieux, de l'impos-
> sible. »*
>
> A. D'ARSONVAL

PRÉFACE

Les Tibétains que nous tenons pour être des Bouddhistes, et qui se croient tels, ont adopté, comme on va le
voir dans le présent livre, beaucoup de croyances et de pratiques qui diffèrent entièrement du Bouddhisme originel. Il
en est ainsi de nombre de croyances empruntées à la religion des anciens habitants du Tibet, des Chamanistes.

L'influence de Padmasambhâva — le magicien sorcier,
venu semble-t-il de l'Afghanistan[1] — encore aujourd'hui
révéré comme leur Maître par les adeptes de la religion
Bön, a été, et est encore grande au Tibet.

D'autre part, des érudits tel que Marpa Lotsawa, c'est-à-
dire, Marpa le traducteur, qui fut Maître spirituel de Milarepa, l'ascète poète, ont introduit au Tibet les ouvrages
des grands philosophes de l'Inde, et aussi, les doctrines du
tantrisme, principalement, empruntées au Népal. C'est un
mélange qui, ajouté aux enseignements du Bouddhisme
authentique : l'impermanence foncière de tous les phénomènes, l'absence complète d'ego en toutes choses que les
Tibétains affirment en répétant : « Il n'y a pas d'ego dans
les individus, il n'y a d'ego en aucune chose », forme
aujourd'hui les deux aspects de la religion que nous rencontrons au Tibet : la religion populaire, comme celle des
intellectuels lettrés. Ainsi, certains auteurs paraissent bien

---

1. En ce qui concerne Padmasambhâva, voir à ce sujet mon livre :
Quarante siècles d'expansion chinoise.

inspirés en appliquant à la religion prédominante au Tibet, le nom de Lamaïsme, plutôt que celui de Bouddhisme.

ALEXANDRA DAVID-NEEL

NOTE

On remarquera que dans cette nouvelle édition, j'ai écrit Tibet *au lieu de* Thibet.

J'avais employé cette dernière orthographe afin de ne pas causer d'embarras aux lecteurs qui allaient la trouver dans la plupart des auteurs de cette époque. Depuis lors, l'orthographe Tibet *sans h a prévalu, c'est pourquoi je l'emploie dans cette nouvelle édition.*

Toutefois, ni Tibet, *ni* Thibet *ne sont le nom que les indigènes donnent à leurs pays. Ils appellent celui-ci* Bod Yul *(prononcé* Peu Youl*) et eux-mêmes se dénomment* Peu Pa. *Poétiquement le pays est appelé* Kkang Yul — *Pays des neiges* — *bien qu'il neige peu au Tibet, et que les neiges perpétuelles ne se rencontrent qu'au-dessus de 6 000 m d'altitude.*

INTRODUCTION

Immédiatement après la publication du récit de mon
voyage à Lhassa, un grand nombre de personnes ont
témoigné, soit au cours d'articles consacrés à mon livre,
soit de façon privée, le désir de connaître comment j'ai été
amenée à vivre parmi les lamas et, d'autre part, d'être ren-
seignées sur les doctrines et les pratiques des mystiques et
des occultistes du Tibet.

J'essaie de satisfaire, ici leur bienveillance curiosité.
Cette tâche comporte, toutefois, quelques difficultés, du
fait de l'espace restreint dont je dispose.

Afin de répondre aux deux questions d'ordre différent
qui m'ont été posées, j'ai tout d'abord relaté les circonstances qui m'ont mise en contact avec le monde religieux
lamaïste et celui des sorciers de tous genres qui gravitent
autour de lui.

Ensuite, je me suis attachée à grouper un certain nombre
de traits saillants concernant les théories occultes ou mystiques et les pratiques d'entraînement psychique des Tibétains. Chaque fois que j'ai trouvé dans le fonds très riche
de mes souvenirs un fait s'y rattachant, je l'ai relaté à sa
place. Il n'est donc pas question d'un journal de voyage, le
sujet ne s'y prête point.

Au cours d'investigations telles que celles que j'ai poursuivies, le renseignement que l'on obtient un jour ne reçoit,
parfois, son complément que plusieurs mois ou plusieurs
années plus tard. C'est seulement en présentant la somme

des informations recueillies en divers endroits que l'on peut espérer donner une idée juste du sujet que l'on traite.

Je me propose, du reste, de reprendre la question du mysticisme et de la philosophie des Tibétains dans un ouvrage plus technique.

Comme dans le *Voyage d'une Parisienne à Lhassa*, les noms tibétains sont généralement transcrits phonétiquement seulement. Les quelques cas dans lesquels l'orthographe tibétaine a été indiquée montreront combien la prononciation correcte s'en écarte.

Il faut aussi observer que tous les *g*, même devant un *e* ou un *i*, ont le son dur. Ainsi *gelong* se prononce comme *guelong* et non comme *jelong*.

CHAPITRE PREMIER

*L'Himâlaya antichambre du Tibet. — Premier contact
avec le lamaïsme et ses adeptes. — Conversations avec
le Dalaï-lama. — La mort et son au-delà, d'après les
Tibétains. — Les pérégrinations des défunts et leurs
mésaventures. — Les sorciers à l'œuvre. — Histoire
d'un grand lama ignorant qui renaquit comme ânon
malgré le dévouement d'un saint homme qui s'efforça de
lui offrir l'occasion d'une naissance humaine. — Coup
d'œil sur la terre tibétaine. — Visite à un lama contemplatif. — Je quitte l'Himâlaya.*

«...Alors, c'est entendu. Je vous laisse Dawasandup
comme interprète. Il fera route avec nous.»

Est-ce un homme qui me parle?... Ce tout petit personnage au teint jaunâtre, vêtu d'une robe de brocart orange,
une étoile en diamant scintillant à son toquet, n'est-il pas
plutôt un génie descendu des montagnes voisines?...

On le dit lama incarné et prince héritier d'un trône
himâlayen, mais pour le moment, je doute de sa réalité.

Il va probablement s'évanouir comme un mirage avec sa
suite bariolée et son palefroi caparaçonné de drap jaune. Il
fait partie de la féerie parmi laquelle je vis — ou du moins,
je crois vivre — depuis quinze jours. Ce nouvel épisode est
bien dans la note du rêve; dans quelques instants je me réveil-
lerai au lit, quelque part, dans un pays que ne hantent ni génies, ni lamas incarnés aux robes chatoyantes, où les messieurs

portent de vulgaires vestons et les chevaux, de grandeur normale, ne s'enveloppent point en des étoffes couleur de soleil.

Un roulement de timbale me fait sursauter, des hautbois entonnent, en mineur, un air mélancolique. Le génie enfourche son coursier rutilant, seigneurs et valets de l'escorte sautent en selle.

— Je vous attends, répète le prince-lama, en me souriant gracieusement.

Je m'entends, comme si j'écoutais les paroles d'un autre, lui promettre d'arriver le surlendemain dans sa capitale et l'étrange cavalcade s'éloigne, précédée par les musiciens.

Avec les derniers sons de la plaintive mélodie s'éteignant au loin, l'espèce d'enchantement qui me retenait immobile se dissipe. Je fais un pas. Non, je n'ai pas rêvé ; toute cette scène est réelle. Je suis à Kalimpong, dans l'Himâlaya, et, près de moi, se tient l'interprète mis à ma disposition depuis mon arrivée.

Comment me trouvais-je en cet endroit ? Je l'ai déjà dit *ailleurs*[1]. Des raisons politiques ayant, à cette époque, conduit le Dalaï-lama à chercher refuge en territoire britannique, son séjour à la frontière de l'Inde m'avait paru une occasion unique de le voir et d'obtenir de lui des renseignements sur le genre de bouddhisme prévalant au Tibet.

Très rares sont les étrangers qui ont approché le moine-roi retranché dans sa ville sainte, au Pays des Neiges. Même en exil, il n'était pas d'un abord facile ; jusqu'à ma visite, il avait obstinément refusé de donner audience à aucune femme, autre que Tibétaine. Je fus la première en faveur de qui il fit une exception et j'ai tout lieu de croire que je suis restée la seule.

En quittant Darjiling par un frais matin de printemps, où la montagne s'enveloppait de nuées roses, j'étais fort loin de prévoir les suites extraordinaires de ma démarche. Je ne voyais devant moi qu'une courte excursion et une interview intéressante, tandis qu'en réalité, je m'engageais dans une série de pérégrinations qui devaient me retenir en Asie pendant plus de dix ans.

Au début de cette longue route, le Dalaï-lama figure

1. Dans un livre précédent : *Voyage d'une Parisienne à Lhassa.*

12

dans mes souvenirs, comme l'hôte obligeant qui, apercevant un voyageur au pied des murs enclosant son domaine, lui indique la direction à suivre pour y pénétrer.

Cette direction me fut désignée en trois mots : « Apprenez le tibétain. »

S'il faut en croire ses sujets qui l'appellent l'Omniscient (thamstched mkyénpa), le souverain du Tibet savait, en me donnant ce conseil, quelle en serait la suite et qu'il me guidait ainsi, lui-même, non point seulement vers Lhassa, sa capitale interdite, ce qui eût été peu de chose, mais vers les maîtres mystiques et les mages inconnus, plus difficilement accessibles encore, que recèle son merveilleux pays.

A Kalimpong, le lama-roi résidait dans un vaste chalet appartenant au ministre du rajah du Bhoutan. Pour donner à l'habitation une apparence plus majestueuse, une avenue avait été simulée par deux rangées de hautes perches de bambou plantées depuis la route et dont chacune portait un drapeau sur lequel était imprimé *Aum mani padmé hum!* ou bien « le cheval de l'air » entouré de formules magiques. L'étendard national tibétain, un lion noir sur un fond cramoisi, n'avait pas encore été inventé, je crois, à cette époque.

La cour du souverain en exil était nombreuse et les serviteurs se chiffraient par plus d'une centaine. Généralement, tout ce monde s'abandonnait à la quiétude d'un doux *farniente* que charmaient d'interminables bavardages et la tranquillité régnait autour de la demeure du grand lama. Mais que ce fût jour de fête ou de réception, alors, de toutes parts, surgissait la foule affairée et bruyante des dignitaires et des domestiques. Ils encombraient les portes, se montraient à toutes les fenêtres, se répandaient aux alentours, s'empressant, s'agitant, criant, souvent si pareils les uns aux autres, dans leurs robes crasseuses, qu'un étranger eût facilement commis des méprises fâcheuses.

Le décorum, l'étiquette et les splendeurs du Potala étaient loin! Ceux qui ont vu ce camp au bord de la route, où le souverain du Tibet attendait que ses sujets lui aient reconquis son trône, n'ont guère pu soupçonner ce qu'est la cour de Lhassa.

L'expédition britannique pénétrant de vive force sur son

territoire interdit et paradant dans sa capitale, en dépit des charmes et des sortilèges de ses plus éminents sorciers, avait très probablement amené le Dalaï-lama à comprendre que les barbares étrangers étaient ses maîtres quant à la force. Les diverses inventions qu'il avait pu ensuite examiner pendant un voyage dans l'Inde l'avaient, vraisemblablement aussi, convaincu de leur habileté à asservir et à façonner la matière. Cependant, sa conviction quant à l'infériorité mentale des Blancs demeurait inébranlée, et en cela il ne faisait que partager l'opinion commune à tous les Asiatiques, de Ceylan aux confins septentrionaux de la Mongolie.

Une Occidentale versée dans les doctrines bouddhiques lui parut un phénomène inconcevable. Je me serais évaporée tandis qu'il me parlait qu'il n'en aurait pas été surpris ; bien au contraire, c'était la réalité de ma personne qui le surprenait.

Forcé de se rendre à l'évidence, le Dalaï-lama m'interrogea sur mon maître. Je devais en avoir un et ce ne pouvait être qu'un Asiatique. Il tomba des nues quand je lui affirmai qu'avant ma naissance, le texte tibétain d'un des livres bouddhiques les plus estimés par les lamas avait été traduit en français[1].

C'était là un fait qu'il admettait difficilement et il s'appliquait à en diminuer la valeur. « Si, disait-il, quelques étrangers ont, vraiment, appris notre langue et lu nos livres sacrés, le sens de ceux-ci leur a échappé. »

Parlant ainsi, il m'offrait une excellente occasion de lui présenter ma requête. Je m'empressai de la saisir :

« C'est précisément, répondis-je, parce que je me doute que certaines doctrines religieuses du Tibet ont été mal comprises que je m'adresse à vous pour être éclairée. »

Cette réponse plut au Dalaï-lama ; non seulement il me donna des explications orales sur les questions que je lui soumis, mais il me remit, plus tard, un mémoire écrit dans lequel quelques-unes de ces explications étaient développées.

---

1. *Le Gyatcher rolpa*, traduit par Ed. Foucaux, professeur au Collège de France.

Le prince du Sikkim et son escorte avaient disparu, il ne me restait qu'à tenir ma promesse et à me préparer à partir moi-même pour Gangtok. Cependant une autre idée me trottait en tête.

La veille, j'avais assisté à la bénédiction des pèlerins par le Dalaï-lama, scène bien différente de celle d'une bénédiction pontificale à Rome.

Alors que d'un seul geste le pape bénit une multitude, les Tibétains, plus exigeants, entendent recevoir chacun une bénédiction particulière. Il existe, chez les lamaïstes, trois façons de bénir correspondant au degré d'estime en lequel le lama qui bénit tient celui à qui il donne sa bénédiction. Poser les deux mains sur la tête de quelqu'un est la manière la plus courtoise. Moins poliment, une seule main touche la tête et, ici, l'on distingue des nuances telles que l'attouchement avec deux doigts ou même avec un doigt seulement. Enfin, en dernier lieu, vient la bénédiction conférée en effleurant la tête avec une sorte de plumeau composé d'un manche auquel sont attachés des rubans de soie de différentes couleurs.

L'on remarquera que, dans tous ces modes de bénir, il y a toujours contact direct ou indirect entre le lama et le fidèle. Pourquoi ce contact est-il nécessaire? Parce que, d'après les lamaïstes, la bénédiction ne consiste pas à appeler la bienveillance de Dieu sur des personnes ou sur des choses, mais à leur infuser une force salutaire émanant du lama.

Le nombre considérable des gens accourus à Kalimpong pour être effleurés par les rubans du plumeau rituel tenu par le Dalaï-lama, me donna déjà quelque idée du haut prestige dont il jouit. Le défilé dura plusieurs heures et je remarquai que la procession des dévots n'était pas uniquement composée d'indigènes lamaïstes. Quantité de Népalais et de Bengalis appartenant à des sectes hindouïstes s'y trouvaient mêlés. J'en vis plusieurs qui, venus en spectateurs, subissaient soudain une sorte d'attraction occulte et couraient se joindre au pieux troupeau.

Tandis que je regardais cette scène, je remarquai assis par terre, un peu à l'écart, un individu dont la tignasse embroussaillée était enroulée en turban à la manière de certains ascètes de l'Inde. L'homme, cependant, n'avait point les traits d'un Hindou et il portait un habit monastique lamaïque, crasseux et en loques.

Ce gueux avait posé une petite besace à côté de lui et considérait la foule avec une expression de physionomie qui me parut goguenarde.

Je le désignai à Dawasandup, lui demandant s'il avait quelque idée de ce qu'était ce Diogène himâlayen.

— Ce doit être un *naldjorpa*[1] en voyage, me répondit-il, et comme il me vit curieuse d'en savoir davantage, mon complaisant interprète alla causer avec lui.

Quand il revint, il avait l'air grave :

— Ce lama, me dit-il, est un Bhoutani[2], un ascète péripatéticien. Il habite tantôt ici, tantôt là, dans des cavernes, des maisons abandonnées ou sous les arbres dans la forêt. Il s'est arrêté ici pour quelques jours et loge dans un petit monastère du voisinage.

C'est à ce vagabond que je pensais après le départ du prince et de sa cavalcade. J'avais du temps devant moi, pourquoi n'irais-je pas jusqu'à la *gompa* (monastère) où il logeait ? Je l'y rencontrerais peut-être. Pourquoi avait-il eu l'air de se gausser du Grand lama et de ses ouailles ? Il pouvait être intéressant de le savoir.

Je fis part de mon désir à Dawasandup qui se déclara prêt à m'accompagner.

Nous partîmes à cheval et arrivâmes bientôt à la *gompa* qui n'était qu'une grande maison campagnarde.

Dans le *Lha kang* (salle où se trouvent les statues des déités), le *naldjorpa* était assis sur un coussin, en face d'une table basse, et finissait son repas. D'autres coussins furent apportés, pour nous, par le desservant du temple qui nous offrit du thé.

Il s'agissait maintenant de causer avec l'ascète errant qui ne s'y prêtait guère, car, la bouche pleine de riz, il avait à peine répondu par un grognement à nos salutations polies.

1. Littéralement «celui qui a atteint la parfaite sérénité », mais dans l'acception générale, un ascète mystique possédant des pouvoirs magiques.
2. Un indigène du Bhoutan.

Je cherchais une phrase de début, lorsque le singulier bonhomme se mit à rire et prononça quelques mots.

Dawasandup parut gêné.

— Que dit-il ? demandai-je.

— Excusez-moi, répondit l'interprète, ces *naldjorpas* emploient parfois un langage un peu rude... Je ne sais si je dois traduire...

— Je vous en prie, répliquai-je. Je suis ici pour noter toutes choses et, particulièrement, celles qui, pour une raison quelconque, sont originales.

— Alors..., je vous demande pardon, il dit : « Que vient faire ici cette idiote ? »

Le ton malhonnête de la question ne m'étonna pas outre mesure. Dans l'Inde aussi, certains *sannyâsins* (ascètes) affectent d'insulter ceux qui les approchent.

— Répondez, dis-je à Dawasandup, que je suis venue lui demander pourquoi il se moquait de ceux qui allaient recevoir la bénédiction du Dalaï-lama.

— ...Tous pleins de leur importance et de l'importance de ce qu'ils font, mâchonna le *naldjorpa* entre ses dents... Des insectes s'agitant dans la m...

L'interview s'annonçait pittoresque.

— Et vous, continuai-je, êtes-vous sauf, hors de cette gadoue ?

Il rit bruyamment.

— Chercher à l'éviter, c'est s'y enfoncer plus profondément. Je m'y roule comme le porc. Je la digère et la transmue en sable d'or, en ruisseau d'eau limpide. Faire des étoiles avec des crottes de chien, voilà l'œuvre !

Mon interlocuteur affectionnait, décidément, les comparaisons scatologiques. Ce devait être sa façon de poser au surhomme.

— Enfin, dis-je, ces pieux laïques n'ont-ils pas raison de profiter de la présence du Dalaï-lama pour obtenir sa bénédiction ? Ce sont de simples bonnes gens dont l'esprit ne peut s'élever jusqu'aux hautes doctrines...

Le *naldjorpa* m'interrompit.

— Pour qu'une bénédiction soit efficace, di-il, il faut que celui qui la donne ait, en lui, une force à communiquer. Celle-ci peut être employée de maintes façons. Pourquoi,

17

s'il la possède, le Précieux Protecteur (dalaï-lama) a-t-il besoin de soldats pour combattre les Chinois ou d'autres ennemis ? Ne peut-il, lui-même, repousser ceux qui lui déplaisent hors du Tibet, et entourer le pays d'une barrière invisible et infranchissable ?

« Le gourou "né dans le lotus" (Padmasambhâva) avait ce pouvoir, et sa bénédiction parvient toujours à ceux qui le vénèrent, bien qu'il habite, maintenant, la contrée lointaine des Rakchasas.

« Moi, je ne suis qu'un humble disciple, et pourtant... »

L'humble disciple me paraissait toqué et, surtout, pas mal vaniteux, car son « et pourtant » suspensif avait été accompagné d'un regard qui en disait long sur la pensée achevant la phrase tronquée.

Mon interprète était visiblement mal à l'aise. Il respectait profondément le Dalaï-lama et n'aimait pas l'entendre critiquer.

D'autre part, l'homme capable de « confectionner des étoiles avec des crottes de chien » lui inspirait une crainte superstitieuse.

Je proposai de nous retirer, mais ayant appris, par le desservant du temple, que le lama devait se remettre en route le lendemain, je tendis quelques roupies à Dawasandup en lui disant de les lui offrir pour acheter des provisions de route.

Ce cadeau déplut au *naldjorpa*. Il le refusa disant qu'il avait déjà reçu plus de provisions qu'il n'en pouvait porter.

Dawasandup crut bien faire en insistant et il s'avança avec l'intention de déposer l'argent sur la table près du lama. Mal lui en prit. Il n'avait pas fait trois pas que je le vis chanceler, reculer et se heurter le dos contre le mur, comme s'il avait été violemment repoussé. En même temps, il jetait un cri et portait la main au creux de l'estomac.

Le *naldjorpa* se levait et sortait de la pièce en ricanant.

— J'ai reçu un formidable coup de poing qui m'a rejeté en arrière, me dit Dawasandup. Le lama est irrité, comment l'apaiser ?....

— Allons-nous-en, répondis-je. Le lama n'est pour rien dans ce qui vous est arrivé. Quelque trouble dans le fonctionnement du cœur peut en être la cause. Vous ferez bien de consulter un médecin.

Pâle et soucieux, l'interprète ne répliqua rien et nous rentrâmes sans que j'aie réussi à dissiper sa crainte.

Le lendemain, à l'aube, Dawasandup et moi nous partions pour Gangtok.

Le sentier muletier que nous suivions s'enfonçait dans l'Himâlaya, cette terre sacrée des traditions hindoues qu'elles peuplent de sages, d'ascètes thaumaturges et de déités. Les stations estivales établies par les étrangers à sa bordure n'ont pas encore réussi à en altérer sensiblement l'aspect. A quelques kilomètres des grands hôtels où l'on danse au son d'un jazz, la forêt vierge reprend ses droits. Noyée parmi les brouillards errants, une armée fantomatique d'arbres, drapés en de longues mousses d'un vert livide, y esquisse des gestes inquiétants devant les pas des voyageurs. Des vallées à la jungle exubérante jusqu'aux pics couverts de neiges éternelles, tout le pays baigne dans une indicible atmosphère de mystère.

Répondant à ce décor, la sorcellerie règne en souveraine parmi les populations soi-disant bouddhistes, et les médiums : Bönpos, Paos, Bounting et Yabas des deux sexes transmettent dans les moindres hameaux les communications des dieux et des défunts.

Je couchai, en cours de route, à Pakyong, et le lendemain j'atteignis Gangtok, accueillie à quelques kilomètres du village-capitale par un formidable orage de grêle qui se déchaîna subitement.

D'après les Tibétains, les phénomènes météorologiques sont l'œuvre de démons ou de magiciens. La tempête de grêle est une de leurs armes favorites. Les premiers s'en servent pour contrarier la marche des pèlerins se rendant en des lieux saints et les lamas thaumaturges pour défendre l'abord de leurs retraites contre les importuns et en écarter les candidats disciples au cœur tiède.

Quelques semaines après mon arrivée, le superstitieux Dawasandup me confia qu'il avait consulté un *mopa* (devin) au sujet de l'ouragan, imprévu après une journée radieuse, qui avait accompagné mon arrivée.

L'oracle avait déclaré que les dieux locaux et les saints

lamas ne m'étaient pas hostiles mais que, néanmoins, il m'en coûterait beaucoup d'efforts pour demeurer dans le : « Pays de la Religion » (une périphrase désignant le Tibet).

Hasard ou clairvoyance, le *mopa* avait vu juste. L'avenir le démontra.

Le prince héritier du Sikkim : S.A. Sidkéong Namgyal, était bien véritablement un lama, abbé d'un monastère de la secte des Khagyud-Karma et, de plus, un *tulkou*[1] considéré comme la réincarnation de son oncle, un lama de sainte mémoire.

Suivant l'usage, il avait pris l'habit religieux tout enfant au monastère dont il était le chef-né et où il avait passé une partie de sa jeunesse.

Les autorités britanniques l'ayant ensuite choisi, de préférence à son frère aîné, comme successeur éventuel du mahârajah son père, le résident anglais le tira de son monastère et le confia à un Hindou anglicisé qui devait lui servir de tuteur et de précepteur. Un court séjour à l'université d'Oxford et un voyage autour du monde, sous la conduite d'un gentleman du service diplomatique, complétèrent son éducation quelque peu hétérogène.

Sidkéong *tulkou* savait parfaitement l'anglais et beaucoup moins bien sa langue maternelle : le tibétain. Il parlait couramment l'hindoustani et un peu le chinois. La villa privée qu'il s'était fait construire dans les jardins du palais paternel ressemblait à une jolie maison de campagne anglaise qui aurait été flanquée d'un temple tibétain. L'intérieur de l'habitation répondait à son aspect extérieur : ameublement dans le goût anglais au rez-de-chaussée, oratoire et salon tibétain au premier étage.

Le jeune prince avait l'esprit très ouvert. Il s'intéressa tout de suite à mes recherches et s'employa, avec beaucoup de zèle, à me les faciliter.

Les premiers temps de mon séjour au Sikkim furent consacrés à visiter les monastères dispersés parmi les forêts. Ceux-ci m'impressionnèrent par leur situation, la plupart

1. Un de ces lamas de rang supérieur que les étrangers dénomment des « Bouddhas vivants ». Voir p. 116.

du temps splendide, sur des éperons de montagnes. Bâtisses rustiques, je les imaginais volontiers habitées par des penseurs méprisant les ambitions et les luttes du monde, qui passaient leurs jours dans le calme et les méditations profondes.

La réalité ne répondait guère à l'apparence. Les religieux du Sikkim sont, pour la plupart, de simples paysans, très souvent illettrés, qui n'éprouvent aucun désir de s'éclairer, même sur le bouddhisme qu'ils prétendent professer. Ils n'en ont, d'ailleurs, pas les loisirs. Les monastères auxquels ils appartiennent sont pauvres, dénués de revenus à partager entre leurs membres et manquent de bienfaiteurs riches. Ainsi les *trapas* (religieux du bas clergé), faute de pouvoir compter sur des subsides réguliers ou des dons assurant leur existence, sont obligés de travailler pour vivre.

Quelques mots d'explication sont nécessaires pour expliquer le terme *trapa* dont je viens de me servir et que je continuerai à employer par la suite.

Les auteurs étrangers dénomment *lamas* tous les membres du clergé lamaïste, indistinctement. Il n'en va pas de même au Tibet. Seuls ont droit au titre de lama (supérieur) les dignitaires ecclésiastiques : tels que les *tulkous*, les abbés des grands monastères et les religieux possédant les plus hauts grades universitaires. Tous les autres moines, même s'ils ont reçu l'ordination majeure (celle de gelong) ne sont que des *trapas* (élèves). L'usage est, toutefois, de donner, par courtoisie, le titre de lama à tous les religieux d'âge mûr et instruits, lorsqu'on leur adresse la parole.

Certains *trapas* du Sikkim, que leurs collègues tenaient pour savants, étaient capables de célébrer quelques rites religieux. Ils en enseignaient les récitations liturgiques à des novices qui rémunéraient leurs leçons par des dons en nature et un peu d'argent, mais souvent aussi uniquement en les servant comme domestiques.

Néanmoins, la source principale des revenus de tous les moines était l'exercice du sacerdoce.

Comme on le sait, le bouddhisme orthodoxe prohibe tous les rites religieux. Les lettrés lamaïstes admettent volontiers leur inutilité en ce qui concerne l'illumination spirituelle qui ne peut être atteinte que par l'effort intellectuel. Cependant la majorité d'entre eux préconisent certaines façons rituelles de poursuivre d'autres buts tels que la guérison des maladies, la prospérité matérielle, la subjugation des êtres malfaisants et la direction de l'esprit des défunts dans l'autre monde.

Procéder aux funérailles religieuses était la principale fonction ecclésiastique des moines montagnards de l'Himâlaya. Je dois dire qu'ils s'en acquittaient avec zèle, voire même avec un empressement bien proche du plaisir.

C'est que les rites funéraires comprennent un ou deux banquets offerts par la famille du mort à tous les membres du monastère dont ce dernier était le fidèle. Des présents, en argent et en nature, sont, de plus, offerts comme honoraires aux *trapas* qui officient à la maison mortuaire. Or, le clergé paysan de ces forêts, je l'ai dit, est pauvre et d'ordinaire fait maigre chère. Il est parfois difficile à ces primitifs de réprimer un frisson joyeux lorsque la mort d'un richard du terroir est annoncée, promettant plusieurs jours de bombance.

Les hommes faits savent, généralement, dissimuler leurs sentiments à cet égard, mais les bambins-novices qui gardent les troupeaux dans les bois, sont d'une ingénuité amusante.

Un jour où je m'étais assise, pour goûter, à proximité de quelques moinillons-pâtres, le meuglement prolongé d'un instrument à vent nous parvint, très affaibli par la distance.

En un clin d'œil, les garçons qui jouaient ensemble s'arrêtèrent immobiles, attentifs, prêtant l'oreille. Le même son se fit entendre de nouveau. Les enfants avaient compris :

— Les conches, dit l'un d'eux.

— Quelqu'un est mort, fit un autre.

Puis ils demeurèrent silencieux, s'entre-regardant, les yeux brillants, souriant d'un air entendu :

— On va manger de la viande, murmura un des gosses.

Dans maints villages, le prêtre lamaïste doit, cependant, subir la concurrence du sorcier. Celle-ci n'entraîne d'ordinaire aucune animosité ; la plupart du temps, tous deux, s'ils ont foi en leurs méthodes respectives, ont foi également en celles du voisin. Bien que le lama soit plus respecté que le sorcier Bön, sectateur de l'ancienne religion des arborigènes, ou que le magicien *ngagpa* assimilé au clergé officiel, ces derniers sont tenus pour plus habiles que lui lorsqu'il s'agit de traiter avec des démons qui, d'une façon quelconque, nuisent à un vivant ou à l'esprit d'un mort.

Une circonstance imprévue m'amena à découvrir de quelle façon l'esprit des moribonds est extrait de leur corps par le lama officiant et projeté par celui-ci sur une bonne route, dans l'autre monde.

Je revenais, ce jour-là, d'une excursion à travers la forêt, lorsque j'entendis un cri aigu et bref, ne ressemblant à celui d'aucun des animaux que je connaissais. Quelques minutes plus tard, le même cri se répéta encore deux fois. Je m'avançai doucement dans la direction d'où il partait.

Une cabane, qu'un repli de terrain m'avait cachée, m'apparut bientôt. En m'étendant à plat ventre derrière un buisson, je pus regarder ce qui se passait, sans être aperçue.

Deux moines étaient là, assis par terre, sous les arbres, les yeux baissés dans l'attitude de la méditation.

Hik ! exclamait l'un d'eux, d'une singulière voix de tête. *Hik !* répétait l'autre quelques instants après.

Et ils continuaient ainsi sans parler ni bouger, espaçant leurs cris par de longs intervalles de silence. Je remarquai qu'ils semblaient émettre ce cri avec effort, comme s'ils l'avaient fait monter du fond de leurs entrailles. Après les avoir observés pendant un certain temps, je vis l'un des deux hommes porter la main à sa gorge avec une expression de souffrance sur son visage. Il tourna la tête et cracha un filet de sang.

Son compagnon lui dit quelques mots que je ne pus saisir. Sans lui répondre le moine se leva et se dirigea vers la cabane. J'aperçus, alors, que d'entre ses cheveux sortait une longue paille qui se tenait dressée au sommet de sa tête. Que signifiait cet ornement ?

Profitant de ce que l'un des deux *trapas* était entré dans la cabane et que l'autre me tournait le dos, je m'esquivai.

Dès que je pus le voir, j'interrogeai Dawasandup. Que faisait ces hommes ? Pourquoi poussaient-ils ce cri bizarre ?

«Ce cri, m'expliqua mon interprète, est l'exclamation rituelle que le lama officiant profère près de celui qui vient de mourir, afin de dégager son esprit et de le faire sortir de son corps par une ouverture que cette syllabe magique produit au sommet du crâne.

«Seul, le lama qui a reçu d'un maître compétent le pouvoir d'articuler ce *hik!* avec l'intonation et la force psychique requises, est capable d'opérer avec succès. Lorsqu'il officie près d'un cadavre, il ajoute *phet!* après le *hik!* mais il doit bien se garder d'articuler ce *phet* lorsqu'il s'exerce simplement à la pratique de ce rite, comme les moines que vous avez surpris. La combinaison de ces deux sons entraîne inéluctablement la séparation de l'esprit et du corps et, par conséquent, le lama qui les prononcerait correctement mourrait immédiatement. Ce danger n'existe pas quand il officie, parce qu'il agit, alors, par procuration au lieu et place du mort, lui prêtant sa voix, de sorte que l'effet des syllabes magiques est ressenti par le défunt et non par le lama.»

Après que le pouvoir psychique d'attirer l'esprit hors de son enveloppe corporelle leur a été conféré par un maître compétent, il reste, aux disciples, à s'entraîner à émettre le son *hik!* avec le ton correct. On reconnaît qu'ils ont atteint ce but lorsqu'une paille plantée dans leur crâne y demeure droite sans tomber, pendant aussi longtemps qu'ils le désirent. En effet, la prononciation correcte de *hik* produit une petite ouverture au sommet du crâne et la paille est insérée dans celle-ci. Lorsqu'il s'agit d'un mort, l'ouverture est beaucoup plus large. Il arrive que l'on puisse y introduire le petit doigt.

Dawasandup s'intéressait beaucoup à toutes les questions se rapportant à la mort et à la survie d'un «esprit». Cinq ou six ans après m'avoir donné ces explications, il traduisit un ouvrage classique tibétain sur les pérégrinations des défunts dans l'au-delà[1].

Plusieurs étrangers, fonctionnaires britanniques et orientalistes, ont employé les services de Dawasandup et reconnu son talent. J'ai, toutefois, d'excellentes raisons de

---

1. Le Bardo Töd tol.

croire que ceux-ci ont toujours ignoré sa véritable et très pittoresque personnalité qu'il savait fort bien dissimuler.

Occultiste, mystique même, en un certain sens, Dawasandup l'était certainement. Il recherchait de secrètes communions avec les Dâkinis[1] et les déités terribles ; tout ce qui se rapportait au monde mystérieux des êtres généralement invisibles l'attirait fortement. Il avait aussi une tendance à la médiumnité que le besoin de travailler pour gagner sa vie ne lui permettait pas de cultiver comme il l'aurait désiré.

Né à Kalimpong, son ascendance se composait de Bhoutanis et de Sikkimis, gens des montagnes et des forêts. Il fut admis comme boursier à l'École supérieure de Darjiling pour jeunes gens d'origine tibétaine. Entré, ensuite, au service du gouvernement britannique de l'Inde, il fut nommé interprète à Baxe Duar, une localité située à la frontière sud du Bhoutan.

C'est là qu'il rencontra le lama qu'il élut comme guide spirituel. J'ai entrevu celui-ci à travers ce que m'en a raconté Dawasandup qui le vénérait profondément. Il m'a paru semblable à beaucoup de ceux que j'ai approchés : un peu docte, un peu superstitieux, mais, par-dessus tout, bon et charitable.

Ce qui le différenciait de ses collègues était le fait d'avoir eu lui-même pour *gourou* (directeur spirituel) un véritable saint dont la mort vaut la peine d'être narrée.

Ce dernier était un ermite qui s'adonnait à la contemplation mystique dans un endroit écarté, au Bhoutan. Un de ses disciples vivait auprès de lui et le servait.

Or, un jour, un bienfaiteur de l'anachorète vint le voir et lui laissa une petite somme d'argent pour acheter une provision de vivres pour l'hiver. Poussé par la convoitise le disciple assassina son vieux maître et se sauva avec l'argent.

Le lama, laissé pour mort, revint à lui. Ses blessures, faites avec un sabre, étaient graves et le vieillard souffrait

1. Déités féminines dont il existe plusieurs catégories. Les Tibétains leur donnent le titre de « mères ». Elles enseignent les doctrines mystiques à leurs fidèles.

atrocement. Pour se soustraire à cette torture il s'absorba dans la méditation.

La concentration de pensée, au point où la portent les mystiques tibétains, suspend la sensibilité physique et, à un moindre degré de puissance, elle atténue considérablement celle-ci.

Un autre disciple du lama allant lui rendre visite quelques jours après le crime, le trouva couché, enveloppé dans une couverture et immobile. L'odeur que dégageaient les plaies déjà infectées et la couverture imprégnée de sang attirèrent son attention : il questionna son maître. L'ermite lui raconta alors ce qui s'était passé et, comme l'homme voulait immédiatement aller, en toute hâte, appeler un médecin au monastère le plus proche, il le lui défendit.

— Si l'on vient à connaître l'état où je me trouve, dit-il, on recherchera le coupable. Or, il ne peut pas encore être bien loin, on le trouvera et, probablement, sera-t-il condamné à mort. Je ne puis pas le permettre. En n'ébruitant pas ce qui m'est arrivé je lui donne plus de temps pour échapper aux poursuites. Peut-être reviendra-t-il un jour à de meilleurs sentiments et, dans tous les cas, je n'aurai pas été la cause de sa mort. Maintenant, ne me parlez plus, allez, laissez-moi seul. Tant que je demeure en méditation, je ne souffre pas, mais dès que je reprends conscience de mon corps, les douleurs que j'endure sont intolérables.

Un disciple oriental ne discute point un ordre de cette nature. Il comprend l'esprit qui le dicte. L'homme se prosterna aux pieds de son *gourou* et se retira. Quelques jours plus tard, l'ermite mourait seul dans sa caverne.

Bien que Dawasandup admirât fort la conduite de ce saint lama, de tels sommets moraux lui paraissaient trop loin de lui pour viser à les atteindre. Il le confessait humblement. Ce qui l'attirait invinciblement c'était, je l'ai déjà dit, la fréquentation des êtres du monde occulte, en vue d'obtenir des pouvoirs supranormaux. Voir des prodiges, en faire lui-même, tel était son rêve. Il avait toutes les aspirations d'un magicien, sans la science et la force morale nécessaires pour les réaliser.

Une passion trop fréquente parmi ses compatriotes : la boisson, a été la malédiction de sa vie. Elle nourrissait en lui une disposition naturelle à la colère qui l'amena un jour à deux doigts du meurtre.

J'eus quelque influence sur lui tant que je demeurai à Gangtok. Je réussis à lui faire promettre d'observer l'abstinence totale de boissons fermentées enjointe à tous les bouddhistes, mais il eût fallu une énergie plus grande que celle de mon excellent interprète pour persévérer dans cette voie. Il lui fut impossible de résister à son entourage qui tenait que boire sec et laisser sa raison au fond de sa coupe est le propre d'un fidèle disciple de Padmasambhâva[1].

Quand je fis sa connaissance Dawasandup avait quitté le service du gouvernement pour remplir les fonctions de premier maître-directeur de l'école tibétaine de Gangtok. Dans ce rôle de professeur, il était inénarrable.

Travaux particuliers de traduction ou autres, visites et longues causeries avec des lamas, célébration de rites occultes et surtout sa passion de la lecture — l'empêchaient de s'occuper de son école dont souvent il semblait avoir complètement oublié l'existence.

Partout où il allait, jusque dans l'endroit le plus privé de sa demeure, il emportait un livre et, bientôt, tout à celui-ci, une sorte d'extase le saisissait, il perdait, pendant des heures, conscience du lieu où il se trouvait.

Il lui arrivait de passer un mois entier sans mettre les pieds dans la salle servant de classe, abandonnant les écoliers aux soins d'un second maître qui imitait la négligence de son chef autant qu'il le jugeait possible sans encourir la révocation.

Livrés à eux-mêmes, les garçons ne faisaient que jouer et rôder dans les bois environnant l'école, oubliant le peu qu'ils avaient appris.

Cependant, un jour venait où Dawasandup, la face aussi sévère que celle du Juge des Morts, apparaissait devant eux

1. Un des apôtres du Tibet au huitième siècle. Padmasambhâva fut un magicien et appartint à une secte de ce bouddhisme dégénéré dénommé bouddhisme tantrique ; mais rien ne prouve qu'il fut intempérant comme certains cherchent à le faire croire pour justifier leur ivrognerie.

et les petits tremblaient alors de tous leurs membres, sachant par expérience ce qui se préparait.

Tout d'abord, ils devraient s'aligner devant leur examinateur. Celui-ci posait alors une question à l'un ou à l'autre des écoliers qui se tenaient aux extrémités de la rangée.

Si la réponse était incorrecte ou si l'élève n'en donnait aucune, son camarade, placé à côté de lui, pouvait répondre à la question et, s'il le faisait de façon satisfaisante, il lui était commandé de donner une forte gifle au premier et de prendre sa place.

Le malheureux qui avait reçu la claque était interrogé de nouveau et s'il restait encore muet ou répondait mal le troisième de la rangée, à condition de se montrer plus savant, devait lui administrer une nouvelle taloche et prendre sa place.

Un gamin malchanceux, hébété par ces corrections successives, pouvait ainsi arriver à la fin de la rangée après avoir été giflé une douzaine de fois.

Il arrivait fréquemment que plusieurs écoliers placés les uns à côté des autres fussent incapables de réciter leur leçon. Dans ce cas, le plus docte du groupe distribuait, à lui seul, toutes les claques et si tous se montraient d'une égale ignorance, Dawasandup se chargeait de l'exécution générale.

Certains garçons hésitaient à frapper trop fort un ami et se contentaient de faire le simulacre. Mal leur en prenait car Dawasandup veillait. « Ah ! mon gaillard, disait-il avec un petit rire féroce, tu ne sais pas comment t'y prendre. Avance ici, je vais te l'apprendre. » Et, pan ! sa large main s'appliquait sur le visage du gosse qui « voyait trente-six chandelles » et devait, sous peine de subir une nouvelle démonstration, gifler son condisciple avec une vigueur propre à satisfaire leur terrible maître.

Parfois, la faute à punir ne concernait pas les leçons. Dans cette école bénie où toute discipline était inconnue, l'esprit inventif et peu banal de Dawasandup découvrait pourtant des transgressions à des règles non formulées qui lui apparaissaient de façon intermittente.

Alors, il s'armait d'un bâton *ad hoc,* commandait au

condamné d'étendre le bras en tenant la main large ouverte et, sur la paume de celle-ci, le garçon recevait en hurlant le nombre de coups fixés par son bourreau. Faute d'étendre la main le délinquant était frappé sur le crâne.

Tout en manœuvrant sa trique, Dawasandup exécutait une sorte de pas de danse, bondissant à chaque coup qu'il assenait et poussant un han! sonore comme le font certains bûcherons. Ainsi, avec la participation forcée du malheureux gamin que la douleur faisait piétiner et se tordre, l'application du châtiment prenait l'aspect d'un ballet diabolique.

J'ai surpris ces différentes scènes en arrivant à l'école sans être attendue et les écoliers, devenus familiers avec moi, m'ont amplement renseignée.

Après quelques jours ou quelques semaines de cette activité professorale, Dawasandup abandonnait de nouveau ses élèves.

Je pourrais narrer bien d'autres choses concernant mon brave interprète, même certaines histoires drolatiques à la manière des contes de Boccace. Il jouait bien d'autres rôles que celui de maître d'école, d'occultiste et de lettré. Mais, paix à sa mémoire, je n'entends pas le dénigrer. Tel que je l'ai vu, ayant acquis par ses seuls efforts persévérants l'érudition qu'il possédait, Dawasandup était une personnalité intéressante et sympathique. Je me suis toujours félicitée de l'avoir rencontré et reconnais volontiers ce que je lui dois.

J'ajouterai que Dawasandup est l'auteur du premier et, jusqu'à présent, unique dictionnaire anglais-tibétain et qu'il termina sa vie comme professeur de tibétain à l'université de Calcutta.

Ma joie fut grande lorsque le prince-tulkou m'annonça qu'un véritable Tibétain, docteur en philosophie de la célèbre université monastique de Trachilhumpo[1] venait demeurer à la *gompa* d'Enché, près de Gangtok, et que, prochainement, un autre lama originaire du Sikkim, mais ayant fait ses études au Tibet, serait de retour dans son pays natal.

1. A Jigatzé, la capitale de la province de Tsang.

Je pus bientôt faire la connaissance de ces deux hommes et trouvai en eux des lettrés distingués.

Le premier, Kouchog[1] Chös-dzed, appartenait à la famille des anciens rois du Tibet. Pour des raisons politiques, il avait été longtemps emprisonné et il attribuait l'état précaire de sa santé aux aliments empoisonnés qui croyait-il, lui avaient été servis pendant sa détention.

Le prince du Sikkim, qui tenait les lettrés en haute estime, avait accueilli le réfugié avec empressement. Pour lui fournir des moyens d'existence et faire, en même temps, profiter quelques jeunes moines de son savoir, il l'avait nommé abbé du monastère d'Enché, avec charge d'enseigner la grammaire à une vingtaine de novices.

Kouchog Chös-dzed était un *geloup pa,* c'est-à-dire un membre de la secte réformée fondée par Tsong Khappa (vers 1400) familièrement dénommée secte des «bonnets jaunes».

Les auteurs étrangers qui dépeignaient les doctrines et les pratiques religieuses des «bonnets rouges», auraient pu se convaincre de leur erreur en voyant un abbé *geloup pa* siégeant à la tête de moines d'une secte rouge et psalmodiant des offices avec eux.

Je ne sais pas si le lama d'Enché s'adonnait assidûment à la méditation et si je puis le classer parmi les mystiques, mais comme érudit il était étonnant. Sa mémoire ressemblait à une bibliothèque miraculeuse dont chaque livre aurait toujours été prêt à s'ouvrir, sur un simple signe, à la page désirée. Il citait, sans effort, les textes par douzaines. Ce fait n'est pas exceptionnel au Tibet, mais ce qui l'est c'est la compréhension parfaite des nuances les plus subtiles de ces textes que possédait Kouchog Chös-dzed.

Soit par discrétion, soit par orgueil instinctif de sa noblesse plus ancienne et plus haute que celle de son protecteur, le lama d'Enché se rendait rarement à la villa du

---

1. «Monsieur», mais avec une nuance plus grande de respect qui en fait plutôt l'équivalent du *Sir* des Anglais, indiquant un rang social supérieur à celui de *Mister.*

prince et seulement lorsqu'il devait l'entretenir d'affaires concernant le monastère dont il avait assumé la charge. Il venait parfois chez moi, mais le plus souvent c'était moi qui montais à la *gompa* située sur une arête de montagne dominant Gangtok.

Après avoir causé plusieurs fois avec moi, le lama, méfiant comme tous les Orientaux, s'avisa d'un stratagème amusant pour s'assurer de l'étendue de mes connaissances sur le bouddhisme et du degré de ma compréhension de ses doctrines.

Un jour où je lui rendais visite, il sortit d'un tiroir une feuille de papier sur laquelle était inscrite une longue liste de questions et, avec la plus exquise politesse, il m'invita à y répondre immédiatement.

Les sujets à traiter étaient abstrus et, certainement, avaient été choisis à dessein pour m'embarrasser.

Je me tirai de cette épreuve avec honneur, mon examinateur parut satisfait. Il m'avoua alors que jusqu'à ce moment, il n'avait pas cru que j'étais bouddhiste comme je l'affirmais, et que, sans pouvoir démêler les raisons qui m'incitaient à interroger les lamas, il craignait que je n'eusse de mauvais desseins.

Par la suite, il me parut pleinement rassuré et me témoigna beaucoup de confiance.

Le second lama qui arriva peu après à Gantok revenait du monastère de Toloung Tserpoug, situé dans la région de Lhassa. Il y avait étudié dans sa jeunesse et y était retourné, plus tard, comme secrétaire du chef de la secte des Karmapas (une des sectes les plus importantes des « bonnets rouges »).

On l'appelait Bermiad Kouchog (M. de Bermiak), parce qu'il était le fils du seigneur de ce lieu, un des rares membres de la noblesse du Sikkim qui appartînt à la race des aborigènes : les Lepchas.

De même que Kouchog Chös-dzed, il avait reçu l'ordination majeure de *gelong* et était célibataire. Aumônier en titre de mahârajah, il occupait un appartement dans le palais.

Presque chaque après-midi, il se rendait, à travers les

jardins, à la villa occupée par le prince héritier et là, dans le salon meublé à l'anglaise, nous nous entretenions longuement de choses très étrangères à l'Occident.

J'aime à me rappeler ces causeries au cours desquelles j'ai commencé à soulever le voile qui cache à nos yeux la véritable physionnomie du Tibet et de son monde religieux.

Sidkéong *tulkou*, toujours vêtu de ses robes chatoyantes, présidait sur un canapé, une table devant lui, et je lui faisais vis-à-vis, assise dans un fauteuil. Un petit bol de fine porcelaine chinoise posé sur un pied en argent et coiffé d'un couvercle en forme de pagode, orné de corail ou de turquoises, était placé en face de chacun de nous.

A quelque distance du prince, M. de Bermiak, majestueux dans sa robe monastique et sa toge grenat sombre, trouvait un autre fauteuil, une petite table et un bol pourvu d'une soucoupe en argent mais dénué de couvercle. Quant à Dawasandup, souvent présent, il s'accroupissait en tailleur (en Orient on dit «en lotus») à nos pieds et son bol, posé à même le tapis, n'avait ni soucoupe, ni couvercle. Ainsi le prescrivait l'étiquette tibétaine très compliquée et très stricte en ce qui concerne l'attribution aux hôtes que l'on reçoit des couvercles, des soucoupes et des sièges de hauteur différente.

Tandis que parlait Bermiak Kouchog, orateur disert et érudit, le thé tibétain, couleur de rose fanée, assaisonné de beurre et de sel, nous était abondamment servi. Les Tibétains riches en ont toujours un bol plein à leur portée. Une expression courante au Tibet, pour désigner les gens vivant dans l'opulence est : «Leurs lèvres sont toujours humectées de thé ou de bière.» Par respect pour mon orthodoxie bouddhiste, le thé seul paraissait dans ces réunions.

Un jeune domestique l'apportait dans une énorme théière en argent. Il circulait, tenant celle-ci élevée à la hauteur de son épaule, puis l'abaissait vers nos tasses avec les gestes précis et étudiés d'un officiant célébrant un rite. Quelques bâtons odorants, brûlant dans un coin de la pièce, l'emplissaient d'un parfum différent de tous les encens de l'Inde ou de la Chine que j'avais respirés pendant mes voyages. Parfois aussi, de la chapelle du palais, nous arrivait, assourdie par la distance, une mélodie lente et grave d'une mélancolie poignante... Et le lama de Bermiak continuait à parler, dépeignant la vie et la pensée de sages ou de métaphysiciens qui avaient vécu ou vivaient de nos jours sur la terre interdite dont la frontière était si proche.

C'est à Kouchog Chös-dzed et à Bermiak Kouchog que je dois d'avoir été, tout d'abord, initiée aux croyances, fort peu connues, des lamaïstes, concernant la mort et son au-delà.

Comme le premier de ces lamas appartenait à la secte des « bonnets jaunes » et le second à l'une des sectes des « bonnets rouges », en les écoutant tous deux j'étais assurée que mes renseignements représenteraient bien l'opinion généralement admise et non point telle doctrine particulière à une secte et rejetée par les autres.

De plus, dans les années qui suivirent, j'eus, en différentes régions du Tibet, de nombreuses occasions d'interroger d'autres lamas. Pour la commodité du lecteur, je groupe dans le résumé ci-dessous la somme de ces diverses informations.

La mort et son au-delà

Les profanes imaginent, en général, que les bouddhistes croient à la réincarnation de l'âme, voire même à la métempsycose. C'est là une erreur. Ce que le bouddhisme enseigne, c'est que l'énergie produite par l'activité mentale et physique d'un être, cause l'apparition de nouveaux phénomènes mentaux et physiques après que cet être a été dissous par la mort.

Il existe, sur ce sujet, nombre de théories subtiles ; et les mystiques du Tibet paraissent avoir acquis une vue plus profonde de la question que la plupart des autres bouddhistes.

Sans qu'il soit nécessaire d'insister sur ce point, l'on comprend que les conceptions des philosophes ne sont comprises que par une élite. Quant aux masses, bien qu'elles répètent le credo orthodoxe : « Tous les agrégats sont impermanents, il n'existe aucun « moi » dans la personne », elles demeurent attachés à la croyance plus simple en une entité indéfinie qui pérégrine de monde en monde, revêtant des formes diverses.

Cependant les lamaïstes conçoivent les conditions de ce pèlerinage d'une façon particulière différant beaucoup des vues de leurs coreligionnaires des pays du sud : Ceylan, Birmanie, etc. D'après eux, un laps de temps plus ou moins long s'écoule entre le moment de la mort et celui où le défunt renaît parmi l'une ou l'autre des six espèces d'êtres animés qu'ils reconnaissent. Ces six espèces d'êtres sont respectivement : 1° les dieux ; 2° les non-dieux, sorte de Titans ; 3° les hommes ; 4° les non-hommes, comprenant les génies, esprits, fées, etc., les uns d'un caractère aimable, les autres malfaisants ; 5° les animaux ; 6° les yidags, êtres monstrueux perpétuellement torturés par la faim et la soif, et les habitants des divers purgatoires qui y endurent des souffrances cruelles.

Aucune de ces conditions n'est éternelle. La mort survient pour tous, pour les dieux comme pour les malheureux qui gémissent dans les purgatoires, et la mort est suivie d'une renaissance, soit dans la même classe d'êtres, soit dans une classe différente.

Selon la croyance populaire, le défunt renaît dans une condition plus ou moins heureuse d'après les actes bons ou mauvais qu'il a accomplis. Les lamas, plus éclairés, enseignent que, par ses actions et ses pensées, l'homme, ou n'importe quel autre être, développe en lui des affinités qui le conduisent tout naturellement vers une condition d'existence en rapport avec elle. D'autres disent enfin que par ses actes et surtout par son activité mentale, un être modifie la nature de la substance dont il est composé et se transforme ainsi, lui-même, en dieu, en bête, en damné, etc.

Jusqu'ici ces théories ne s'écartent guère de celles admises par la généralité des bouddhistes. En ce qui suit, .es lamaïstes deviennent plus originaux.

Il convient, tout d'abord, de noter que l'importance déjà accordée au savoir-faire, à l'habileté, par certaines sectes bouddhistes mahâyânistes, s'est considérablement accrue chez les lamaïstes.

«Celui qui sait comment s'y prendre, vivra confortablement même en enfer» est un dicton très populaire au Tibet.

Mieux que n'importe quelles explications, il fera saisir l'opinion des lamaïstes au sujet de ce qu'ils dénomment *thabs* : la « méthode ».

Ainsi, tandis que la plupart de leurs coreligionnaires croient que le sort des défunts est mathématiquement réglé d'après leur valeur morale, les lamaïstes supposent qu'il est possible à celui « qui sait comment s'y prendre » de modifier et d'améliorer son sort *post mortem*, de renaître dans une condition aussi agréable que possible.

Je dis : aussi agréable *que possible*, parce que, malgré toute leur confiance dans les effets de l'habileté, le poids des actes passés (*nieun las*) demeure toujours, croient-ils, une force considérable, si considérable parfois que tous les efforts du défunt, ou même ceux d'un initié thaumaturge qui s'intéresse à son sort, sont impuissants à arrêter « l'esprit » qui se précipite vers une renaissance misérable.

Nous en verrons un exemple un peu plus loin.

Partant de l'idée que la « méthode », le savoir-faire, sont, en tout, d'une importance essentielle, les lamaïstes ont jugé qu'à l'art de bien vivre il fallait ajouter celui de bien mourir et de bien se tirer d'affaire dans l'au-delà.

Les initiés sont censés connaître ce qui les attend quand ils mourront, et les contemplatifs ont vu et éprouvé d'avance les sensations qui accompagnent la mort. Il ne seront donc ni surpris, ni troublés lorsque leur personnalité présente se désagrégera et *cela* qui doit poursuivre sa route, entrant conscient dans l'au-delà, y cheminera avec une pleine connaissance des routes, des sentiers et des dieux où ils conduisent.

Qu'est-ce que *cela* qui poursuit sa route après que le corps est devenu cadavre ? C'est l'une des multiples « consciences » que distinguent les lamaïstes : la conscience du « moi », ou, suivant une autre expension, « le désir de vivre ».

Je me permettrai de désigner par le terme « esprit » le voyageur dont nous allons suivre les pérégrinations dans l'au-delà. Bien que ce terme rende mal l'idée que les lettrés tibétains expriment par le mot *yid ky rnampar chéspa*, il a l'avantage d'être familier aux Occidentaux et, du reste, je suis forcée de l'employer faute d'en trouver un autre dans les langues européennes.

Les initiés, ai-je dit, sont capables de garder l'esprit lucide tandis que s'accomplit la désagrégation de leur personnalité et de passer de ce monde dans l'autre, pleinement conscients de ce qui leur advient. Aussi n'ont-ils besoin du secours de personne à leur heure dernière et la célébration de rites religieux après leur mort est-elle absolument inutile.

Il n'en est pas du tout de même du vulgaire, et, par vulgaire, il faut entendre, ici, quiconque, religieux ou laïque, ne possède pas la science de la mort. C'est la grande majorité.

Le lamaïste n'abandonne pas ces ignorants à eux-mêmes. Tandis qu'ils agonisent et après qu'ils ont expiré, un lama leur enseigne ce qu'ils n'ont pas appris pendant leur vie. Il leur explique la nature des êtres et des choses qui leur apparaissent, les rassure et, surtout, ne cesse de leur indiquer la bonne direction à prendre.

Le premier soin du lama assistant un mourant est de s'efforcer de l'empêcher de s'endormir, de s'évanouir ou de sombrer dans le coma. Il lui signale le départ successif des différentes «consciences» qui animaient ses sens : conscience de l'œil, conscience du nez, de la langue, du corps, de l'oreille, c'est-à-dire la perte graduelle de la vue, de l'odorat, du goût, du toucher, de l'ouïe. Dans le corps, maintenant insensible, la pensée doit demeurer active et attentive au phénomène qui s'accomplit. Il s'agit de faire jaillir l'esprit hors de son enveloppe par le sommet du crâne, car s'il s'évadait par une autre voie, son bien-être futur se trouverait grandement compromis.

Cette extraction de l'esprit est, comme je l'ai dit[1], opérée par le cri rituel *hik !* suivi de *phet !* Avant de le proférer, le lama doit se recueillir profondément, s'identifier avec celui qui vient d'expirer et faire l'effort qu'aurait dû faire ce dernier pour provoquer l'ascension de l'esprit au sommet du crâne avec une force telle qu'il y produise la fissure nécessaire pour lui livrer passage.

Les initiés capables d'opérer pour leur compte cette ascension de l'esprit au sommet de la tête, prononcent eux-

1. Voir p. 24.

mêmes, lorsqu'ils se sentent près de leur fin, le *hik!* et le *phet!* libérateurs. Ils peuvent, aussi, se suicider de cette façon et l'on dit que certains le font.

L'esprit désincarné commence ensuite un sigulier pèlerinage. Bien que la croyance populaire fasse de celui-ci un véritable voyage à travers des lieux réels, peuplés d'êtres également réels, les lamaïstes plus instruits le considèrent comme un défilé de visions subjectives, un rêve que l'esprit lui-même confectionne sous l'influence de ses diverses tendances et de son activité passée.

Certains affirment qu'immédiatement après sa désincarnation, l'esprit a l'intuition, fugitive comme l'éclair, de la réalité suprême. S'il est capable de saisir cette lumière, il est définitivement libéré de la «ronde» des renaissances et des morts successives. Il a atteint l'état de *nirvâna*.

Ce cas est rare. En général, l'esprit est ébloui par cette clarté soudaine. Il recule, entraîné en arrière par ses fausses conceptions, son attachement à l'existence individuelle, au «moi» et aux plaisirs éprouvés par le moyen des sens. Ou, même, la signification de ce qui lui apparaît lui échappe totalement, tout comme les faits se produisant autour de lui échappent souvent à un homme absorbé par ses préoccupations.

Le défunt vulgaire, qui est entré dans l'au-delà pendant un évanouissement, ne se rend pas immédiatement compte de la situation lorsqu'il reprend conscience. Pendant plusieurs jours, il parle aux personnes habitant son ancienne demeure et s'étonne de ce que nul ne lui réponde et ne semble remarquer sa présence.

Un lama du monastère de Litang (Tibet oriental) me raconta que des morts avaient fait connaître, par l'intermédiaire de *paos* médiums, qu'ils s'étaient efforcés de se servir d'objets leur appartenant, de prendre leur charrue pour aller labourer leurs champs, ou de décrocher leurs vêtements pendus à un clou, pour s'en couvrir. Ils s'irritaient de ne pas pouvoir accomplir ces gestes habituels.

Dans ce cas, l'esprit du mort est désorienté. Que lui est-il arrivé ? Il remarque un corps inerte, semblable au sien, que des lamas entourent. Se peut-il qu'il soit mort ?

Les bonnes gens prétendent que, pour s'en assurer, le désincarné doit se rendre à un endroit sablonneux et y regarder l'empreinte de ses pieds sur le sol. S'il voit que cette empreinte montre les pieds retournés, c'est-à-dire ayant les talons en avant et les orteils en arrière, il ne doit conserver aucun doute : il est bel et bien mort.

Mais, dira-t-on, qu'est-ce que cet «esprit» qui a des pieds ? Ce n'est point l'esprit qui en est pourvu, mais le corps éthéré auquel il demeure encore attaché.

Les Tibétains croient au «double» tout comme y croyaient les anciens Égyptiens. Pendant la vie, à l'état normal, ce double demeure étroitement uni au corps matériel. Cependant, certaines circonstances peuvent l'en éloigner et il lui est alors possible de se montrer ailleurs que dans l'endroit où se trouve le corps matériel ou d'accomplir, invisible, diverses pérégrinations.

Cette séparation du corps et de son double s'opère involontairement chez quelques individus et ceux qui ont pratiqué un entraînement *ad hoc* peuvent, disent les Tibétains, l'effectuer à volonté. La séparation n'est toutefois pas complète, un lien subsiste qui relie les deux formes et persiste pendant un temps plus ou moins long après la mort. La destruction du cadavre entraîne généralement, mais pas nécessairement, celle du «double», dans certains cas il peut lui survivre.

On rencontre au Tibet des gens qui, après être demeurés pendant plus ou moins longtemps en léthargie, dépeignent, ensuite, divers lieux qu'ils disent avoir parcourus. Certains se sont bornés à visiter des pays habités par des hommes, mais d'autres relatent des pérégrinations effectuées dans les paradis, les purgatoires ou le Bardo, cette région intermédiaire où l'esprit erre avec la mort, en attendant qu'il se réincarne.

Ces singuliers voyageurs sont dénommés *délogs,* ce qui veut dire «revenus de l'au-delà».

Si les récits des *délogs* diffèrent quant aux lieux parcourus et aux péripéties du voyage, ils s'accordent généralement pour dépeindre les impressions du pseudo-mort comme assez agréables.

Une femme que je rencontrai dans un village de Tsawarong et qui, quelques années auparavant, était demeurée pendant toute une semaine inanimée, racontait qu'elle s'était trouvée agréablement étonnée par la légèreté et l'agilité de son nouveau corps qui se mouvait avec une rapidité extraordinaire. Il lui suffisait de vouloir se transporter dans un endroit pour y être immédiatement rendue, elle pouvait traverser les rivières en marchant sur l'eau, passer à travers les murailles, etc. Une seule chose lui était impossible, c'était de trancher un cordon de matière presque impalpable qui la rattachait à son ancien corps qu'elle voyait parfaitement, étendu sur sa couche. Ce cordon s'allongeait indéfiniment, mais gênait sa locomotion. « Elle s'y empêtrait », disait-elle.

Un homme *délog*, que mon fils adoptif a vu dans sa jeunesse, décrivait sont état de façon identique.

Évidemment, comme le *délog* n'est pas un véritable défunt, rien ne prouve que les sensations éprouvées par lui, durant sa périodde de léthargie, soient pareilles à celles des vrais morts, mais les Tibétains ne semblent pas embarrassés par cette distinction.

Lorsqu'un moribond a rendu le dernier soupir, il est habillé avec ses vêtements mis à rebours (le devant de la robe attaché par derrière) puis ficelé dans l'attitude des bouddhas, les jambes croisées, ou bien les genoux pliés et touchant la poitrine. Ensuite, dans les villages, le corps est généralement posé dans un chaudron. Dès que le cadavre a été enlevé, ce chaudron, contaminé par les liquides provenant de la putréfaction, est sommairement lavé et l'on y prépare la soupe ou le thé offert à ceux qui assistent aux funérailles.

Celles-ci sont tardives au Tibet. La haute altitude des provinces centrales et septentrionales retarde la décomposition, mais dans les vallées chaudes où le climat est humide, les cadavres conservés huit jours, ou même davantage, répandent une odeur infecte.

Ce détail ne coupe pas le moins du monde l'appétit aux *trapas* qui continuent à prodiguer leurs conseils au défunt, lui signalant les chemins à suivre et ceux à éviter dans l'audelà. Ils prennent leurs repas en face du mort et *avec* lui, puisque le principal officiant l'invite expressément par la phrase suivante :

« Un tel, que ton esprit vienne immédiatement ici et se nourisse ! »

Dans les parties boisées du Tibet, les corps sont incinérés. Les habitants des vastes régions nues du centre et du nord, dont le seul combustible est la bouse des troupeaux, les livrent aux bêtes de proie, soit dans des lieux réservés à cet effet, à proximité des villages, soit n'importe où, sur les montagnes, quand il s'agit de nomades ou de gens vivant dans des endroit solitaires. Quant au corps des grands dignitaires religieux, il est parfois desséché par un double procédé : la salaison et la cuisson dans du beurre. Ces momies sont appelées *mardong*. On les empaquette dans des vêtements, on dore leur visage et ainsi préparées, on les enferme dans un mausolée en argent massif orné de pierres précieuses. Dans certains de ces tombeaux, une glace, placée à la hauteur de la tête du cadavre, permet de voir sa face dorée. D'autres grands lamas sont simplement incinérés avec du beurre et leurs ossements conservés dans de riches tombeaux. Tous les monuments funéraires tibétains affectent la forme de *chörten*, qui est une imitation des stûpas des anciens bouddhistes.

Obéissant à l'influence des idées bouddhiques concernant l'excellence des actes charitables, les lamaïstes voient dans les funérailles l'occasion d'une suprême aumône. Le défunt a souhaité — ou, du moins, est supposé avoir souhaité — que son corps serve, comme son dernier don, à nourrir ceux que la faim tourmente.

L'ouvrage intitulé : *Guide de l'esprit des morts dans l'au-delà*[1] s'exprime, à ce sujet, de façon suivante :

1º Le corps est transporté sur le sommet d'une montagne. Là, ses quatre membres sont détachés avec un couteau bien tranchant. Les entrailles, le cœur, les poumons sont étalés sur le sol. Les oiseaux, les loups et les renards s'en repaissent ;

2º Le corps est jeté dans une rivière sacrée. Le sang et les humeurs se dissolvent dans l'eau bleue. Les poissons et les loutres mangent la chair et la graisse ;

3º Le corps est brûlé. La chair, les os et la peau sont

---

1. *Tse hdas kyi rnamches thog grang.*

transformés en un monceau de cendres. Les Tisas[1] se nourrissent de l'odeur ;

4° Le corps est caché sous la terre. La chair, les os et la peau son sucés par les vers.

Les familles qui ont les moyens de rétribuer les lamas officiants font répéter l'office funèbre tous les jours pendant environ six heures après que les funérailles ont eu lieu. Ensuite une effigie est fabriquée avec des baguettes de bois supportant des vêtements ayant appartenu au mort. La tête est figurée par une feuille de papier. Le portrait du mort y est parfois dessiné, mais le plus souvent, ces feuilles sont achetées tout imprimées dans les monastères. Il en existe deux modèles : l'un porte l'image d'un homme, l'autre celle d'une femme. Sous l'image, une place est laissée en blanc pour inscrire, à la main, le nom du défunt ou de la défunte.

Une cérémonie religieuse est de nouveau célébrée et, à la fin de celle-ci, la feuille de papier qui représente la personne du mort est brûlée par le lama. Les vêtements dont le mannequin est habillé lui appartiennent comme part de ses honoraires.

Après cette incinération symbolique, les liens qui pouvaient encore attacher le mort aux vivants sont considérés comme définitivement tranchés.

Les Tibétains se montrent extrêmement désireux d'éviter tous rapports avec les défunts. Les paysans, surtout, usent d'un langage particulièrement net pour les congédier.

Immédiatement avant que le cadavre soit emporté de la maison, lorsqu'on lui sert son dernier repas, un membre âgé de la famille le harangue.

— Écoute, Un Tel, dit-il, tu es mort. Sache-le bien. Tu n'as plus rien à faire ici. Mange copieusement pour la dernière fois, tu as une longue course à fournir, plusieurs cols à traverser, prends des forces et puis ne reviens plus.

J'ai entendu un discours plus curieux encore.

Après avoir dûment répété au défunt qu'il n'était plus de ce monde et qu'on le priait de ne plus s'y montrer l'orateur ajouta :

1. Les *Tisas* sont des demi-dieux qui se nourrissent d'odeurs. Les uns se repaissent de parfums suaves, tandis que les autres préfèrent les odeurs que nous jugeons nauséabondes.

— Pagdzin, je t'informe que ta maison a été détruite par un incendie. Tout ce que tu possédais est brûlé. A cause d'une dette que tu avais oubliée, ton créancier a emmené tes deux fils comme esclaves. Quant à ta femme elle est partie avec un nouveau mari. Ainsi, comme cela t'affligerait de voir toute cette misère, garde-toi de revenir ici.

J'écoutais, stupéfaite, l'énumération de ces calamités extraordianires.

— Comment cette suite de malheurs se sont-ils produits ? demandai-je à l'un des assistants.

— Il n'est rien arrivé du tout, me répondit le compère en souriant malicieusement. La maison et le bétail sont intacts. La femme est bien tranquille chez elle avec ses fils. Ce qu'on en dit est pour dégoûter le mort, afin qu'il ne s'avise pas de vouloir retourner chez lui.

Le stratagème semble passablement naïf de la part des gens qui reconnaissent au «double» la faculté de voir ce qui se passe dans notre monde.

En des termes liturgiques beaucoup plus élégants que ceus employés par les villageois, le lama engage aussi le mort à poursuivre sa route sans regarder en arrière, mais cette recommandation est faite pour son plus grand bien, tandis que le vulgaire ne songe qu'à éviter la présence occulte d'un revenant qu'il croit dangereux.

Pendant que s'accomplissent toutes ces cérémonies, «l'esprit» chemine à travers le Bardo. Tout à tour s'offrent à ses regards des êtres lumineux d'une souveraine beauté et d'autres aux formes hideuses, des voies diversement colorées et une foule de visions étranges. Désorienté, affolé, l'esprit erre parmi toutes ces apparitions qui l'épouvantent également. S'il parvient à écouter les avis que lui prodigue le lama officiant et à les suivre, il peut, comme l'initié averti, entre conscient dans l'au-delà, s'engager dans une voie qui le conduit à renaître parmi les dieux. Mais, ceux qui, de leur vivant, n'ont point appris ce qu'est le Bardo et qui y pénètrent tout absorbés par le regret de quitter la vie, ne peuvent guère profiter des conseils qu'ils reçoivent. Peut-être même ne les entendent-ils pas.

Ainsi laissent-ils échapper les occasions d'être «habiles»,

de se soustraire par le « savoir-faire » à la rigueur mathématique des conséquences de leurs actes. Les routes heureuses sont derrière eux. Des matrices humaines ou animales s'offrent à eux et, dupes d'une hallucination, ils les voient sous l'aspect de grottes, de palais où ils entrent croyant y trouver un repos agréable. Ils ont fixé eux-mêmes la nature de leur renaissance. Tel sera chien et tel autre le fils de parents distingués parmi les humains.

Selon d'autres croyances, la grande masse de ceux qui n'ont point atteint l'illumination spirituelle *post mortem* en saisissant le sens de la vision qui s'offre à eux immédiatement après la mort — cheminent comme un troupeau apeuré, à travers la fantasmagorie du Bardo, jusqu'au tribunal de Chindjé, le juge des morts. Celui-ci examine leurs actions passées dans le miroir où elles sont reflétées, ou bien il les pèse sous les espèces de cailloux noirs et de cailloux blancs et, suivant la proportion dans laquelle le bien ou le mal prédomine, il désigne le monde dans lequel l'esprit renaîtra et les conditions particulières de cette renaissance : beauté ou laideur physique, dons intellectuels, situation sociale des parents, etc.

Devant ce juge impartial et inflexible, il n'est plus question de se sauver par « habileté ». Du reste, le « savoir-faire » ne peut jamais s'exercer que dans les limites où la force des actes passés le permet. Je l'ai déjà indiqué et j'illustrerai ce point par une histoire tibétaine très caractéristique, qui ne manque pas d'humour.

Un grand lama tulkou[1] avait passé sa vie dans la fainéantise. Bien qu'on lui eût donné d'excellents professeurs dans sa jeunesse, que sa bibliothèque, héritée de ses prédécesseurs, fût considérable et qu'il eût toujours été entouré par des lettrés distingués, il savait à peine lire. Or ce lama vint à mourir.

En ce temps, vivait un homme étrange, thaumaturge et philosophe de rude allure, dont les excentricités parfois grossières — fort exagérées par ses biographes — ont donné naissance à nombre de contes rabelaisiens très goûtés au Tibet.

1. Au sujet des « tulkous », voir p. 116.

Dougpa Kunlégs, tel était son nom, voyageait suivant sa coutume vagabonde, lorsque, arrivant près d'un ruisseau, il rencontra une jeune fille qui venait y puiser de l'eau.

Sans mot dire, il se jeta soudainement sur elle, cherchant à lui faire violence. La fille était robuste et Dougpa Kunlégs déjà âgé ; elle se défendit si vigoureusement qu'elle parvint à lui échapper et courut d'un trait au village raconter son aventure à sa mère.

La bonne femme fut abasourdie ; les gens du pays avaient de bonnes mœurs, nul d'entre eux ne pouvait être soupçonné, le misérable devait être un étranger. Elle demanda à sa fille de décrire minutieusement le vilain personnage.

Tandis que cette dernière lui donnait les détails requis, la mère réfléchissait. Elle se rappelait avoir, au cours d'un pèlerinage, rencontré le *doubtob*[1] Dougpa Kunlégs et le signalement qui lui était donné correspondait parfaitement à celui de ce saint et incompréhensible excentrique.

Le doute n'était pas possible, c'était Dougpa Kunlégs qui avait voulu abuser de sa fille.

La villageoise se mit à réfléchir. Les principes qui régissent la conduite du commun des hommes, pensa-t-elle, ne s'appliquent point à ceux qui possèdent des connaissances supernormales. Un *doubtob* n'est tenu à l'observation d'aucune loi, morale ou autre, ses actes lui sont dictés par des considérations supérieures qui échappent au vulgaire.

Ma fille, dit-elle alors, l'homme que tu as vu est le grand Dougpa Kunlégs. Tout ce qu'il fait est bien fait. Retourne au ruisseau, prosterne-toi à ses pieds et consens à tout ce qu'il voudra.

La jeune fille s'en retourna et trouva le *doubtob* assis sur une pierre, plongé dans ses pensées. Elle se prosterna et s'excusant de lui avoir résisté, faute de le connaître, elle se déclara sa servante pour tous services.

Le saint haussa les épaules.

— Mon enfant, dit-il, les femmes ne m'inspirent aucun désir. Mais voici : le grand lama du monastère voisin est mort comme un ignare, après une vie indigne, ayant

1. Un *doubtob* est un sage-magicien.

négligé toutes les occasions qu'il avait de s'instruire. J'ai vu son esprit errant, dans le Bardo, entraîné vers une mauvaise renaissance et, par charité, j'ai voulu tenter de lui procurer un corps humain. Mais la force de ses mauvaises œuvres ne l'a pas permis. Vous vous êtes échappée et tandis que vous étiez au village, cet âne et cette ânesse que vous voyez là-bas, dans ce pré, se sont accouplés. Bientôt, le grand lama renaîtra sous la forme d'un ânon.

La majorité des défunts défèrent au désir qui leur a été exprimé de façon catégorique lors des funérailles et ne se rappellent point au souvenir des vivants. Ces derniers en concluent que leur sort est définitivement réglé dans l'au-delà et, probablement, réglé d'une manière qui les satisfait.

Certains morts, pourtant, n'observent pas la même discrétion. Ils apparaissent fréquemment, en rêve, à leurs proches ou à leurs amis. Des incidents singuliers se produisent dans leurs anciennes demeures. D'après les Tibétains, ces faits dénotent que le défunt est malheureux et qu'il appelle à son aide.

Il existe des lamas-devins que l'on peut consulter dans les cas de ce genre. Ils indiquent les rites à célébrer, les aumônes à distribuer et les livres saints qu'il convient de lire pour le confort du disparu.

Toutefois, nombre de gens, surtout dans les régions frontières, retournent, en cette circonstance, aux pratiques de l'ancienne religion du pays.

Le mort lui-même, pensent-ils, doit être entendu. A cet effet, un médium homme ou femme (pao ou pamo) est indispensable pour prêter son corps à l'esprit du défunt et parler pour lui.

Les séances spirites, au Tibet, ne ressemblent guère à celles de nos pays; ni l'obscurité, ni le silence ne sont requis, parfois elles se tiennent en plein air. Le médium n'est point endormi ou immobile, il se démène au contraire, furieusement.

Commençant par psalmodier en s'accompagnant d'un tambourin et d'un clochette, il exécute une sorte de pas de danse, d'abord lent, puis plus rapide et se met ensuite à trembler convulsivement. Un être de l'autre monde : dieu, génie, démon ou esprit d'un mort a pris possession de lui. Il devient alors frénétique et chante d'une voix entrecoupée ce que le personnage invisible veut communiquer aux assistants. Il est très difficile de comprendre les paroles hachées prononcées par le *pao* ou par la *pamo* et, comme il est d'une importance capitale de savoir qui parle par leur voix et de receuillir toutes les instructions données par leur entremise, le soin de les écouter attentivement est confié aux hommes les plus intelligents du village.

Il arrive, au cours de ces séances, que différents dieux ou esprits s'emparent successivement du médium. Parfois, ce dernier, sous l'impulsion donnée par l'un de ceux-ci, se précipite à l'improviste sur l'un des assistants et le roue de coups. Cette correction inattendue est toujours subie sans opposer de résistance. Les Tibétains s'imaginent qu'elle a pour effet d'expulser, de celui qui la reçoit, un démon qui s'était logé en lui à son insu et que l'esprit qui anime le médium a découvert.

Les morts qui souffrent dans un autre monde se bornent généralement au récit de leurs infortunes.

— Sur ma route, dit l'un d'eux, pendant une séance à laquelle j'assistais, j'ai rencontré un démon qui m'a entraîné dans sa demeure. Il a fait de moi son esclave, me traite durement et m'oblige à travailler sans relâche. Ayez pitié de moi ! Délivrez-moi, afin que je puisse atteindre le «Paradis de la Grande Béatitude».

La mère de l'homme qui était censé parler, sa femme et ses enfants pleuraient à chaudes larmes.

Les familles à qui de telles supplications parviennent ne songent plus qu'à libérer le pauvre défunt.

La chose est compliquée. Il s'agit, d'abord, d'entrer en communication avec le démon et de négocier avec lui le rachat de son captif.

L'intermédiaire choisi est souvent un sorcier Bön. Il informe les parents du prisonnier que son maître démoniaque exige pour le libérer le sacrifice d'un porc ou d'une vache.

Après avoir offert la victime, le Bön entre dans un état de transe. Son esprit ou son «double» est censé se rendre à la demeure du démon.

Il voyage, la route est longue, pénible, hérissée d'obs-

46

tacles, les contorsions du sorcier l'indiquent, mais différant en cela du *pao*, il demeure assis et se borne à des mouvements de la tête et du buste. Un flot ininterrompu de paroles précipitées coule de ses lèvres, narrant les péripéties de l'aventure dans laquelle il s'est engagé.

Plus encore que le *pao*, il est inintelligible, et les plus malins des assistants ont grandpeine à saisir le sens de ce qu'il raconte.

Voici le sorcier arrivé à son but, il a saisi l'esprit et veut l'emmener. Le démon a reçu la rançon convenue, mais il se montre généralement de mauvaise foi, s'efforçant de retenir son esclave. Le Bön lutte avec lui, on le voit se tordre, haleter, il pousse des cris.

La famille et les amis du mort suivent avec anxiété les phases du drame qui se joue et leur joie éclate quand le sorcier, exténué, déclare qu'il a réussi et que l'esprit a été conduit par lui dans un lieu agréable.

Il s'en faut que la première tentative réussisse toujours. J'ai assisté à plusieurs essais de sauvetage où le sorcier, après avoir simulé des efforts inouïs, finit par déclarer que l'esprit lui avait été repris par le démon.

Dans ce cas, tout est à recommencer.

Quand le soin de sauver un «esprit» de l'esclavage est confié à un lama, aucun sacrifice n'est offert pour sa rédemption et les rites célébrés n'ont point le caractère de négociations. Le lama, docte en rituel magique, se croit suffisamment puissant pour contraindre le démon à relâcher sa victime.

Sous l'influence du bouddhisme, les habitants du Tibet propre ont renoncé à sacrifier des animaux, mais il est loin d'en être de même parmi les Tibétains établis dans l'Himâlaya qui n'ont qu'un très léger vernis de lamaïsme et sont, en fait, de véritables chamanistes.

Les croyances des lamas lettrés, et, plus encore, celles des mystiques contemplatifs, diffèrent grandement de celles des masses quant au sort de l'esprit dans l'au-delà. D'abord, les épisodes multiples du voyage dans le Bardo sont considérés par eux comme des visions purement subjectives. La nature de celles-ci, croient-ils, dépend des idées que nous avons entretenues de notre vivant ; les paradis, les enfers, le juge des morts, etc., apparaissent à ceux qui y ont cru.

Un *gomtchén*[1] du Tibet oriental me raconta à ce sujet l'histoire suivante :

Un artiste peintre avait pour principale occupation de décorer l'intérieur des temples. Il y peignait, entre autres personnages, les êtres fantastiques à corps humain et à tête animale qui passent pour être les serviteurs du juge des morts. Son fils, encore tout jeune, demeurait souvent auprès de lui tandis qu'il travaillait et s'amusait à voir ces formes monstrueuses apparaître sur les fresques. Or, il advint que l'enfant mourut et, entrant dans le Bardo, y rencontra les êtres terribles dont les images lui étaient familières. Bien loin d'être effrayé, il se mit à rire. « Oh ! dit-il, je vous connais tous, c'est mon papa qui vous fabrique sur le mur. » Et il voulut jouer avec eux.

Je demandai, un jour, au lama d'Enché, quelles pourraient être les visions subjectives *post mortem* d'un matérialiste ayant envisagé la mort comme un anéantissement absolu.

« Peut-être, me répondit le lama, cet homme aurait-il des visions correspondant aux croyances religieuses qui ont été les siennes dans son enfance ou que l'on possédait dans son entourage. Suivant son degré d'intelligence et sa lucidité à ce moment, il examinerait et analyserait ce qui lui apparaîtrait, tandis que les objections et les faits qui, de son vivant, l'avaient amené à en nier la réalité, se représenteraient à lui. Il pourrait, ainsi, arriver à la conclusion qu'il contemple un pur mirage.

« Un homme moins intellectuel, chez qui la croyance en l'anéantissement final est plutôt le résultat de l'indifférence, de la paresse mentale que celui du raisonnement, n'aurait peut-être aucune vision. Ceci n'empêcherait point l'énergie engendrée par ses actions passées de poursuivre son cours et de se manifester par de nouveaux phénomènes. En termes familiers : n'empêcherait pas la re-naissance du matérialiste. »

1. Ermite contemplatif.

J'avais beaucoup travaillé depuis mon arrivée au Sikkim, de nombreux cahiers pleins de notes l'attestaient. Je crus pouvoir m'accorder des vacances. L'été venait, la température plus douce m'incitait à entreprendre un voyage dans le nord du pays.

La route que je choisis est un excellent chemin muletier menant de Gangtok à Kampa Dzong et à Jigatzé, au Tibet. Montant graduellement de Dikchou enfoui parmi la jungle tropicale, au bord de la Tista, il remonte un affluent de cette rivière jusqu'à sa source, en traversant d'admirables paysages. A environ 80 kilomètres de Gangtok et à l'altitude de 2400 mètres, cette route traverse un village appelé Latchén, qui occupe une grande place dans l'hisoire de mes expériences touchant le mysticisme lamaïste.

Cette petite agglomération de montagnards mi-cultivateurs, mi-pasteurs, est la plus septentrionale du Sikkim, la dernière que l'on rencontre sur la route montant vers la frontière tibétaine.

Un humble monastère perché sur un éperon de montagne y domine les chalets des paysans.

Je m'y rendis dès le lendemain de mon arrivée. Après une visite rapide, j'allais me retirer ayant constaté que le temple n'offrait rien d'intéressant, lorsqu'une ombre se profila dans l'espace lumineux de la porte large ouverte et un lama parut sur le seuil.

Je dis un lama, mais l'homme qui survenait ne portait pas d'habit monastique bien qu'il ne fût pas non plus vêtu à la façon des laïques. Son costume se composait d'une jupe blanche descendant jusqu'à ses pieds et d'un gilet grenat, de forme chinoise, dont les larges emmanchures laissaient passer les manches très amples d'une chemise jaune. Un chapelet fait de rondelles d'une substance grisâtre[1] entremêlées de boules de corail, pendait comme un collier sur sa poitrine ; de grands anneaux d'or, ornés d'une turquoise, étaient passés dans ses oreilles, et sa chevelure, rassemblée en natte épaisse, lui battait les talons.

Ce bizarre personnage se contenta de me regarder sans

---

1. J'appris, plus tard, que ces rondelles étaient découpées dans des crânes humains.

rien dire et je n'osai pas entamer une conversation avec le peu de mots tibétains que je possédais alors. Je me bornai donc à saluer et sortis.

Sur la terrasse s'étendant devant le monastère m'attendait un jeune garçon qui servait d'intendant et d'interprète pour toutes les questions concernant le voyage et mes domestiques. Dès qu'il aperçut le lama qui descendait derrière moi les marches du péristyle, il se prosterna à trois reprises et lui demanda sa bénédiction.

Son geste m'intrigua ; le garçon n'était pas prodigue de ce témoignage de respect et n'en honorait guère que le prince-tulkou et Bermiak Kouchog.

— Qui est ce lama ? lui demandai-je, en retournant au *bungalow* servant de gîte aux voyageurs.

— C'est un grand *gomtchén,* me répondit-il. Je viens de l'apprendre en causant avec un de ses moines, tandis que vous étiez dans le temple. Il a passé des années tout seul dans une caverne, très haut sur la montagne. Les démons lui obéissent, il fait des miracles. On dit qu'il peut tuer les gens à distance et voler dans les airs...

« Voilà un homme bien extraordinaire », pensai-je.

La biographie de l'ascète Milarepa, lue avec Dawasandup et tout ce que j'avais entendu raconter, autour de moi, de la vie des ermites, des doctrines singulières qu'ils professent et des prodiges qu'ils accomplissent, avaient grandement excité ma curiosité. Il s'agissait, maintenant, de tirer bon parti de l'occasion qui se présentait et de causer avec l'un d'eux. Mais comment ? Mon garçon ne parlait que le dialecte du Sikkim et, bien entendu, ignorait les termes philosophiques tibétains. Jamais il ne pourrait traduire mes questions.

La situation m'excitait et m'agaçait. Je dormis mal, en proie à des rêves incohérents. Je me vis entourée d'éléphants dont les trompes raidies, dirigées vers moi, émettaient des sons de trompettes thébaines. Ce singulier concert me réveilla. Ma chambre était plongée dans une obscurité profonde. Je ne voyais plus les éléphants, mais j'entendais toujours la musique. Quelques instants d'attention me firent reconnaître des airs religieux. Les lamas jouaient sur

50

le parvis du temple. A qui donnaient-ils cette sérénade nocturne ?...

Quoi qu'il dût en advenir, je voulus tenter l'interview du *gomtchén*. Je lui fis demander de me recevoir et, le lendemain, accompagnée de mon garçon, je retournai au monastère.

On accédait à l'appartement du lama par une échelle de meunier aboutissant à une petite loggia décorée de fresques. En attendant que l'on nous invitât à entrer, je m'amusai à examiner celles-ci.

Sur l'un des murs, un artiste ingénu, dont la facilité d'imagination s'affirmait de beaucoup supérieur à son talent de dessinateur, avait représenté les tourments des purgatoires, peuplant ceux-ci d'une foule amusante de démons et de suppliciés aux physionomies comiques.

Vers le milieu du panneau, la luxure recevait son châtiment. Un homme nu, d'une maigreur anormale, se tenait en face d'une femme dévêtue. La belle était tout ventre et ressemblait assez exactement à certains œufs de Pâques surmontés d'une tête de poupée et montés sur deux pieds. Le libertin et la nymphe démoniaque chargée de le torturer, exhibaient tous les deux des sexes de dimensions exagérés. L'incorrigible paillard, oublieux du lieu où ses passions l'avaient conduit, attirait à lui l'infernale créature et celle-ci le serrait dans ses bras tandis que des flammes, sortant de sa bouche et d'une ouverture plus secrète, léchaient le pitoyable amoureux.

Quant à la femme pécheresse, écartelée, renversée sur un triangle pointant en bas, elle subissait les caresses qu'un diable vert lui infligeait avec sa queue simiesque bordée de dents de scie, tandis que d'autres monstres de même espèce accouraient avec l'intention évidente de relayer leur camarade.

Le *gomtchén* habitait une sorte de chapelle dont le plafond était soutenu par des piliers de bois peints en rouge. Une seule petite fenêtre l'éclairait. Au fond de la pièce, l'autel, suivant la coutume tibétaine, servait de bibliothèque. Dans une niche, au milieu des livres, se trouvait une statuette de Padmasambhâva devant laquelle s'alignaient les offrandes rituelles : sept vases remplis d'eau claire, du grain et une lampe.

Quelques bâtons d'encens brûlaient sur une petite table, mêlant leur parfum à des relents de thé et de beurre fondu ; les coussins et les tapis, formant le siège du maître de logis, paraissaient élimés et fanés et la petite étoile d'or de la lampe d'autel, brillant à l'extrémité de la chambre, la montrait vide et poussiéreuse.

J'essayai de formuler, par l'intermédiaire de mon boy interprète, quelques questions sur des sujets que j'avais déjà entendu traiter par les lamas qui m'instruisaient à Gangtok, mais ce fut peine perdue. Il m'aurait fallu l'assistance de Dawasandup. Le pauvre garçon à qui je parlais n'entendait rien à la philosophie. Il demeurait stupide, incapable de trouver des mots pour exprimer les paroles dont le sens lui échappait totalement.

J'abandonnai l'entreprise et pendant longtemps, le lama et moi, nous demeurâmes assis, tous les deux, silencieux.

Le lendemain, je quittai Latchén, continuant mon chemin vers le nord.

La route, jusque-là charmante, devint merveilleuse. Les azalées et les rhododendrons portaient encore leur parure printanière. Un torrent chatoyant semblait avoir submergé la vallée, lançant ses ondes pourpres, mauves, jaunes ou d'un blanc éclatant à l'assaut des pentes voisines, et mes porteurs, dont les têtes seules émergeaient des buissons, m'apparaissaient, de loin, comme des nageurs dans une mer de fleurs.

Quelques kilomètres plus loin, les jardins féeriques s'éclaircissaient graduellement ; bientôt il ne demeura plus, à ras de terre, que de rares taches rosées marquant les endroits où une touffe d'azalées s'obstinait à lutter avec l'altitude. Le sentier pénétrait dans la région aux paysages fantastiques qui précède les hauts cols[1]. Dans le grand silence de ce désert, des ruisseaux aux eaux claires et glaciales gazouillaient d'une voix cristalline. Parfois, sur le bord d'un lac morne, un oiseau coiffé d'une aigrette d'or regardait, gravement, passer ma caravane. Nous montions toujours, côtoyant des glaciers gigantesques, entrevoyant

1. Les cols de Kourou et de Sépo : altitude, 5 000 mètres.

l'entrée de vallées mystérieuses qu'emplissaient d'énormes nuées et, tout à coup, comme nous émergions des brumes, sans transition, le plateau tibétain m'apparut immense, nu et rayonnant sous le ciel lumineux de l'Asie centrale.

J'ai parcouru, depuis, la contrée s'étendant derrière les monts lointains qui, ce jour-là, limitaient mon horizon. J'ai vu Lhassa, Jigatzé, le désert d'herbe avec ses lacs grands comme des mers, Kham, le pays des brigands-chevaliers et des magiciens, les forêts inexplorées de Po et les vallées enchanteresses de Tsarong où mûrissent les grenades, mais rien n'a pu amoindrir dans ma mémoire le souvenir de ce premier coup d'œil jeté sur le Tibet.

Après quelques semaines de beau temps, la neige se remit à tomber. Mes provisions s'épuisèrent. Porteurs et domestiques s'énervaient et devenaient querelleurs ; un jour je dus séparer à coups de cravache deux hommes qui se battaient, le couteau à la main, pour une place auprès du feu.

Après quelques rapides excursions en terre tibétaine, je quittai la frontière. Je n'étais pas équipée pour un plus long voyage et, d'ailleurs, le sol s'étendant en face de moi était interdit.

Je repassai par Latchén, revis le *gomtchén* et m'entretins avec lui de son ermitage qu'il me dit être situé à une journée de marche plus haut dans les montagnes et où il était demeuré pendant dix-sept ans. Mon garçon pouvait facilement me traduire ces détails que le lama lui donnait dans le dialecte local. Je ne m'aventurai pas à faire allusion aux démons que la rumeur publique lui donnait comme serviteurs. Je savais mon jeune interprète trop superstitieux pour oser traduire de pareilles questions et il était probable aussi que, si elles lui étaient posées, le lama n'y répondrait pas.

Je retournai à Gangtok peinée d'avoir manqué une occasion d'apprendre des choses intéressantes, navrée aussi de m'éloigner du Tibet et, sans me douter le moins du monde des suites singulières que mon voyage devait avoir.

Peu de temps après, le Dalaï-lama quitta Kalimpong. Ses troupes avaient battu les Chinois, il triomphait et rentrait à Lhassa. J'allai lui dire adieu dans un village situé au-dessous du col Jelep.

Arrivée longtemps avant lui à la maison où il devait loger, j'y trouvai quelques nobles personnages de la cour du Sikkim en grand émoi. Ils s'étaient chargés de préparer la demeure temporaire du lama-roi, mais, comme d'habitude en Orient, les objets nécessaires avaient été apportés trop tard, meubles, tapis, tentures, rien n'était encore posé et l'arrivée de l'éminent voyageur était imminente.

Quel tumulte dans ce chalet où maîtres et domestiques s'agitaient affolés ! Je m'amusai à donner un coup de main et disposai les coussins qui devaient servir de lit au Dalaï-lama. Certains des assistants m'assurèrent que cela me porterait bonheur dans cette vie et dans celles qui la suivraient.

Est-ce cette action qui, plus tard, m'a permis d'atteindre Lhassa ?...

Je causai encore une fois avec le souverain tibétain. Ses pensées paraissaient entièrement tournées vers la politique. Il bénit pourtant encore, avec son plumeau de rubans, ceux qui défilèrent devant lui, mais on sentait que son esprit avait déjà franchi le col frontière et s'occupait d'organiser la victoire dont il allait profiter.

L'automne suivant, je quittai le Sikkim, allai au Népaul, puis passai environ une année à Bénarès. J'y avais fait un séjour prolongé dans ma prime jeunesse et je m'y retrouvais avec plaisir. Aimablement accueillie par les membres de la société théosophique, j'acceptai l'offre d'un appartement dans leur beau parc. Ce logis d'une simplicité ascétique cadrait harmonieusement avec l'atmosphère mystique de la ville sainte de Çiva et répondait à mes goûts. Je me remis à l'étude assidue de la philosophie védanta délaissant un peu le lamaïsme que je n'entrevoyais pas le moyen d'approfondir plus que je ne l'avais fait et je ne songeais nullement à quitter Bénarès, lorsqu'un concours de circonstances qui me sont toujours demeurées obscures, m'amena à monter, un matin, dans un train se dirigeant vers l'Himâlaya.

CHAPITRE II

*Le monastère de Podang. — Exorcismes et bénédictions.
— Un interlocuteur d'un autre monde. — Mystiques du
Tibet oriental et leurs théories. — Une singulière mani-
festation de clairvoyance. — Une Thébaïde lamaïste.
— Le sorcier de Trangloung et ses gâteaux volants.—
Comment je deviens ermite à 3 900 mètres d'altitude.
— Voyage à Jigatzé. — Mécomptes d'une dame
polyandre; le troisième époux récalcitrant. — Je suis
l'hôte du Trachi-lama et de sa mère. —L'ermite de
Phutag.*

A Gantgok, je retrouvai Bermiak Kouchog; le lama
d'Enché était parti pour Jigatzé au Tibet et ne revint que
plusieurs mois plus tard; Dawasandup avait été appelé à
suivre, comme interprète, le représentant britannique à la
conférence politique sino-tibétaine qui siégeait dans l'Inde.
Le mahârajah mourut, son fils Sidkéong tulkou lui succéda
et eut moins de temps à consacrer aux études religieuses.
Les plans de voyage que j'avais formés ne purent être mis à
exécution, tout allait à l'encontre de mes désirs.

Peu à peu les choses, autour de moi, me parurent
prendre une physionomie hostile. Je fus obsédée par des
êtres invisibles qui m'incitaient à quitter le pays, me
repoussaient littéralement, insinuant qu'ils ne me permet-
traient pas d'avancer plus loin ni dans mon étude du
lamaïsme, ni matériellement sur le sol du Tibet. En même

temps, une sorte de claivoyance me montrait ces ennemis inconnus triomphant après mon départ et se réjouissant de m'avoir chassé.

J'attribuai ces phénomènes à un état fiévreux, à de la neurasthénie causée par la contrariété s'ajoutant à du surmenage cérébral. Certains y eussent peut-être vu l'effet de forces occultes. Quoi qu'il en pût être, je ne parvenais pas à dominer cette hantise pénible qui côtoyait l'hallucination. Les médicaments calmants ne produisaient aucun effet. Je pensai qu'un changement de lieu pourrait être plus efficace.

Comme j'en étais à chercher un endroit où je pourrais m'établir sans quitter l'Himâlaya, le prince du Sikkim, sans se douter qu'il allait au-devant de mes désirs, m'offrit un appartement au monastère de Podang situé à 15 kilomètres environ de Gangtok, parmi des forêts presque continuellement noyées dans d'épaisses nuées.

L'appartement consistait en une immense pièce d'angle, au premier étage du temple, et une cuisine gigantesque où, selon la coutume tibétaine, devaient coucher mes deux domestiques.

Deux baies énormes permettaient l'accès de ma chambre à toute la lumière du ciel. Avec une égale hospitalité, elles accueillaient le vent, la pluie et la grêle, par des ouvertures béantes existant de chaque côté des deux fenêtres dont les châssis, trop étroits, ne touchaient les murs que dans le sens de la hauteur.

Dans un coin de cette salle, je disposai mes livres sur une saillie de la muraille, je déployai ma table et ma chaise pliantes ; ce fut mon «cabinet de travail». Dans un autre coin, j'accrochai une tente aux solives et j'y plaçai mon lit de camp ; ce fut ma «chambre à coucher». Le milieu de l'appartement, trop généreusemennt ventilé, figura une sorte de place publique où je recevais mes visiteurs les jours de beau temps.

Ce qui m'enchantait à Podang, c'était la musique religieuse que j'y entendais deux fois par jour : le matin avant l'aube et le soir au coucher du soleil. L'orchestre était des plus réduits. Il se composait de deux *gyalings* (sorte de hautbois), deux *ragdongs* (gigantesques trompettes thébaines de trois à quatre mètres de long) et deux timbales.

Une cloche grave préludait en tintant suivant un rythme spécial aux temples de l'Orient. Après un temps de silence, *les ragdongs* grondaient longuement en sourdine. Puis les *gyalings* chantaient seuls une phrase lente, souverainement émouvante en sa simplicité. Ils la reprenaient, ensuite, avec des variations soutenues par les notes basses des *ragdongs* auxquels se joignaient, finalement, les timbales imitant le roulement du tonnerre au lointain.

La mélodie, en mineur, coulait unie comme les eaux d'un fleuve profond, sans heurt, sans éclat, sans accents de passion. Il s'en dégageait une impression de détresse inéluctable, comme si toute la douleur des êtres pérégrinant de monde en monde, depuis le commencement des âges, s'y fût exhalée en une lamentation infiniment lasse et désespérée.

Quel musicien, génial à son insu, avait trouvé ce *leitmotiv* de la misère universelle et comment, avec cet orchestre disparate, des hommes qui ne se montraient doués d'aucun sens artistique, arrivaient-ils à le rendre avec cette ferveur déchirante ?

C'était là un mystère dont ils n'auraient pu me donner l'explication. Il fallait me contenter de les écouter en regardant monter l'aube derrière les montagnes, ou s'assombrir le ciel crépusculaire.

En plus des offices quotidiens, j'eus l'occasion, à Podang, d'assister à certaines cérémonies annuelles concernant les démons. Je retrouvai celles-ci plus tard, au Tibet où elles se déroulent en grande pompe, mais, à mon avis, cet éclat diminuait le caractère pittoresque qu'elles revêtaient dans l'ombre des forêts himâlayennes. La sorcellerie perd à se montrer au grand jour et parmi la foule.

D'abord, les *trapas* firent prendre l'air à Mahâkala qui, tout le reste de l'année, reste confiné dans une armoire avec des offrandes et des charmes.

Il n'existe pas un seul monastère lamaïste qui n'ait, parmi ses temples, une demeure pour les anciens dieux autochtones et ceux qui ont été importés de l'Inde. Ces derniers ont beaucoup déchu en entrant au Pays des Neiges. Les Tibétains, inconsciemment irrévérencieux, les ont transformés en démons et les traitent parfois durement.

Entre toutes les déités hindoues exilées, Mahâkala est la plus célèbre. Sa personnalité originelle est une forme de Çiva dans sa fonction de destructeur du monde.

Devenu un simple esprit malfaisant, il est tenu en esclavage par les lamas magiciens qui le contraignent à leur rendre des services de tous genres et ne se gênent point pour le châtier à l'occasion.

Une tradition populaire rapporte que le grand chef de la secte des Karmapas avait forcé Mahâkala à devenir son serviteur. Or, se trouvant à la cour de l'empereur de Chine, le lama déplut à ce souverain qui le fit attacher par la barbe à la queue d'un cheval.

Traîné derrière l'animal, en péril de mort, le grand Karmapa appela Mahâkala à son aide. Celui-ci ne répondit pas immédiatement et le lama se délivra à l'aide d'une formule magique qui sépara sa barbe de son menton. En se relevant, il vit Mahâkala, arrivé trop tard pour être utile et, dans sa colère, il le gifla avec tant de vigueur que, bien que plusieurs siècles se soient écoulés depuis lors, la joue du pauvre diable demeure encore enflée.

Bien entendu, les *trapas* de Podang n'étaient point de taille à se permettre de telles libertés. Mahâkala leur inspirait une réelle terreur.

Parmi eux, comme dans les autres monastères, se racontaient de sinistres prodiges. Tantôt du sang suintait à travers les parois de l'armoire où ce terrible personnage passait pour être enfermé, tantôt, en ouvrant celle-ci, on y trouvait des débris macabres : cervelle ou cœur humains, dont la présence ne pouvait s'expliquer que par une intervention occulte.

Sorti de sa demeure, le masque représentant Mahâkala et dans lequel ce dernier est censé résider, était placé dans l'antre obscur réservé à ses congénères, à côté du temple. Deux novices le gardaient, répétant sans interruption la formule magique qui l'empêchait de s'évader. Souvent, au cours des heures nocturnes, les garçons bercés par cette psalmodie monotone luttaient, tout tremblants, contre le sommeil, persuadés que la moindre défaillance de leur part serait mise à profit par le démon pour se délivrer et faire d'eux ses premières victimes.

Dans les villages voisins, les paysans se montraient inquiets du semblant de liberté accordé à Mahâkala. Ils fermaient tôt leur porte le soir et les mères adjuraient leurs enfants de ne point s'attarder au-dehors après le coucher du soleil.

De moindres personnages démoniaques que l'on supposait errer par le pays, en quête de mauvais coups à faire, furent ensuite attirés par les incantations des lamas et forcés d'entrer dans une sorte de cage d'aspect gracieux, faite d'une structure de bois léger et de fils de couleur. Puis ce gentil domicile fut solennellement porté hors du monastère et précipité, avec ses prisonniers, dans un brasier flambant.

Mais les diables sont immortels, très heureusement pour les sorciers qui vivent d'eux, et l'année suivante le même rite doit être renouvelé.

Un lama lettré, appartenant à une notable famille du Sikkim, revint du Tibet à cette époque. Il succédait, comme abbé du monastère de Rhumteck, à son frère récemment décédé, et la coutume exigeait qu'il fît célébrer dans différentes *gompas* de sa secte les offices religieux requis pour assurer le confort du défunt dans l'au-delà.

J'avais connu ce dernier, un excellent homme, mari de deux femmes, toujours jovial, qui ne se piquait pas de philosophie et appréciait à sa valeur le bon cognac de France dont il consommait plusieurs bouteilles par jour.

Très riche, pour le pays, il achetait, au hasard, nombre d'objets dont il ignorait l'usage. Ce fut ainsi que je le vis, un jour, lui, robuste gaillard à la puissante carrure, coiffé d'un chapeau pour bébé de trois ans, orné d'un puéril ruban rose.

Le nouvel abbé, que l'on dénommait couramment : M. du Tibet (Peu Kouchog) parce qu'il séjournait généralement dans ce pays, différait en tous points de son frère. Il jouissait même, à Lhassa, d'une réputation distinguée, y étant reconnu comme un grammairien émérite. Il avait reçu l'ordination majeure et gardait le célibat, chose rare parmi le clergé de l'Himâlaya.

Les rites funèbres qu'il présida durèrent pendant toute une semaine. Temps heureux où les *trapas* de Podang firent ripaille et reçurent les largesses de l'héritier.

Peu Kouchog procéda ensuite à la bénédiction annuelle des bâtiments du monastère. Escorté par un chœur de *trapas* psalmodiant les litanies de bons souhaits, il parcourut les corridors, jetant, au passage, du grain bénit dans chaque pièce. Quelques poignées d'orge lancées avec un gracieux sourire et le vœu « *Trachi chog !* » (que la prospérité soit) cinglèrent ma tente « chambre à coucher » et s'éparpillèrent sur la table et les livres de mon « cabinet de travail ».

Prospérité ! prospérité !... Dûment exorcisé et bénit, le monastère devait être une succursale du Paradis de Grande Béatitude.

Cependant les moines ne se sentaient sans doute pas encore suffisamment rassurés. Secrètement, ils doutaient de leurs pouvoirs occultes, et même de ceux du savant grammairien. Quelques diables pouvaient avoir échappé à l'extermination et se tenir cachés, prêts à reprendre le cours de leurs méfaits...

Un soir je vis apparaître le *gomtchén* de Latchén revêtu de ses atours de mage noir : tiare à cinq faces, collier fait de rondelles de crâne, tablier d'os humains sculptés et ajourés, poignard magique à la ceinture.

Debout en plein air, près d'un grand feu, il esquissait des gestes avec le sceptre-dordji et poignardait le vide en récitant des incantations à voix basse.

Je ne sais à quels invisibles démons il livrait bataille, mais fantastiquement éclairé par les flammes dansantes, il avait tout l'air d'en être un lui-même.

Le remède dans lequel j'avais placé ma confiance se montrait efficace. Microbes de fièvre détruits par le changement de résidence, fatigue cérébrale que la distraction causée par de nouveaux spectacles atténuait, ou bien êtres conscients du monde occulte, vaincus par ma volonté de ne pas leur céder, quels qu'eussent été les auteurs de l'obsession dont j'avais souffert, ils me laissaient en paix.

Pourtant un fait bizarre se produisit pendant mon séjour à Podang.

Sidkéong tulkou, devenu mahârajah, souhaitait amener ses sujets à renoncer à leurs superstitions pour pratiquer le

60

bouddhisme orthodoxe. Dans ce but, il avait invité un moine appartenant à l'école philosophique du Sud à prêcher une «mission» pour combattre les coutumes antibouddhiques telles que la sorcellerie, le culte des «esprits» et l'habitude de boire des boissons fermentées. Ce religieux, nommé Kali Koumar, était à l'œuvre pour le moment.

Le mahârajah-lama, en tant qu'abbé de Podang, y avait un appartement qu'il habitait lorsqu'en de rares occasions il officiait à la tête de ses moines. Il vint à passer deux journées pendant mon séjour au monastère.

Nous prenions le thé ensemble vers la fin de l'après-midi et causions de la mission de Kali Koumar et des autres moyens à prendre pour éclairer les montagnards victimes de leurs superstitions invétérées.

— Il est impossible, disais-je, de savoir exactement ce qu'a été le Padmasambhâva historique qui prêcha au Tibet, mais ce qui est certain, c'est que les Tibétains «bonnets rouges» du Sikkim en ont fait le héros de légendes qui encouragent l'ivrognerie et des pratiques absurdes et pernicieuses. Sous son nom, c'est un mauvais esprit de leur fabrication qu'ils ont mis sur leurs autels et qu'ils vénèrent... Tenez, comme vous le faites vous-même, ajoutai-je, désignant, en riant, une statuette du grand magicien qui trônait au fond de la pièce, une lampe d'autel brûlant à ses pieds.

— Il faudrait, repris-je... J'interrompis la phrase commencée. Littéralement *on* me coupait la parole. Personne, pourtant, n'avait parlé ; le silence était complet, mais je sentais, très vivement, la présence, dans la chambre, d'une force hostile... Un trosième interlocuteur, invisible, intervenait dans notre conversation.

— Rien de ce que vous tenterez ne réussira, disait-il. Les gens de ce pays sont miens... Je suis plus fort que vous...

J'écoutais, stupéfaite, cette voix qui ne produisait aucun son. Peut-être allais-je me demander si elle n'était pas simplement l'écho de mes doutes quant au succès de la réforme projetée, lorsque le mahârajah répondit.

Il répondit à ce que je *n'avais pas dit*. Il argumenta avec l'invisible adversaire de ses plans.

— Pourquoi ne réussirais-je pas ? demanda-t-il. Il est possible qu'il faille beaucoup de temps pour transformer les idées des villageois et du bas clergé. Les démons qu'ils nourrissent ne se résigneront pas facilement à mourir de faim, mais j'aurai raison d'eux quand même.

Il raillait, faisant allusion aux sacrifices d'animaux offerts, par les sorciers, aux mauvais esprits.

— Mais je n'ai pas dit... commençai-je. Je ne continuai pas. Je venais de penser que malgré la brave déclaration de guerre qu'il venait de faire aux démons, le prince n'était pas entièrement exempt de superstitions et qu'il valait mieux lui taire ce qui s'était passé.

Je ne veux pas rester sur cette opinion à propos des croyances superstitieuses de Sidkéong tulkou. Il s'en était probablement plus affranchi que je ne le supposais. Voici qui le démontre :

D'après son horoscope — et les Tibétains ont une foi entière en ce présage — l'année où il mourut était une année dangereuse pour lui. Pour écarter les influences adverses, plusieurs lamas, dont le *gomtchén* de Latchén, lui offrirent de célébrer les rites prescrits à cet effet. Il les remercia et, nettement, refusa leur ministère, disant que s'il devait mourir, il se sentait capable de passer dans une autre vie tout simplement et sans leurs cérémonies.

Je crois bien qu'il a laissé la réputation d'un impie. D'ailleurs, aussitôt qu'il fut mort, toutes les innovations et les réformes religieuses qu'il avait instituées furent abolies. Finies les prédications, la défense de boire de la bière dans les temples. Un lama fit connaître au clergé de la région qu'il eût à reprendre toutes les anciennes habitudes.

L'invisible ennemi triomphait comme il l'avait prédit.

Bien que j'eusse mon quartier général à Podang, je n'avais pas entièrement renoncé à mes excursions à travers le pays. C'est au cours de celles-ci que je fis la connaissance de deux *gomtchéns* du Tibet oriental, nouvellement établis dans l'Himâlaya.

L'un d'eux habitait Sakyong et, pour cette raison, était dénommé : Sakyong gomtchén. Il n'est pas poli, au Tibet, de prononcer le nom des gens. Tous ceux que l'on ne traite pas en inférieurs sont désignés par un titre quelconque.

Le *gomtchén* était d'allures pittoresques et d'esprit très ouvert. Il fréquentait les cimetières et s'enfermait pendant des mois dans sa demeure pour pratiquer des rites magiques.

Comme son collègue de Latchén, il ne portait pas le costume monastique régulier et, au lieu de les couper ras, il enroulait ses cheveux au sommet de sa tête ainsi que les yoguins de l'Inde.

Porter les cheveux longs, quand on n'est pas un laïque, est au Tibet un des signes distinctifs des ascètes ermites et des mystiques contemplatifs dits *naldjorpas*.

Jusqu'à ce moment, mes conversations avec les lamas avaient surtout porté sur les doctrines philosophiques du bouddhisme mahâyaniste auxquelles se rattache le lamaïsme. Sakyong gomtchén en faisait peu de cas et, du reste, les connaissait très imparfaitement.

Il affectionnait les paradoxes. « L'étude, disait-il, est inutile à l'obtention de la connaissance, elle lui fait plutôt obstacle. Tout ce que l'on croit savoir est vain. En réalité, on ne *sait* que ses propres idées, mais les causes qui les ont provoquées demeurent inaccessibles. Quand nous cherchons à les appréhender, nous ne saisissons, encore une fois, que l'idée que nous nous faisons de ces causes. »

Comprenait-il bien ce qu'il disait, ou bien répétait-il ce qu'il avait lu ou entendu exprimer par d'autres ?

A la requête du prince tulkou, Sakyong gomtchén entreprit aussi une tournée de prédication. J'eus l'occasion de le voir prêcher. Je dis *voir* plutôt *qu'entendre* parce qu'il s'en fallait de beaucoup que je pusse comprendre tout ce qu'il disait en tibétain. Dans ce rôle d'apôtre, il se montrait vraiment supérieur. Sa parole véhémente, ses gestes, les diverses expressions de son visage étaient d'un orateur-né et les faces épouvantées, baignées de larmes, de ses auditeurs m'étaient garantes de l'impression qu'il produisait.

Le *gomtchén* de Sakyong est le seul bouddhiste que j'ai vu prêcher de cette façon dramatique. La manière orthodoxe exclut les gestes et les éclats de voix comme inappropriés à l'exposé d'une doctrine qui n'en appelle qu'à la calme raison.

Je lui demandai un jour : «Qu'est-ce que la délivrance suprême (tharpa), le nirvâna?» Il répondit : «C'est l'absence de toutes croyances, de toutes imaginations, la cessation de l'activité qui crée des mirages.»

— Vous devriez aller au Tibet et être initiée par un maître du «Sentier direct», me dit-il un autre jour, vous êtes trop attachée aux doctrines des *nien teus* (les bouddhistes des pays du Sud, Ceylan, etc.) Je pressens que vous seriez apte à saisir l'enseignement secret.

— Et comment pourrais-je aller au Tibet? répliquai-je, les étrangers n'y sont pas admis,

— Bah! fit-il, légèrement, il existe beaucoup de routes pour entrer au Tibet. Tous les lamas n'habitent pas U et Tsang (les provinces centrales avec Lhassa et Jigatzé pour capitales). L'on ne peut trouver de plus savants dans mon pays.

L'idée de me rendre au Tibet par la Chine ne m'était jamais venue et même, ce jour-là, l'insinuation du *gomtchén* n'éveilla aucun écho dans ma pensée. Mon heure n'avait sans doute pas encore sonné.

Le second *gomtchén* avec qui je fis connaissance était d'un caractère peu communicatif et d'une froideur qui teintait d'une nuance hautaine les formules de politesse que l'usage l'obligeait à prononcer. Pour les mêmes raisons que son collègue dont je viens de parler, on le dénommait Daling gomtchén, Daling étant le nom de l'endroit où il avait son domicile.

Il portait toujours le costume des moines réguliers auquel il ajoutait des anneaux d'oreille en ivoire et un dordji en argent, orné de tourquoises, piqué à travers son chignon.

Le lama passait tous les étés dans la retraite au sommet d'une montagne boisée sur laquelle une cabane avait été construite pour lui.

Un peu avant son arrivée, ses disciples et les paysans des environs y transportaient une provision de vivres pour trois ou quatre mois. Défense formelle leur était faite, ensuite, d'en approcher. Le *gomtchén* n'avait pas grand-peine, je crois à faire respecter sa solitude. Les gens du pays ne doutaient pas qu'il ne pratiquât des rites terribles, attirant les démons dans un piège pour les contraindre de renoncer à tous mauvais desseins contre les biens et les personnes de ceux qui l'honoraient. Cette protection dont ils étaient l'objet les rassurait, mais d'une part ils redoutaient, en se hasardant auprès de la hutte du *gomtchén*, de rencontrer quelques mauvais esprits s'y rendant et, de l'autre, le mystère qui enveloppe toujours la conduite et le caractère des ermites *naldjorpas* les incitait à la prudence.

Quelque peu enclin que le lama se montrât à répondre à mes questions, le désir exprimé par le prince, à qui il devait la situation d'abbé du petit monastère de Daling, le forçait à se départir un peu de sa réserve.

Parmi les sujets que j'abordai dans mes entretiens avec lui, se trouva celui de l'alimentation permise à un bouddhiste. «Convient-il, demandai-je, d'interpréter par des sophismes la défense expresse de tuer, un bouddhiste peut-il licitement manger de la viande ou du poisson ?»

Le lama, qui comme la grande majorité des Tibétains ne pratiquait pas le végétarisme, m'exposa des théories que, par la suite, j'entendis de nouveau exprimer au Tibet et qui ne manquent pas d'originalité.

— La plupart des hommes, me dit-il, mangent comme les bêtes, pour se rassasier, sans réfléchir à l'acte qu'ils accomplissent et à ses suites. Ces ignorants font bien de s'abstenir de nourriture animale. D'autres, au contraire, se rendent compte de ce que deviennent les éléments matériels qu'ils ingèrent en mangeant un animal. Il savent que leur assimilation entraîne l'assimilation d'autres éléments psychiques qui leur sont unis. Celui qui a acquis cette connaissance peut, à ses risques et périls, contracter ces associations et s'efforcer d'en tirer des résultats utiles à la victime du sacrifice. La question est de savoir si les éléments animaux qu'il absorbe donneront une nouvelle force à l'animalité en l'homme ou si celui-ci sera capable de transmuer en force intelligente et spirituelle la substance qui passera de l'animal en lui et y renaîtra sous la forme de sa propre activité.

Je demandai alors si ce qu'il m'expliquait était le sens ésotérique de la croyance courante parmi les Tibétains, que les lamas peuvent envoyer au Paradis de la Grande Béatitude les esprits des animaux tués pour la boucherie.

— Ne vous imaginez pas, me répondit-il, que je puisse vous répondre en quelques mots. C'est là un sujet compliqué. Comme nous, les animaux ont de multiples «consciences» et de même aussi qu'il en advient pour nous, celles-ci ne suivent pas toutes le même chemin après la mort. L'être vivant est un assemblage et non pas une unité... Mais il faut avoir été préalablement initié par un maître compétent, pour entendre ces doctrines.

C'était souvent par cette déclaration que le lama coupait court à ses explications.

Un soir où le prince, Daling lama et moi, causions dans le *bungalow* de Kewzing, la conversation tomba sur les ascètes mystiques. Avec un enthousiasme concentré, très impressionnant, le *gomtchén* nous parla de son maître, de sa sagesse, de ses pouvoirs supernormaux. Sidkéong tulkou subit l'influence de la vénération profonde que décelaient les paroles du lama.

A cette époque, il était soucieux au sujet d'une question d'ordre intime : des projets de mariage avec une princesse birmane. «Je regrette bien, me dit-il en anglais, de ne pas pouvoir consulter ce grand *naldjorpa*. Il me donnerait certainement de bons conseils.» Puis, s'adressant au *gomtchén*, il répéta en tibétain : «C'est dommage que votre maître ne soit pas ici. J'aurais grand besoin de l'avis d'un sage clairvoyant tel que lui.» Toutefois, il ne mentionna point la question qu'il souhaitait poser, ni la nature de ses préoccupations.

Le *gomtchén* s'enquit avec sa froideur habituelle :

— Le sujet est-il sérieux ?...

— Extrêmement important, répondit le prince.

— Peut-être pourrez-vous recevoir le conseil que vous désirez, dit le lama.

Je pensai qu'il songeait à expédier une lettre par un messager et j'allais lui faire remarquer la longueur du voyage à effectuer, lorsque l'aspect de sa physionomie me frappa.

Il avait fermé les yeux et pâlissait rapidement, son corps se raidissait. Je voulus aller vers lui, croyant qu'il

66

se trouvait mal, mais le prince, qui l'avait observé comme moi, me retint en murmurant :

— Ne bougez pas. Ces *gomtchéns* entrent parfois soudainement en état de transe. Il ne faut pas les en tirer ; cela peut les rendre très malades et même les tuer.

Je restai donc assise, regardant l'homme qui demeurait immobile. Peu à peu, ses traits se modifièrent, son visage se rida, s'empreignait d'une expression que je ne lui avais jamais vue. Il ouvrit les yeux et le prince fit un geste d'effroi.

Celui qui nous regardait n'était pas le lama de Daling mais un autre homme que nous ne connaissions pas. Il remua les lèvres avec effort et dit, d'une voix différente de celle du *gomtchén :*

— Ne vous inquiétez pas. Cette question ne se posera jamais pour vous.

Puis il referma lentement les yeux, ses traits s'altérèrent de nouveau et redevinrent ceux du lama de Daling qui reprit, ensuite, graduellement ses sens.

Il se déroba à nos interrogations et se retira en silence, chancelant et paraissant brisé par la fatigue.

— Sa réponse n'a aucun sens, conclut le prince.

Hasard ou autre chose, l'avenir démontra, malheureusement, qu'elle en avait un. La question qui angoissait le jeune mahârajah se rapportait à sa fiancée et à une liaison qu'il avait, d'autre part, avec une jeune fille dont il avait eu un fils, liaison qu'il ne voulait pas rompre en se mariant. Il n'eut, en effet, jamais à se préoccuper de la conduite qu'il devait tenir entre les deux femmes ; il mourut avant d'avoir conclu le mariage projeté.

J'eus l'occasion de jeter un coup d'œil sur deux ermites, d'un genre particulier que je n'ai point retrouvé au Tibet où — bien que le fait puisse paraître étonnant — les indigènes sont plus civilisés que ceux de l'Himalâya.

Je revenais avec le prince-lama d'une excursion à la frontière du Népaul, lorsque ses serviteurs, sachant qu'il aimait à me montrer les « curiosités d'ordre religieux » existant dans son pays, lui signalèrent la présence de deux ermites sur une montagne proche du hameau où nous avions passé la nuit. Ces hommes, disaient les villageois, se cachaient obstinément et avec beaucoup d'adresse, si bien que nul ne les avait entrevus depuis plusieurs années. Les provisions qu'on leur fournissait étaient, à de longs intervalles, déposées dans un endroit convenu, sous un roc, où ils les prenaient nuitamment. Quant aux huttes qu'ils s'étaient construites, nul n'en connaissait la situation exacte, ni ne cherchait à la découvrir.

Si les anachorètes désiraient ne pas être vus, les gens du pays tenaient peut-être encore davantage à ne pas les rencontrer. Ils en avaient une crainte superstitieuse et évitant de passer dans le bois qu'ils habitaient.

Sidkéong tulkou s'était affranchi de la peur des sortilèges. Il commanda à ses domestiques de battre la montagne avec quelques paysans et d'amener les ermites devant lui, sans user de violence et en leur promettant un cadeau de sa part, en les tenant bien à l'œil, afin qu'ils ne s'échappent point.

La chasse fut mouvementée. Les deux anachorètes, surpris dans leur inquiétude, essayèrent de fuir, mais traqués par une vingtaine d'hommes, ils finirent par être capturés.

Il fallut user de force pour les faire entrer dans le petit temple où nous nous trouvions avec quelques lamas, dont le *gomtchén* de Sakyong, et, une fois là, personne ne put leur arracher une seule parole.

J'ai rarement vu des physionomies aussi curieuses que celle de ces deux individus. Ils étaient affreusement sales, à peine couverts de quelques haillons ; leur longue chevelure embroussaillée leur couvrait le visage et leurs yeux émettaient des lueurs de brasier.

Tandis qu'ils regardaient autour d'eux, avec l'air qu'ont les fauves nouvellement mis en cage, le prince fit apporter, ostensiblement, deux grandes hottes d'osier remplies de provisions : beurre, thé, viande, farine d'orge, riz et leur expliqua qu'il les leur donnerait, mais malgré cette agréable perspective, les solitaires ne se départirent pas de leur mutisme farouche.

Un habitant du hameau dit alors avoir compris que les ermites avaient fait vœu de silence lorsqu'ils s'étaient établis dans le pays.

L'altesse, qui avait des accès de despotisme bien oriental, répliqua qu'ils auraient pu, tout au moins, le saluer selon l'usage et avoir un maintien respectueux. Je voyais que la colère montait en lui et, pour éviter tout ennui aux anachorètes, je le priai de leur permettre de se retirer. Il résista un peu mais j'insistai.

Entre temps, j'avais envoyé prendre dans mes bagages deux sacs de sucre cristallisé dont les Tibétains sont friands et j'en déposai un dans chaque hotte.

— Ouvrez la porte et que ces animaux s'en aillent, ordonna, à la fin, le prince.

Dès qu'ils virent l'issue libre, les ermites bondirent vers les hottes et s'en emparèrent. L'un d'eux tira rapidement quelque chose de sous ses guenilles, enfonça sa main aux ongles crochus sous ma coiffure et tous deux disparurent, légers et rapides comme des chevreuils.

Je trouvai dans mes cheveux une petite amulette que je montrai à ceux qui m'entouraient, et plus tard, à quelques lamas experts dans la science des charmes. Tous me dirent que loin d'êtres un maléfice, l'amulette m'assurait la compagnie d'un démon qui écarterait les périls de ma route et me servirait.

Je ne pouvais qu'être enchantée. Probablement, l'ermite avait-il saisi que j'intercédais pour que son compagnon et lui ne fussent pas retenus plus longtemps et son bizarre cadeau était-il un témoignage de sa reconnaissance.

La dernière excursion que je fis avec le prince-lama me conduisit de nouveau vers le nord du pays. Je revis Latchén et son *gomtchén*. Il me fut possible, cette fois, de causer avec lui, mais très rapidement, car nous ne nous arrêtâmes qu'une seule journée à Latchén, notre but étant de gagner le pied de Kintchindjinga[1].

En cours de route, nous campâmes près d'un joli lac, dans la vallée désolée de Lonak, non loin du plus haut col du monde; le col de Jongson (7 300 mètres d'altitude) où se rencontrent les frontières du Tibet, du Népaul et du Sik-

---

1. Altitude, 8 480 mètres. L'altitude de l'Everest, le plus haut sommet du globe, est 8 850 mètres.

kim. Nous demeurâmes ensuite, quelques jours, au bord des moraines gigantesques d'où émergent les pics couverts de glaciers du Kintchindjinga. Puis, Sidkéong tulkou me quitta pour retourner à Gangtok.

Il me plaisantait sur mon amour des hautes régions solitaires qui m'avait fait décider de continuer seule le voyage. Je le revois, vêtu, cette fois, non de ses robes de génie des *Mille et Une Nuits,* mais d'un costume d'alpiniste occidental. Avant de disparaitre derrière un petit promontoire rocheux, il se retourna vers moi en agitant son chapeau : « A bientôt, cria-t-il de loin, ne vous attardez pas trop longtemps. »

Je ne l'ai jamais revu. Il mourut quelques mois après, à Gangtok, d'une façon mystérieuse, tandis que j'étais restée à Latchén.

La vallée de Lonak était trop proche du Tibet pour qu'il me fût possible de résister au désir de franchir un des cols qui y conduit. Le plus aisément accessible était celui de Nago (5 450 mètres d'alittude). Sauf un peu de neige qui tomba comme nous nous mettions en route, le temps fut beau, mais voilé. Le paysage qui m'apparut du haut du col ne ressemblait guère à celui que j'avais contemplé, deux années auparavant, dans toute sa luminosité glorieuse.

Les immenses solitudes s'étendaient, comme autrefois, du pied de la montagne vers d'autres monts s'estompant indistincts au lointain, mais le crépuscule jetait sur elles un voile gris violacé qui les rendait plus mystérieuses et, peut-être, plus souverainement attirantes encore.

Je me serais contentée d'errer, même sans but, sur cette terre extraordinaire, mais j'en avais un. Avant mon départ de Gangtok, une personne de l'entourage du prince m'avait signalé le monastère de Chörten Nyima. « Les *gompas* que vous avez visitées au Sikkim, m'avait-elle dit, ne ressemblent aucunement à celles du Tibet. Faute de pouvoir vous avancer loin dans ce pays, allez, du moins, voir celle de Chörten Nyima, elle vous donnera une idée approximative d'un monastère tibétain. » C'était donc au monastère de Chörten Nyima que je me rendais.

Ce dernier justifie pleinement le nom de *gompa* (demeure dans la solitude) donné aux monastères en langue tibétaine. Il est impossible d'imaginer rien de plus véritablement « solitaire » que cette thébaïde lamaïste. Non seulement la région où elle est située est inhabitée, mais sa très haute altitude la rend désertique. De curieuses érosions formant de hautes falaises, une large vallée montant vers un lac de montagne, des sommets neigeux, un ruisseau d'eau limpide coulant sur un lit de pierres gris-mauve, gris-vert ou rosées, composent autour de l'ermitage un paysage tout minéral d'une majesté et d'une sérénité indicibles.

Dans un pareil décor, légendes et prodiges sont bien à leur place et Chörten Nyima n'en manque point. D'abord son nom lui-même : « reliquaire soleil », lui vient de ce qu'un Chörten contenant de précieuses reliques s'est miraculeusement transporté, à travers les airs, de l'Inde jusqu'à cet endroit.

D'anciennes traditions relatent aussi que Padmasambhâva, l'apôtre du Tibet, a caché dans les environs de Chörten Nyima certains manuscrits concernant des doctrines mystiques, qu'il jugeait inopportun de faire connaître à son époque (huitième siècle), les Tibétains n'ayant, alors, aucune culture intellectuelle. Le maître prévoyant que, longtemps après son départ de ce monde, des lamas prédestinés par leurs vies antérieures à en faire la découverte, les mettraient au jour. Plusieurs ouvrages passent pour avoir été trouvés dans cette région et des lamas cherchent encore à en découvrir d'autres.

D'après les Tibétains, cent huit sources, froides ou chaudes, existent aux alentours de Chörten Nyima. Il s'en faut que toutes soient visibles ; un grand nombre d'entre elles ne peuvent être aperçues que par « ceux dont l'esprit est particulièrement pur ». Les souhaits faits auprès de ces sources, après avoir déposé une offrande dans leur eau, à l'endroit où on la voit sourdre de terre et après en avoir bu une gorgée, s'accomplissent, dit-on, immanquablement.

Toute la région est hérissée de *tcheudo* (offrandes de pierres) consistant en pierres levées et en cairns. Érigés par les pèlerins, comme hommage à Padmasambhâva, ces monuments primitifs passent pour être indestructibles.

Le monastère, qui a dû, jadis, être d'une certaine importance, tombe en ruine. Il faut peut-être voir là, comme en maints autres endroits au Tibet, un effet de la déchéance des anciennes sectes qui n'ont pas adhéré à la réforme de Tsong Khapa, dont les disciples constituent, actuellement, le clergé d'État. Je n'y trouvai que quatre religieuses de la secte des «Anciens» (gningma) qui gardaient le célibat sans être régulièrement ordonnées, ni porter l'habit monastique.

Parmi les nombreux exemples de bizarrerie paradoxale qu'offre le Tibet, la bravoure tranquille de ses femmes m'a toujours étonnée. Peu d'Européennes ou d'Américaines oseraient vivre en plein désert par petits groupes de quatre ou cinq compagnes, ou même complètement seules. Bien peu oseraient, aussi, entreprendre dans ces mêmes conditions, des voyages qui durent des mois, voire même des années, à travers une contrée de hautes montagnes solitaires où rôdent des brigands et des bêtes féroces.

C'est là qu'apparaît la singularité de la conduite des Tibétaines. Elles n'ignorent point ces dangers réels et elles y ajoutent la crainte imaginaire de légions de mauvais esprits affectant mille formes extraordinaires, jusqu'à celle d'une plante démoniaque, croissant au bord des précipices, qui saisit les voyageurs avec ses rameaux épineux et les entraîne dans le gouffre.

Cependant, malgré ces raisons bien propres à les retenir dans les villages, l'on trouve, en maints endroits, des religieuses formant des communautés de moins d'une douzaine de membres, habitant des couvents isolés, dont certains, situés à une très haute altitude, sont bloqués par les neiges pendant huit mois de l'année.

D'autres femmes vivent en ermites dans des cavernes et de très nombreuses pèlerines pérégrinent seules, un petit baluchon sur le dos, à travers tout l'immense Tibet.

En visitant les *Lhakhangs* («maisons des dieux», où sont leurs statues), qui existaient encore parmi les bâtiment écroulés du monastère, j'en découvris un qui contenait une collection de petites statuettes en terre coloriée figurant les apparitions successives qui surgissent autour des esprits des morts traversant le Bardo. Au-dessus d'elles, dans l'attitude d'un bouddha en méditation, siégeait Dordji Chang, nu, le corps de couleur bleue qui symbolise l'espace, c'est-à-dire, en mystique, le Vide.

Une des nonnes m'étonna en m'expliquant leur signification.

— Tous ceux-là ne sont rien, me dit-elle en montrant les personnages aux formes fantastiques. L'esprit les fait sortir du vide et l'esprit peut les y faire rentrer et s'y dissoudre.

— Comment savez-vous cela? lui demandai-je, me doutant bien que la bonne fille n'avait pas trouvé cette théorie toute seule.

— Mon lama me l'a dit, répondit-elle.

— Et qui est votre lama?

— Un gomtchén qui vit près du lac Mo-te-tong.

— Vient-il quelquefois ici?

— Non, jamais. Le lama de Chörten Nyima habite Trangloung.

— Est-ce aussi un *gomtchén*?

— Non, c'est un *ngagpa* magicien. Il habite avec sa famille. Il est très riche et fait toutes sortes de prodiges.

— Lesquels?

— Il peut faire tomber ou retenir la grêle et la pluie à son gré. Il guérit ou rend malade, même de loin, les gens et les animaux. Et puis, tenez, voici ce qu'il fit, il y a quelques années :

« C'était au moment de la moisson, le lama commanda aux villageois de couper et d'engranger son grain (un service qui est, en bien des cas, obligatoire). Plusieurs d'entre eux répondirent qu'ils rentreraient certainement la moisson, mais après avoir mis la leur à l'abri. Le temps étant incertain, les paysans craignaient la grêle qui tombe souvent en cette saison. Au lieu de prier le lama de protéger leur récolte tandis qu'il travaillaient pour lui, beaucoup s'obstinèrent à couper leur orge en premier lieu.

« Alors le lama eut recours à ses pouvoirs magiques. Il célébra un rite, appela ses déités protectrices et anima des *tormas*[1]. Dès qu'il eut terminé, les *tormas* s'envolèrent et,

---

1. Des gâteaux en pâte, de forme conique ou pyramidale, qui servent dans les rites mystiques et magiques.

voyageant à travers les airs comme des oiseaux, elles entrèrent, en tourbillonnant, dans les maisons de ceux qui avaient refusé d'obéir immédiatement et y causèrent de grands dégâts. Quant à ceux qui s'étaient mis tout de suite à moissonner dans les champs du lama, les *tormas* passèrent devant leur porte sans pénétrer à l'intérieur.

« Depuis lors, personne n'ose plus désobéir au lama. »

Oh ! que ne pouvais-je causer avec ce magicien qui lançait des gâteaux vengeurs dans l'espace ! J'en mourais d'envie. Trangloung n'était pas très éloigné de Chörten Nyima. Les nonnains me disaient qu'un jour de marche suffisait pour m'y rendre... Mais ce jour de marche devait se faire en territoire interdit. Je venais, encore une fois, de m'y aventurer ; devais-je pousser plus loin me montrer dans un village ? Ne risquais-je point de me faire expulser du Sikkim ?

Il ne pouvait être question de me lancer dans un véritable voyage à travers le Tibet. Je n'y étais nullement préparée et, puisqu'il ne s'agissait que d'une courte visite à un sorcier, j'estimai qu'elle ne valait pas la peine que je compromisse la continuation de mes études tibétaines dans l'Himâlaya.

Je me décidai donc à m'en retourner après avoir remis aux religieuses un cadeau pour elles et un autre à transmettre au lama de Trangloung.

L'avenir devait effacer mes regrets. Deux ans plus tard je fis connaissance du sorcier et fus plusieurs fois son hôte à Trangloung.

L'automne venait, la neige avait envahi les cols, les nuits passées sous la tente devenaient pénibles. Je repassai la frontière et me retrouvai avec plaisir dans une maison, en face d'un grand feu flambant.

La maison était un de ces *bungalows* que l'administration britannique construit, à l'usage des voyageurs étrangers, sur toutes les routes de l'Inde et des pays limitrophes sous son contrôle. Grâce à eux des voyages, qui autrement deviendraient de véritables expéditions, peuvent être accomplis facilement.

Le *bungalow* de Thangou, à 3 600 mètres d'altitude et à une trentaine de kilomètres au sud de la frontière tibétaine, s'élevait dans un joli site très solitaire, entouré de forêts.

Je m'y trouvai bien et m'y attardai, peu encline à presser mon retour à Gangtok ou à Podang. Je n'avais plus grand'chose à apprendre des lamas avec qui j'avais été en relations. Peut-être, en temps normal, aurais-je quitté le pays pour me rendre en Chine ou au Japon, mais la guerre qui avait commencé en Europe, au moment où je partais pour Chörten Nyima, rendait les voyages quelque peu périlleux sur les mers sillonnées par des sous-marins. J'en étais à me demander où j'allais m'établir pour l'hiver, lorsque quelques jours après mon arrivée à Thangou j'appris que le *gomtchén* de Latchén se trouvait à son ermitage, à une demi-journée de marche du *bungalow*.

Je décidai immédiatement d'aller lui rendre visite. L'excursion ne pouvait manquer d'être intéressante. Qu'était cette caverne de la «Claire lumière», comme il la dénommait, et comment y vivait-il ? J'étais curieuse de le savoir.

J'avais renvoyé mon cheval en partant pour Chörten Nyima et effectué le voyage à dos de yak[1]. Je comptais louer une bête à Latchén pour rentrer à Gangtok. Me voyant sans monture, le gardien du *bungalow* me proposa de m'en amener une qui lui appartenait. L'animal, disait-il, avait le pied très sûr et grimperait parfaitement le mauvais sentier, très escarpé, qui conduisait à la caverne du *gomtchén*.

J'acceptai et, le lendemain, j'étais en selle sur une petite bête au poil rouge, pas trop laide.

Les chevaux ont un mors et une bride, mais les yaks n'en ont point, et quand on monte ces derniers, on garde les mains libres. Cette habitude m'était restée, si bien que pensant à autre chose, me voici mettant mes gants sans songer à la bride que j'aurais dû tenir, ne connaissant pas le caractère du cheval que je montais. Ce caractère devait être fantasque, car, tandis que je continuais à rêver, l'animal se dressa sur ses pieds de devant et envoya une ruade dans la direction des nuages. L'effet en fut instantané. Projetée en l'air je retombai sur une pièce de terre — par bonheur gazonnée — en contrebas du sentier. Le choc, très rude, me fit perdre connaissance.

Lorsque je revins à moi, j'éprouvai une vive douleur

1. Le bœuf grognant, à longs poils.

dans les reins. Il m'était impossible de me redresser.

Quant au cheval rouge, après sa ruade, il n'avait plus bougé ; paisible comme un mouton, la tête tournée de mon côté, attentif, il regardait avec un intérêt marqué les gens qui s'empressaient autour de moi et m'emportaient dans ma chambre.

Le gardien du chalet se montrait désolé de mes reproches.

— Jamais, disait-il, ce cheval ne s'est comporté de la sorte. Je vous assure qu'il n'est nullement vicieux. Comment me serais-je permis de vous l'offrir si je n'avais pas été sûr de lui ? Je le monte depuis plusieurs années. Vous allez voir, je vais le faire trotter un peu.

Par la fenêtre, je voyais la bête toujours immobile : l'image même de la douceur.

Son maître s'approcha d'elle, lui parla, saisit la bride, mit le pied dans l'étrier et sauta, non point en selle, comme il en avait l'intention, mais dans les airs où l'envoya une nouvelle ruade. Moins heureux que moi, il retomba sur des rochers.

On courut vers lui. Il était vilainement blessé à la tête et saignait abondamment, mais s'en tirait sans rien de cassé.

— Jamais, jamais, ce cheval ne s'était conduit ainsi, continuait-il à répéter entre ses gémissements, tandis qu'on l'emmenait chez lui.

« Voilà qui est surprenant », pensai-je étendue toute endolorie sur mon lit.

Mon cuisinier entra tandis que je méditais sur ces bizarres manifestations d'un animal que l'on assurait être tout à fait paisible.

— Oh ! révérende dame, me dit-il, ceci n'est pas naturel. Je me suis informé auprès du domestique du gardien ; il a dit la vérité, son cheval a toujours été très doux. Ce doit être le *gomtchén* qui est la cause de ce qui est arrivé. Il a des démons autour de lui... N'allez pas à son ermitage... Il vous arrivera du mal. Retournez à Gangtok. J'irai chercher une chaise à porteurs si vous ne pouvez pas remonter à cheval.

Un autre de mes domestiques alluma des bâtons d'encens et une petite lampe d'autel. Yongden, qui, à cette époque, n'avait que quinze ans, pleurait dans un coin.

Cette mise en scène me donnait l'air d'une agonisante. Je me mis à rire.

— Allons, je ne suis pas morte, dis-je. Les démons ne sont pour rien dans cette affaire. Le *gomtchén* n'est pas un méchant homme, pourquoi avez-vous peur de lui ?...

« Servez le dîner de bonne heure et puis dormons tous. Demain nous aviserons. »

Deux jours plus tard, le *gomtchén* informé de mon accident, m'envoyait une jument noire, pour me rendre chez lui.

Le trajet s'effectua sans incident. Par des sentiers de chèvres, serpentant sur des pentes boisées, je gagnai une belle clairière au pied d'un versant très raide et dénudé, couronné par une arête déchiquetée de rocs noirâtres. Un peu au-dessous de celle-ci, des banderoles flottantes marquaient l'emplacement de l'ermitage.

Le lama descendit jusqu'à mi-chemin pour me souhaiter la bienvenue et me conduisit, non pas chez lui, mais dans un autre ermitage situé au-dessous du sien, à environ un kilomètre de distance, par les lacets du sentier. Il avait fait apporter un grand pot de thé beurré et allumer un feu par terre, au milieu de la pièce. Mais, comme le mot « pièce » pourrait induire en erreur sur le genre de logis qui m'était offert, il est bon que je m'explique.

Il ne s'agissait ni d'une maison, ni d'un chalet, mais d'une caverne de petites dimensions, fermée par un mur en pierres sèches dans lequel deux ouvertures d'environ vingt centimètres carrés tenaient lieu de fenêtres. Quelques planches taillées à la hache et attachées ensemble avec des rubans d'écorce souple formaient une porte. Les « fenêtres » demeuraient béantes.

J'étais partie tard de Thangou et le soir tomba peu après mon arrivée à l'ermitage. Mes garçons étendirent mes couvertures sur le roc et le *gomtchén* les emmena dormir dans une hutte qui se trouvait, disait-il, accotée à sa caverne.

Demeurée seule, je sortis de mon antre. La nuit était sans lune. Du paysage, je ne discernai que la masse blanchâtre d'un glacier tranchant sur le fond d'ombre au bout de la vallée, et les pics sombres qui se dressaient, au-dessus de ma tête, vers le ciel étoilé. Au-dessous de moi, s'étendait un abîme de ténèbres d'où montait la voix d'un torrent lointain. Je n'osai pas m'aventurer loin dans l'obscurité ; le sentier avait tout juste la largeur nécessaire pour poser les pieds et côtoyait le vide. Il fallait remettre au lendemain l'exploration du voisinage.

Je rentrai et me couchai. A peine m'étais-je enroulée dans mes couvertures que la flamme de ma lanterne vacilla et s'éteignit. Les domestiques avaient négligé de remplir le récipient de pétrole. Je ne trouvai pas d'allumettes à portée de ma main et n'étant pas encore familiarisée avec la configuration de mon habitation préhistorique, je n'osai point bouger de crainte de me heurter à une pointe de rocher.

Une bise aigre se mit à souffler à travers les «fenêtres» et les fentes de la porte. Une étoile vint me regarder par l'ouverture béante en face de ma couche.

— Es-tu bien ? me disait-elle, que penses-tu de la vie d'ermite ?

Elle me narguait, ma parole, avec son petit scintillement railleur.

— Oui je suis bien, répondis-je, mieux que bien... ravie, et je sens que la vie de l'ermite délivré de tout ce que l'on appelle les biens et les plaisirs du monde est la plus merveilleuse qui soit.

Alors l'étoile cessa de railler. Elle brilla davantage, s'élargit, illumina la caverne.

«Que je sois capable de mourir dans cet ermitage
Et je serai content de moi»[1]

dit-elle citant, en tibétain, des vers de Milarepa. Et sa voix grave s'alourdissait d'une expression de doute.

Le lendemain, je montai à l'ermitage du *gomtchén*.

C'était une caverne aussi, mais plus vaste et mieux amé-

1. Ces vers sont extraits d'une poésie composée par l'ascète Milarepa (onzième siècle) qui s'était retiré dans une caverne. Ils sont très connus au Tibet et signifient : «Si je suis capable de demeurer dans cet ermitage jusqu'à ma mort, sans être tenté de retourner vers le monde, j'estimerai que j'ai atteint le but spirituel que je m'étais proposé.»

nagée que la mienne. Tout l'espace au-dessus duquel le rocher formait une voûte avait été enclos par un mur en pierres sèches pourvu d'une porte solide. Cette première pièce servait de cuisine. Au fond de celle-ci, une ouverture naturelle donnait accès dans une grotte minuscule, sorte de corridor étroit, dont le *gomtchén* avait fait sa chambre. Une marche en bois permettait d'y monter — son niveau étant plus élevée que celui de la cuisine — et une lourde portière multicolore en masquait l'entrée. Aucune ouverture n'avait été ménagée pour la ventilation dans cette arrière-pièce. Une crevasse dans le rocher, par où l'air aurait pu pénétrer en même temps que la lumière, était bouchée par une vitre.

Le mobilier se composait de quelques coffres en bois, empilés derrière un rideau qui formait le fond d'une couche constituée par quelques coussins larges et durs, posés par terre, devant lesquels se trouvaient deux tables basses, rangées bout à bout. Simples tablettes montées sur pieds, peintes en couleurs vives et ornées de sculptures.

Au fond de la grotte, sur un petit autel, on voyait des statuettes et les offrandes habituelles. Des tableaux sans cadre, comme les kakémonos japonais, couvraient complètement les parois rocheuses et, sous l'un d'eux, se dissimulait l'armoire dans laquelle les lamas des sectes tantriques tiennent un démon prisonnier. Elle ne me fut, d'ailleurs, pas montrée durant cette première visite.

Au-dehors, deux cabanes bâties contre le rocher servaient d'entrepôt pour les provisions.

On le voit, la demeure du *gomtchén* ne manquait pas d'un certain confort.

Ce nid d'aigle dominait un site romantique et complètement solitaire, qui avait une histoire. Les indigènes le tenaient pour être habité par de mauvais esprits. Ils racontaient que certains d'entre eux s'étant, autrefois, aventurés de ce côté, à la suite de leur bétail, ou comme bûcherons, y avaient fait des rencontres fantastiques dont les suites avaient, parfois, été fatales.

Les lieux de ce genre sont souvent choisis par les ascètes tibétains pour y établir leurs ermitages. D'une part, ils les croient particulièrement propres à servir de champ d'entraînement spirituel et, de l'autre, ils estiment (du moins le peuple leur prête ces sentiments) qu'il pourront y exercer leurs pouvoirs supernormaux pour le bien des hommes et des animaux, soit en convertissant les démons malfaisants, soit en les empêchant de nuire.

Dix-sept ans auparavant, le lama que les indigènes dénommaient *Djoo gomtchén* (seigneur gomtchéen) était venu s'établir dans la caverne où je le voyais. Peu à peu, les moines du monastère de Latchén y avaient fait des améliorations, jusqu'à ce qu'elle devînt le petit logis que je viens de décrire.

Tout d'abord, l'ermite avait vécu dans une stricte réclusion; les villageois ou les pasteurs qui le ravitaillaient déposaient leurs offrandes à sa porte et se retiraient sans l'avoir vu. L'endroit était, du reste, inaccessible pendant trois ou quatre mois chaque année, à cause des neiges bloquant les vallées que l'on devait suivre pour s'y rendre.

Par la suite, avançant en âge, il garda un jeune garçon auprès de lui pour le servir et, quand je m'installai moi-même dans la caverne au-dessous de la sienne, il fit venir sa compagne car, appartenant à une secte de « bonnets rouges », il n'était point tenu au célibat.

Je passai une semaine dans ma caverne, rendant visite, chaque jour, au *gomtchén*. Sa conversation ne manquait pas d'intérêt, mais ce qui m'intéressait bien davantage était d'observer un ermite tibétain dans sa vie quotidienne.

Quelques rares Européens comme Csöma et Köros ou les RR. PP. Huc et Gabet ont habité dans des monastères lamaïstes, mais nul n'a jamais séjourné auprès de ces anachorètes sur qui existent tant d'histoires fantastiques. A cette raison, déjà suffisante pour m'inciter à me fixer dans le voisinage du *gomtchén*, s'ajoutait un très vif désir de faire, moi-même, l'expérience de la vie contemplative selon les méthodes lamaïstes.

Toutefois, ma seule volonté ne suffisait pas, il fallait l'approbation du lama. S'il ne l'accordait pas, il ne me servirait à rien de demeurer près de sa caverne. Il s'y enfermerait et je ne pourrais contempler qu'un mur de roc derrière lequel « il se passait quelque chose ». Ce n'était pas ce que je désirais.

Je présentai donc ma requête au lama, d'une manière conforme aux usages orientaux. Je le priai de m'instruire dans la doctrine qu'il professait. Il ne manqua pas d'objecter son peu de savoir et l'inutilité, pour moi, de m'attarder dans une région inhospitalière pour écouter un ignorant, alors que j'avais déjà eu l'occasion de m'entretenir longuement avec des lamas érudits.

J'insistai vivement et il se décida, non pas précisément à m'admettre d'emblée comme élève, mais à me laisser faire l'essai d'une période de noviciat.

Je commençais à le remercier, lorsqu'il m'interrompit :

— Attendez, dit-il. Il y a une condition. Vous devez me promettre que vous ne retournerez pas à Gangtok, que vous ne ferez aucune excursion du côté du sud[1], sans que je vous l'aie permis.

L'aventure devenait piquante. Son étrangeté m'enthousiasmait.

— Je le promets, répondis-je sans hésiter.

Ma caverne reçut, à l'imitation de celle du *gomtchén*, l'adjonction d'une baraque en planches grossièrement taillées à la hache. Les montagnards de cette région ne savent pas manier une scie et, du moins à cette époque, ne tenaient point à l'apprendre. A quelques centaines de mètres de là, une autre hutte fut construite, qui contenait une petite chambre privée pour Yongden et le logement de nos domestiques.

En agrandissant mon ermitage, je n'obéissais pas uniquement à des tendances de sybarite.

Il m'était difficile d'aller chercher moi-même de l'eau ou du combustible par la montagne et de monter ces fardeaux jusqu'à ma demeure. Yongden, sorti depuis peu de l'école où il était interne, ne se trouvait pas plus apte que moi à ces besognes. Des aides nous étaient indispensables pour y vaquer, ainsi qu'à maints autres soins, et le long hivernage à prévoir exigeait une ample provision de vivres et un abri pour l'emmagasiner.

1. Aller vers le sud c'était se rapprocher de Gangtok ou de Kalimpong où résident quelques étrangers et suivre une route que parcourent quelquefois les touristes.

Aujourd'hui, ces difficultés me paraîtraient moindres, mais j'en étais, alors, à mes débuts comme ermite et mon fils n'avait point encore commencé son apprentissage d'explorateur.

Les jours passèrent. Ce fut l'hiver. Il drapa tout le paysage dans un manteau de neige immaculée et, comme nous nous y attendions, bloqua les vallées conduisant au pied de notre montagne.

Le *gomtchén* s'enferma pour une longue période de retraite. Je fis de même. Mon unique repas quotidien était posé derrière un rideau, à l'entrée de ma hutte. Le garçon qui l'apportait et reprenait, plus tard, les plats vides, se retirait en silence, sans m'avoir vue. C'était le régime des Chartreux, sans la distraction que peuvent constituer, pour eux, l'assistance aux offices religieux.

Un ours apparut en quête de nourriture et, après les premières manifestations d'étonnement et de défiance, s'accoutuma à venir attendre les aliments qu'on lui jetait.

Enfin, au début d'avril, un des garçons aperçut un point noir qui se mouvait dans la clairière que nous dominions et s'écria : «Un homme!» du ton dont les anciens navigateurs devaient crier : «Terre!» Nous étions débloqués, des lettres arrivaient, écrites en Europe cinq mois plus tôt.

... Féerie des rhododendrons en fleurs à trois cents mètres au-dessous de ma caverne. Brumeux printemps himâlayen, escalade des cimes grandioses et nues, longues courses par des vallées vides où s'insèrent de petits lacs translucides.

Solitude, encore, toujours. L'esprit et les sens s'affinent à mener cette vie, toute contemplative, d'observations et de réflexions continuelles. Devient-on visionnaire ou n'est-ce pas plutôt que jusque-là on a été aveugle ?

A quelques kilomètres au nord, par-delà les derniers sommets de l'Himâlaya que les nuages de la mousson indienne ne peuvent franchir, le soleil brille et le ciel bleu s'étend sur le haut plateau tibétain. Mais ici, l'été est pluvieux, froid et très court. Dès septembre, les neiges s'installent tenaces autour de nous et, bientôt, notre emprisonnement annuel recommence.

Qu'ai-je appris, pendant ces années de retraite ? Il m'est

difficile de le préciser et, pourtant, j'ai acquis nombre de connaissances.

En dehors de l'étude de la langue tibétaine à laquelle m'initiaient des grammaires, des dictionnaires et, pratiquement, mes entretiens avec le *gomtchén,* je lisais avec lui les vies de mystiques tibétains. Souvent, il en interrompait la lecture pour me raconter des faits, analogues à ceux relatés dans le livre, dont il avait été témoin.

Il me dépeignait des gens qu'il avait fréquentés, rapportait leurs conversations et leurs actes. Avec lui, je pénétrais dans des ermitages d'ascètes, des palais de lamas opulents ; je voyageais sur les routes, y faisais des rencontres curieuses.

Ce que j'apprenais ainsi, c'était le Tibet lui-même, les mœurs, la pensée de ses populations. Précieuse science qui devait grandement me servir par la suite.

Je ne m'étais jamais leurrée de l'illusion que mon ermitage pût être, pour moi, un havre définitif. Trop de causes extérieures militaient contre le désir que j'éprouvais de m'y arrêter et de déposer pour toujours l'absurde fardeau d'idées, de soins et de devoirs routiniers dont j'étais encore chargée. Je savais que la personnalité d'anachorète que je m'étais faite ne pouvait être qu'un épisode de ma vie de voyageuse, tout au plus une préparation à une libération future et, souvent, je regardais navrée et presque avec terreur le sentier qui descendait vers la vallée, y serpentait et disparaissait entre les montagnes. Il menait vers le monde caché derrière les cimes lointaines, à sa fièvre, son agitation, sa misère ; et une indicible souffrance m'étreignait en songeant qu'un jour viendrait où je le suivrais m'en retournant vers la géhenne.

En dehors de toutes autres considérations plus importantes, l'impossibilité de retenir plus longtemps mes domestiques dans ce désert me forçait à envisager mon départ. Cependant, avant de m'éloigner de nouveau du Tibet, je tenais à visiter celui de ses deux grands centres religieux qui se trouvait à proximité de mon ermitage : Jigatzé.

C'est tout proche de cette ville qu'est situé le célèbre monastère de Trachilhumpo, siège du grand lama que les étrangers dénomment le Trachi-lama. Les Tibétains l'appellent Tsang Pentchén rimpotché, c'est-à-dire le «précieux savant de la province de Tsang». Il est considéré comme un avatar d'Eupagméd, le Bouddha mystique de la «lumière infinie» et, en même temps, comme celui de Soubhouti, un des principaux disciples du Bouddha historique. Au point de vue spirituel son rang est égal à celui du Dalaï-lama, mais, en ce monde, l'esprit doit souvent céder le pas à la puissance temporelle et, en fait le Dalaï-lama, souverain absolu du Tibet, est le maître.

Je retardai mon départ pour Jigatzé jusqu'au moment où j'eus décidé de quitter l'Himâlaya, car je me doutais des conséquences que ce voyage entraînerait. Mes prévisions se réalisèrent, du reste, de point en point.

De mon ermitage, je me rendis d'abord au monastère de Chörten Nyima où j'avais séjourné précédemment[1]. De là, je partis pour Jigatzé, accompagnée seulement de Yongden et d'un moine qui devait nous servir de domestique. Tous les trois étions à cheval, transportant, à la mode tibétaine, nos menus bagages dans de grands sacs en cuir pendant de chaque côté de la selle. Une mule était chargée de deux petites tentes et des vivres.

Le trajet n'est pas long. On l'effectue aisément en quatre jours, mais j'entendais voyager très lentement, pour mieux voir ce qui pourrait m'intéresser en cours de route et, surtout, pour «absorber» par tous les sens et par l'esprit, autant qu'il me serait possible, de ce Tibet au centre duquel j'allais enfin pénétrer et que, sans doute, je ne reverrais jamais.

Depuis ma visite à Chörten Nyima, j'avais fait la connaissance d'un des fils du lama sorcier qui envoyait des gâteaux volants chez ses ouailles désobéissantes[2] et j'avais été invitée à aller voir celui-ci, si les circonstances m'amenaient dans ses parages.

Ces circonstances s'étaient produites. Trangloung n'était pas sur la route directe de mon ermitage à Jigatzé, pas plus que Chörten Nyima, mais, je viens de le dire, je

1. Voir p. 70.
2. Voir p. 73-74.

tenais à flâner, à profiter de l'occasion — que je croyais devoir être unique — de cette fugue au pays interdit.

Nous arrivâmes à Trangloung vers la soirée. Le village ne ressemblait en rien à ceux des Tibétains établis dans l'Himâlaya. Il était surprenant de rencontrer, à une aussi courte distance, un contraste si complet. Non seulement les hautes maisons en pierre différaient des chalets en bois et en branchage des villageois du Sikkim, mais le climat, l'aspect du sol, la physionomie des habitants, tout apparaissait autre. J'étais véritablement au Tibet.

Nous trouvâmes le sorcier dans son oratoire, une vaste pièce sans fenêtres, vaguement éclairée par le toit. Auprès de lui se tenaient quelques hommes à qui il distribuait des charmes. Ces derniers se présentaient sous la forme assez inattendue de petites têtes de porcs, façonnées en terre, peintes en rose et entourées de brins de laine. Les paysans écoutaient avec une attention soutenue le discours interminable du lama sur la façon d'employer ces objets.

Quand ils se furent retirés, le maître de la maison, avec un aimable sourire, m'invita à prendre du thé et une longue conversation s'ensuivit. Je brûlais du désir d'interroger mon hôte sur le miracle des «gâteaux volants», mais une question directe eût constitué un manquement aux formes polies. Il fallait attendre une occasion permettant d'introduire le sujet et elle ne se produisit ni ce soir-là, ni le lendemain.

Par contre, je fus initiée à un drame domestique et même — quel comble d'honneur chez un sorcier authentique! — consultée sur la manière de le résoudre.

Ainsi que dans nombre de familles des provinces d'U et de Tsang, la polyandrie était pratiquée au foyer de mon hôte. Le jour des noces de son fils aîné, les noms de ses frères cadets avaient été énoncés dans l'acte de mariage, la jeune fille acceptant tous ceux-ci comme époux.

Comme il arrive presque toujours, certains des «mariés» étaient encore, à cette époque, de simples bambins et, bien entendu, leur opinion n'avait point été demandée. Ils ne s'en trouvaient pas moins légalement mariés. Le sorcier avait quatre fils. Il ne me fut point dit comment le second prenait la coopération qu'il apportait à son aîné, probablement tout allait-il bien de son côté. Pour le moment, il voyageait, ainsi que le troisième des frères — celui que je connaissais.

C'était ce troisième qui troublait la quiétude de la maison paternelle. Beaucoup plus jeune que ses deux aînés — il n'avait que vingt-cinq ans — il se refusait à être leur associé dans l'accomplissement des devoirs conjugaux envers leur épouse collective. Et, malheureusement pour la dame, ce troisième mari honoraire était plus séduisant que les deux premiers. Séduisant non pas par sa beauté physique — quoiqu'il fut plutôt bien de sa personne — mais par sa condition sociale, son éloquence, son savoir-faire et sans doute d'autres qualités encore que je n'ai pu découvrir.

Tandis que les deux fils aînés du sorcier étaient des laïques : fermiers riches et influents, mais dénués du prestige qui, au Tibet, s'attache au clergé, ce récalcitrant troisième mari était un lama. Plus encore, un soi-disant *naldjorpa*, initié aux doctrines occultes, portant la coiffure à cinq faces des mystiques tantriques et la jupe blanche des *réspas*, experts en *tumo,* qui peuvent se tenir chaud sans feu par les plus basses températures.

C'était cet époux de marque qui se détournait d'elle. La femme collective ne pouvait se résigner à renoncer à lui et à subir l'affront de son dédain, d'autant plus qu'il courtisait une jeune fille dans un village voisin et entendait l'épouser.

La chose lui était permise, mais, selon la loi du pays, ce mariage, qui rompait l'unité de la famille, entraînait pour celui qui le contractait la perte de ses droits à l'héritage paternel. Il incombait donc au jeune homme de créer un nouveau foyer et de faire vivre sa famille par ses propres gains. Il s'y montrait, paraît-il, disposé, comptant sur sa profession de sorcier.

Mais, s'il s'établissait « à son compte », ne risquait-il pas de faire une concurrence dangereuse à son père ? Bien qu'il ne me l'avouât point, je comprenais que mon hôte songeait au dommage que pourrait lui causer l'obstiné qui refusait de contenter une femme de quarante ans, saine, vigoureuse et sans doute pas laide. Je ne pouvais guère juger de ce dernier point, car les traits de la dame disparaissaient sous une couche épaisse de crasse et de noir de fumée qui en faisait une véritable négresse.

Que faire ? Que faire ? gémissait la vieille mère de famille.

L'expérience me manquait pour donner un conseil utile. Ce n'est pas que l'on ne rencontre en Occident des dames ayant plusieurs maris et que des imbroglios ne s'ensuivent, mais, généralement, ces cas ne font point l'objet d'une consultation familiale et, dans mes voyages je n'avais encore été amenée qu'à conseiller des maris de plusieurs femmes dont le foyer manquait de calme.

J'insinuai que, puisque la polygamie était également légale au Tibet, le jeune lama pourrait peut-être être amené à demeurer dans sa famille si on lui permettait d'y introduire la jeune épouse de son choix.

Il fut heureux pour moi que l'habit révéré des ermites que je portais retînt la femme aux multiples conjoints. Elle faillit se jeter sur moi.

— Oh ! très révérende dame, s'écria la vieille mère en pleurant, vous ne savez pas que ma belle-fille a voulu envoyer ses servantes chez la jeune fille pour la battre et la défigurer ; nous avons eu de la peine à l'en empêcher. Comment imaginer pareille chose ! Des gens de notre rang social se livrer à des actes de cette sorte... Nous serions à jamais déshonorés.

Je ne savais plus que dire, je déclarai que l'heure de ma méditation du soir était venue et demandai à me retirer dans le *Lhakhang,* l'oratoire du lama, qu'il m'avait fait l'honneur de me céder pour y passer la nuit.

Comme je me levais, mes yeux rencontrèrent le plus jeune fils de la famille, un garçon de dix-huit ans, le mari numéro quatre. Assis dans un coin sombre, il regardait son épouse avec un demi-sourire qui me parut goguenard.

— Attends, ma vieille, disait ce sourire, tu n'es pas au bout de tes mécomptes ; je t'en ménage d'autres.

De village en village, nous avancions, en flânant, passant la plupart des nuits chez des paysans, au lieu de camper. Je ne cherchais pas à dissimuler mon identité comme je le fis, plus tard, durant mon voyage à Lhassa, mais personne ne paraissait se douter de ma nationalité étrangère ou, du moins, ne semblait attacher aucune importance à ce détail.

Je passai près du monastère de Patour qui me parut énorme par comparaison avec ceux du Sikkim. Invités par l'un de ses fonctionnaires, nous fîmes un excellent repas dans une salle sombre, en compagnie de quelques ecclésiastiques.

Sauf l'architecture des bâtiments massifs à nombreux étages, rien n'était là très nouveau pour moi ; pourtant, je comprenais que tout ce que j'avais vu du lamaïsme au Sikkim n'en était qu'un pâle reflet. Je m'étais vaguement imaginé qu'au-delà de l'Himâlaya, le pays devait devenir complètement sauvage et je commençais à comprendre que, tout au contraire, j'abordais un peuple parfaitement civilisé.

Une rivière, le Tchi Tchou, que les pluies et la fonte des neiges avaient démesurément grossie, fut difficile à passer à gué, malgré l'aide de trois indigènes qui firent traverser nos bêtes une à une.

Au-delà de Kouma, alors qu'alléchée par les descriptions de notre serviteur, je m'attendais à trouver, près de sources thermales, un bain chaud et un camp agréable sur un sol tiède, une tourmente soudaine nous força à dresser nos tentes en hâte avant d'avoir atteint ce paradis. La grêle, d'abord, nous lapida, puis la neige se mit à tomber si dru, que bientôt nous en eûmes jusqu'aux mollets. Un ruisseau voisin déborda ensuite dans notre camp et cette nuit, dont j'avais escompté la quiétude, je la passai presque tout entière debout sur le minuscule îlot qui seul demeurait à peu près sec sous ma tente envahie par l'eau boueuse.

Quelques jours plus tard, au détour d'un chemin, mes yeux, un instant abaissés vers un ivrogne vautré dans la poussière, reçurent en se relevant le choc d'une vision imprévue. Dans la clarté déjà bleuissante du soir, l'énorme monastère de Trachilhumpo dressait sa masse blanche couronnée de toits d'or où s'éteignaient les derniers reflets du soleil couchant.

J'étais arrivée à mon but.

Une singulière idée avait éclos dans mon cerveau. Au lieu de chercher un gîte dans une des auberges de la ville, j'envoyai mon serviteur chez le lama chargé d'accueillir les moines, visiteurs ou étudiants, originaires de la province de Kham. En quoi une voyageuse étrangère, qui lui était inconnue, pouvait-elle l'intéresser et quelle raison avait-elle de réclamer ses bons offices ? Je ne me l'étais pas demandé, obéissant simplement à une impulsion que le raisonnement devait démontrer folle, mais qui, néanmoins, eut d'excellents résultats.

Le haut fonctionnaire envoya un *trapa* réquisitionner pour moi deux chambres dans l'unique maison se trouvant à côté du monastère, et je m'y installai.

Dès le lendemain, commencèrent les démarches protocolaires tendant à m'obtenir une audience du Trachi-lama. Il me fallut fournir des détails sur mon identité, et je m'en tirai le plus naturellement du monde en disant que mon pays se nommait Paris.

Quel Paris ? Il existe un endroit nommé Phagri (prononcé Pari) au sud de Lhassa. J'expliquai que *mon* Paris se trouvait situé à une distance «plus considérable» et à l'ouest, mais qu'on pouvait s'y rendre sans traverser la mer, de sorte que je n'étais pas une *philing* (étrangère). Je jouais sur ce mot, car, littéralement, il signifie quelqu'un d'un autre continent, ou île, d'un endroit séparé par une solution de continuité emplie par l'Océan.

J'avais habité trop longtemps à proximité de Jigatzé pour ne pas y être connue, et le fait d'avoir vécu en *gomtchén-ma* m'y avait créé une certaine réputation. L'audience me fut immédiatement accordée et la mère du Trachi-lama m'invita à être son hôte.

Je visitai le monastère dans tous ses détails et, pour payer ma bienvenue, j'offris le thé aux quelques milliers de moines qui y vivaient.

Le recul des années écoulées, et l'accoutumance qui m'est venue de fréquenter les lamaseries et d'y habiter, ont affaibli mes impressions, mais au moment où je visitai Trachilhumpo tout ce que je vis me frappa fortement. Il y régnait dans les temples, les halls et les palais des dignitaires, une somptuosité barbare dont aucune description ne peut donner une idée. L'or, l'argent, les turquoises, le jade, étaient prodigués partout, sur les autels, les tombeaux, l'ornementation des portes et pour les objets rituels ou même simplement ceux servant au service domestique des lamas riches.

Dois-je dire que j'admirais ce faste? Non. Il me semblait barbare et puéril, l'œuvre de géants puissants à l'âme enfantine. Ce premier contact m'eût même défavorablement impressionnée, si je n'avais eu, présente en moi, la vision des calmes solitudes et si je n'avais su qu'elles recèlent des penseurs ascètes qui ont mis sous leurs pieds toutes les vulgarités que les masses tiennent pour grandeur.

Le Trachi-lama se montra charmant envers moi, me témoignant, chaque fois que je le voyais, de nouvelles attentions. Il savait, lui, où se trouvait *mon* Paris et prononçait le mot France avec le plus pur accent français.

Le grand intérêt que je montrais pour l'étude du lamaïsme et de tout ce qui se rapporte au Tibet lui plaisait beaucoup et il était disposé à faciliter mes études. Pourquoi ne restais-je pas à Jigatzé? me demandait-il.

Ah! pourquoi?... Le désir ne m'en manquait pas, mais je savais que le Trachi-lama n'était pas suffisamment le maître pour y assurer mon séjour. Il m'offrit pourtant de choisir moi-même un logis. A mon gré, je pouvais habiter avec sa mère, dans un couvent de religieuses, ou dans un ermitage qu'il me ferait construire. Il me serait loisible d'avoir pour maîtres les meilleurs grammairiens, les lettrés les plus en renom et d'aller interroger les anachorètes sur les montagnes.

Peut-être que si, à ce moment, j'avais été aussi libre d'attaches que je me suis faite lors de mon voyage à Lhassa, j'aurais pu, sinon à Jigatzé, du moins à quelque endroit plus reculé, mettre à profit la protection qui m'était offerte, mais je n'avais point prévu pareille offre. Mes bagages, mes notes, mes photographies — pourquoi faut-il que l'on croie ces choses nécessaires? — demeuraient, partie à Calcutta chez des amis, partie dans mon ermitage. Je n'étais pas assez libérée pour y renoncer; puis, se posait la hideuse question d'argent. Je n'avais emporté que ce qu'il me fallait pour mon voyage et il me paraissait impossible de recevoir au Tibet celui que j'avais laissé dans l'Inde.

Ah! que de choses il me restait encore à apprendre et

quelle transformation morale il me fallait subir pour devenir ce que je fus avec tant de joie, quelques années plus tard : un chemineau à travers le Tibet.

Je vis les maîtres qui firent l'éducation du Trachi-lama : le professeur de lettres et celui qui l'initia aux doctrines mystiques, puis aussi un mystique contemplatif, guide spirituel du Trachi-lama, hautement révéré par tous, qui, s'il faut en croire ce qui a été raconté, a terminé sa vie d'une manière miraculeuse[1].

Lors de ma visite à Jigatzé, l'on y terminait le temple que le Trachi-lama élevait au futur bouddha Maïtreya l'incarnation de toute bonté. Je vis l'immense statue placée dans un hall pourvu de galeries permettant aux fidèles d'en faire le tour, au rez-de-chaussée, au niveau des pieds, puis sucessivement au premier, au second et au troisième étage, à la hauteur de la ceinture, des épaules et de la tête. Pour le moment, une vingtaine d'orfèvres façonnaient les bijoux qui orneraient le gigantesque Maïtreya, transformant, pour cet usage, ceux offerts par les dames de l'aristorcratie de Tsang, la mère du Trachi-lama figurant à leur tête.

Je passai des journées charmantes dans les divers palais du Trachi-lama. Je causai avec les gens de caractères les plus différents. Mais, surtout, je vécus dans une béatitude paradisiaque que troublait seule la pensée du départ fatal.

Enfin, ce jour néfaste vint. Emportant des livres, des notes, des cadeaux et le costume de lama gradué — sorte de diplôme de docteur *honoris causa* de l'université de Trachilhumpo — que m'avait donné le Trachi-lama, je vis disparaître le grand monastère à ce même détour du chemin où il m'était apparu peu de temps auparavant.

J'allai ensuite à Nartan, visiter la plus grande des imprimeries lamaïstes. Le nombre des planches gravées servant à l'impression est prodigieux. Celles-ci, rangées sur des étagères, remplissent un immense bâtiment. Les imprimeurs, barbouillés d'encre jusqu'au coude, opèrent assis par terre ; en d'autres chambres, des moines découpent le papier selon le format requis pour chaque ouvrage. Toute la besogne se

1. Voir p. 305.

91

fait sans hâte, entremêlée de conversations et de longues dégustations de thé beurré. Quel contraste avec nos imprimeries trépidantes !

Cependant, bien que monastique, l'imprimerie était toujours une œuvre «du monde» et c'était surtout d'autre chose que j'étais curieuse au Tibet.

Je me rendis à l'ermitage d'un *gomtchén* qui avait eu la bonté de m'inviter. Dans un site aride et désolé, sur le versant nord d'une montagne s'élevant près du lac Mo-te-tong, le logis de l'anachorète consistait en une très vaste caverne à laquelle des adjonctions successives donnaient l'aspect d'un petit château fort. L'habitant actuel de l'ermitage y avait succédé à son maître qui, lui-même, y avait remplacé son propre père spirituel. La succession de trois générations de lamas magiciens dans cet endroit y avait causé l'accumulation d'une quantité suffisante d'éléments de confort — dons des gens de la région — pour que la vie pût s'y écouler agréablement.

Je parle, bien entendu, du point de vue d'un Tibétain accoutumé dès son jeune âge à résider auprès d'un ermite.

Mon hôte ne connaissait rien du monde, au-delà de sa caverne. Son maître avait vécu dans celle-ci pendant plus de trente années, et lui-même, au lendemain de la mort de ce dernier, s'y était emmuré.

Par emmuré, il faut comprendre que l'on accédait dans la forteresse par une unique porte dont le lama ne s'approchait jamais. Les deux pièces inférieures aménagées sous le rocher prenaient jour sur une cour intérieure close, du côté du vide, par un mur en pierres sèches interceptant la vue. Au-dessus s'étendait le logement privé du lama, auquel on accédait par une échelle et une trappe. Cette chambre donnait sur une petite terrasse également clôturée par des murs, de sorte que le reclus pouvait y prendre un peu d'exercice ou s'asseoir au soleil sans être aperçu du dehors, ni voir lui-même autre chose que le ciel au-dessus de sa tête.

Il y avait déjà quinze ans qu'il vivait de cette manière.

A cette réclusion, très mitigée, puisqu'il recevait des visites, le *gomtchén* ajoutait, comme austérité, la pratique de ne jamais s'étendre pour dormir. Il passait les nuits dans un *gamtis*, sorte de caisse carrée dans laquelle on sommeille assis, les jambes croisées.

J'eus quelques conversations intéressantes avec le lama, puis je pris congé de lui.

Le résident britannique m'avait déjà expédié, par des paysans du Sikkim, une lettre m'enjoignant de quitter le sol tibétain, ce que je n'avais point fait, désirant achever mon voyage tel que je l'avais projeté, mais maintenant mon voyage était arrivé à son terme, et, comme avant mon départ, j'avais prévu les suites d'une incursion prolongée sur le sol interdit, j'étais disposée à quitter l'Himâlaya.

Une nouvelle lettre qui me signifiait mon expulsion du Sikkim me trouva déjà en route vers l'Inde.

CHAPITRE III

Un célèbre monastère tibétain : Koum-Boum. — Son arbre miraculeux. — Vie monastique. — L'enseignement supérieur lamaïste. — Les « bouddhas vivants ».

En quittant Jigatzé et mon ermitage, j'ai retraversé l'Hi-mâlaya, redescendant vers l'Inde.

C'est à regret que j'abandonne cette région enchantée où, pendant plusieurs années, j'ai mené une existence fan-tastique et captivante. Il s'en faut de beaucoup, je le sais, que de cette antichambre du Tibet j'aie pu entrevoir tout ce que les cénacles mystiques du vaste « Pays des Neiges » cachent aux profanes de doctrines et de pratiques étranges. Mon séjour à Jigatzé m'a révélé aussi le Tibet scolastique des lettrés, ses universités monastiques, ses immenses bibliothèques. Que de choses me restent à apprendre ! Et je pars...

Séjour en Birmanie. Retraite sur les monts Sagain auprès des Kamatangs, les moines contemplatifs de la secte bouddhique la plus austère.

Séjour au Japon, dans le calme profond du Tôfoku-ji, un monastère de cette secte Zen qui, depuis des siècles, groupe l'aristocratie intellectuelle du pays.

Séjour en Corée, à Panya-an (le monastère de la Sagesse), ermitage caché au milieu des forêts, où quelques penseurs solitaires vivent une vie de tranquille ascétisme sans emphase.

Lorsque je m'y rendis pour solliciter mon admission temporaire, des pluies torrentielles venaient d'emporter le chemin. Je trouvai les religieux de Panya-an réparant la brèche. Le jeune moine chargé de me recommander, de la part de son abbé, s'arrêta devant l'un des travailleurs, boueux comme tous ses compagnons, le salua profondément et lui dit quelques mots. Le «terrassier» appuyé sur sa pelle me considéra attentivement pendant un instant, puis inclina la tête en signe d'acquiescement et se rendit à l'ouvrage sans plus s'occuper de moi.

— C'est le supérieur, dit mon guide. Il vous permet de venir.

Le lendemain, l'on m'offrait l'usage d'une cellule complètement vide. Ma couverture étendue par terre m'y servait de couche et ma valise de table. Yongden partageait la chambre, aussi peu meublée, d'un novice de son âge.

Le programme quotidien comprenait huit heures de méditation, divisées en quatre périodes, — huit heures d'études et de travail manuel, — huit heures consacrées aux repas, au sommeil et à des récréations selon les goût individuels.

Chaque matin, avant 3 heures, un des moines faisait le tour du bâtiment en frappant sur un instrument de bois, pour réveiller ses frères et tous se rendaient à la salle commune où ils s'asseyaient le visage tourné vers la muraille, pour méditer pendant deux heures.

Que dire de l'austérité du régime... du riz et quelques légumes cuits à l'eau... encore ces derniers manquaient-ils souvent et le riz, tout seul, constituait le repas.

Le silence n'était point enjoint, comme chez les trappistes, mais les moines n'échangeaient que rarement une phrase très brève. Ils n'éprouvaient pas le besoin de causer ni de dépenser leur activité en gestes extérieurs. Leur pensée s'attachait à des problèmes intimes et leurs yeux, comme ceux des images du Bouddha, regardaient «en dedans».

Séjour à Pékin, si loin du quartier étranger que m'y rendre est un véritable voyage. J'habite encore un monastère: Pei-ling sse, jadis un palais impérial.

Et voici que je repars pour la terre qui m'apelle d'une

façon irrésistible. Il y a bien des années que je rêve de Koum-Boum sans avoir jamais envisagé la possibilité de m'y rendre. Le voyage est pourtant décidé. Il me faut traverser toute la Chine jusqu'à sa frontière ouest.

Une caravane s'est formée à laquelle je me joins : Deux lamas *tulkous*[1] et leurs suites respectives, qui retournent dans leur pays, un commerçant chinois de la province reculée du Kansou, quelques anonymes désireux de s'assurer la protection donnée par un groupe nombreux à travers un pays troublé.

Voyage intensément pittoresque. Mes compagnons de route fournissent déjà, par eux-mêmes, ample matière à tous les étonnements.

Un jour, notre gigantesque chef de caravane invite des hétaïres chinoises à l'auberge où nous logeons. Toutes menues, en pantalon de satin vert clair et veste rose, elles entrent, pareilles à une famille de Petits Poucets, dans l'appartement de l'ogre-lama. C'est un *ngagspa* de la secte très hétérodoxe des magiciens, appartenant à peine au clergé et marié. Un âpre et bruyant marchandage a lieu, la porte ouverte. Les termes à la fois cyniques et naïfs du sauvageon de la frontière sont traduits en chinois par son secrétaire interprète impassible. Marché conclu pour cinq piastres. Le bonhomme garde l'une des poupées pour la nuit et ne la renvoie qu'à dix heures du matin.

Un autre jour, le même se prend de querelle avec un officier chinois. Les soldats d'un poste voisin envahissent l'auberge, en armes. Le lama appelle ses serviteurs qui courent à leurs fusils. L'hôtelier se prosterne à mes pieds me suppliant d'intervenir pour éviter une bataille.

Avec l'aide du commerçant, notre compagnon de route, qui sait le tibétain et me sert d'interprète, je persuade aux soldats qu'il est indigne d'eux d'accorder la moindre attention à des sauvages de la «terre des herbes». Puis je remontre au belliqueux lama qu'un homme de son rang ne peut pas se commettre avec de vulgaires troupiers.

Le calme renaît.

1. Ceux que les étrangers dénomment fort improprement des bouddhas vivants.

Je fais connaissance avec la guerre civile et le brigandage. Infirmière bénévole, j'essaie de soigner des blessés dénués de toute aide. Un matin, je vois un bouquet de têtes coupées suspendues au-dessus de la porte de mon auberge. Mon très placide fils s'en inspire pour m'exposer des considérations philosophiques sur la mort.

La route devient impraticable, l'on se bat devant nous. Je crois échapper à la proximité des combattants en m'écartant et gagnant Tungschow.

Le lendemain de mon arrivée, cette ville est assiégée. Je contemple des assauts à l'aide d'échelles et vois les assiégés faire pleuvoir des pierres du haut des remparts. Il me semble vivre dans un de ces très vieux tableaux représentant les guerres d'antan.

Je fuis, par un jour de tempête où les «armées» se tenaient à l'abri. Course dans la nuit ; arrivée au bord d'une rivière par-delà laquelle nous serons en sûreté. Nous hélons le passeur qui doit nous prendre dans son bac. Comme réponse, l'on tire sur nous de l'autre rive.

Amusant souvenir d'un thé chez le gouverneur du Shensi. L'ennemi cerne la ville. Le thé est servi par des soldats le revolver à la ceinture et le fusil pendu par la bretelle, prêts à riposter à une attaque qui peut se produire d'un instant à l'autre. Cependant, les invités causent avec calme, avec cette grâce polie et apparement seine, fruit de la vieille éducation chinoise. Nous discutons philosophie, un des fonctionnaires parle extrêmement bien le français et me sert d'interprète. Quels que soient les sentiments qui en ce moment agitent l'esprit du gouverneur et des hommes de son parti, rien ne s'en lit sur leur visage ; leur conversation est celle de lettrés s'amusant au jeu délicat d'échanger, sans passion, des pensées subtiles.

Combien cette race chinoise est fine et admirable en dépit de tous les défauts qu'on peut lui reprocher !

Enfin, je suis sortie du tumulte. Me voici en Amdo. J'occupe, au monastère de Koum-Boum, une maisonnette dépendant du palais du lama Pegyai... ma vie tibétaine recommence.

Hommage au Bouddha !
Dans le langage des Dieux,
Dans celui des Nâgas, des Démons et des hommes
Dans les langages de tous les êtres, autant qu'il en existe,
Je proclame la Doctrine !

Debout, une conche à la main, sur le toit-terrasse du hall des assemblées, quelques jeunes garçons ont récité cette formule liturgique et, d'un même geste, tous embouchent leurs instruments. Un mugissement singulier retentit dont les vagues continues, s'enflant et retombant en crescendos et decrescendos successifs, déferlent longuement sur le monastère endormi.

Il fait encore nuit. La *gompa* silencieuse, avec ses nombreuses maisons basses et blanches émergeant des ténèbres, ressemble à une nécropole et, silhouettés sur le ciel étoilé, les musiciens drapés dans la toge lamaïste font penser à des envoyés descendus d'un autre monde pour réveiller les morts.

L'appel sonore s'éteint. Des lumières mouvantes s'entrevoient à travers les fenêtres des palais habités par les dignitaires ecclésiastiques, des rumeurs s'élèvent des humbles demeures où vit le bas clergé. Des portes s'ouvrent, un bruit de piétinement précipité s'entend dans toutes les rues de la cité monastique : les lamas se rendent à l'office matinal.

Comme ils arrivent devant le péristyle du hall, le ciel pâlit, le jour se lève.

Enlevant leurs bottes de feutre qu'ils laissent empilées de-ci de-là, au-dehors, les religieux se prosternent hâtivement au seuil même de la grande porte ou sur le parvis, suivant qu'ils sont profès ou simples novices, et tous gagnent rapidement leur place.

A Koum-Boum et en d'autres plus grands monastères, plusieurs milliers de moines se trouvent souvent réunis. Foule malodorante et dépenaillée parmi laquelle ressortent singulièrement les costumes somptueux, aux vestes en drap d'or, portés par les grands-lamas et les manteaux ornés de pierres précieuses des chefs élus qui gouvernent la *gompa*.

Quantité de bannières pendues au plafond, aux galeries et accrochées le long des hauts piliers, suspendent au-dessus de l'assemblée tout un peuple de Bouddhas et de déités, tandis que les fresques, dont les murailles sont couvertes, l'enserrent entre d'autres cohortes de héros, de saints et de démons aux attitudes bénignes ou terribles.

Au fond du vaste hall, derrière plusieurs rangées de lampes d'autel, luisent doucement les statues dorées des grands-lamas défunts et les reliquaires d'or et d'argent gemmés contenant leurs cendres ou leurs momies.

Tenant les religieux sous leurs regards persuasifs ou impérieux, les dominant par leur nombre, tous ces personnages peints, sculptés ou matériellement représentés par leurs restes, élargissent singulièrement le cadre de la réunion. Ancêtres et divinités semblent s'y mêler aux hommes : une atmosphère mystique enveloppe les gens et les choses, voilant les détails vulgaires, idéalisant les attitudes et les visages.

Quelque conscient que l'on puisse être de la médiocrité intellectuelle et morale de beaucoup de moines présents, la vue de l'assemblée elle-même est profondément impressionnante.

Chacun est assis les jambes croisées à la manière orientale, les dignitaires sur leurs trônes respectifs, dont la hauteur diffère suivant le rang du lama, et la masse du bas clergé, sur de longs bancs recouverts de tapis, presque au niveau du plancher.

La psalmodie commence sur un ton de basse profonde et un rythme très lent. Des clochettes, des *gyalings* à la voix plaintive, d'énormes et toniturantes trompettes thébaines, des tambourins, les uns minuscules et les autres gigantesques, marquent la mesure du chœur et accompagnent, de temps en temps, le plain-chant.

Les novices-enfants placés à l'extrémité des bancs, près de la porte, osent à peine respirer. Ils savent que le *tcheutimpa* aux cent yeux est prompt à saisir le moindre bavardage ou le plus petit geste joueur, et redouté est le fouet suspendu à portée de sa main, au pilier contre lequel son haut siège s'accote.

Cet instrument n'est point à l'usage des petits garçons seulement ; tout membre du monastère — dignitaires et vieillards exceptés — peut, à l'occasion, faire connaissance avec lui.

J'ai assisté à quelques flagellations de ce genre, l'une d'elles dans une *gompa* de la secte des *Sakyapas*.

Près d'un millier de moines se trouvaient réunis dans le hall, psalmodie et musique habituelles emplissaient la grande salle de leur harmonie sévère, lorsque trois membres du chœur se communiquèrent quelque chose par gestes. Sans doute se croyaient-ils suffisamment masqués par les religieux assis devant eux pour que les coups d'œil qu'ils échangeaient et le léger mouvement de leurs mains puissent échapper au surveillant en chef. Mais, très probablement, les dieux protecteurs des lamaseries douent ces fonctionnaires d'une vue supranormale. Celui-ci avait vu les coupables. Il se leva immédiatement.

C'était un gigantesque Khampa au teint sombre ; debout sur les degrés de son trône, il ressemblait à une statue de bronze. Majestueusement, il décrocha son fouet, puis, le regard et la démarche terribles, tel que l'on peut imaginer l'ange exterminateur, il s'avança à grands pas à travers le hall.

Parvenu près des délinquants, il les saisit l'un après l'autre par la nuque, les soulevant de leur banc.

Nulle possibilité n'existait d'échapper au châtiment, les moines résignés se frayèrent un passage à travers les rangs de leurs collègues et se prosternèrent dans une allée, le front contre le plancher.

Quelques coups de fouet résonnèrent sur le dos de chacun d'eux et le grand surveillant, toujours avec la même majesté farouche, regagna son siège.

Seul, le manque de tenue est ainsi puni immédiatement au milieu de l'assemblée. Les pénalités encourues pour des fautes graves ou commises en dehors du chœur sont appliquées dans un endroit spécial et seulement après une enquête et un jugement rendu par les autorités judiciaires du monastère.

Un intermède vivement apprécié par tous les moines coupe le très long office : du thé est servi. Tout bouillant, assaisonné de beurre et de sel suivant le goût tibétain, il est apporté dans de grands baquets de bois. Les préposés à la distribution passent plusieurs fois entre les rangs, remplissant les bols qui leur sont tendus.

En se rendant aux assemblées, chaque religieux doit être muni de son bol personnel qu'il tient sous sa veste jusqu'au moment de s'en servir.

Aucun bol de porcelaine ou d'argent n'est admis à l'assemblée. Les religieux doivent boire en de simples écuelles de bois. L'on peut voir, dans cette règle, un lointain rappel de la pauvreté que le bouddhisme primitif enjoignait aux religieux. Mais les astucieux lamas sont habiles à éluder les observances qui les contrarient.

Les écuelles des plus riches d'entre eux sont bien véritablement en bois, mais fabriquées avec des essences rares ou les loupes croissant sur certains arbres, dont les veines forment de jolis dessins. Certains de ces bols se paient jusqu'à 70 roupies (environ 700 francs au cours actuel).

Certains jours, quelques poignées de *tsampa*[1] et un petit morceau de beurre sont distribués avec le thé quotidien ; d'autres fois, ce dernier est remplacé par une soupe. Enfin, il arrive que le repas gratuit comprenne thé, soupe et un morceau de viande bouillie.

Les membres d'un monastère jouissant d'un grand renom sont fréquemment conviés à des banquets de ce genre offerts par de riches pèlerins laïques ou par des lamas opulents.

En de telles occasions, des montagnes de *tsampa* et de pièces de beurre cousues dans des estomacs de moutons remplissent les cuisines et débordent hors de leurs portes et plus d'une centaine de moutons entrent, parfois, dans les chaudrons géants où se confectionne la soupe gargantuesque.

A Koum-Boum et en d'autres monastères, bien qu'en tant que femme il me fût interdit de participer directement à ces agapes monstres, un pot rempli de la principale

1. Farine faite avec de l'orge préalablement grillée. C'est l'aliment principal des Tibétains. Il tient chez eux la place que le pain occupe en France.

friandise du jour était toujours envoyé chez moi, quand je le désirais.

C'est ainsi que je fis connaissance avec un certain plat mongol comprenant du mouton, du riz, des dattes chinoises, du beurre, du fromage, du lait caillé, du sucre candi, du gingembre et différentes épices, le tout bouilli ensemble. Et ce ne fut pas l'unique échantillon de leur science culinaire dont me régalèrent les «chefs» lamaïtes.

Une distribution d'argent a quelquefois lieu au cours des repas. En ces occasions, la générosité des Mongols dépasse grandement celle des Tibétains. J'en ai vu qui laissaient plus de dix mille dollars chinois[1] à Koum-Boum pendant une de leurs visites.

Ainsi, jour après jour, par les âpres aubes hivernales comme par celles que l'été attiédit, tout le long de l'année, ces bizarres matines sont célébrées en d'innombrables *gompas* dispersées sur d'immenses territoires dont le Tibet lui-même ne forme qu'une minime partie[2]. Chaque matin, les garçonnets à demi éveillés sont, à côté de leurs aînés, baignés dans cette étrange atmosphère mentale mêlée de mysticisme, de gourmandise et d'avidité pour les dons d'argent.

Ce début de la journée peut nous éclairer sur le caractère de toute la vie monastique lamaïque. En elle se retrouvent les associations disparates que l'assemblée matinale laisse pressentir : philosophie subtile, mercantilisme, haute spiritualité, poursuite acharnée de plaisirs grossiers et ces divers éléments y demeurent si étroitement entremêlés que l'on s'efforce en vain de les séparer complètement.

Les novices élevés parmi ces courants d'influences contraires, cèdent à l'un ou à l'autre d'entre eux selon leurs tendances naturelles et la façon dont ils sont dirigés par leurs maîtres.

L'éducation cléricale tibétaine produit une petite élite de

1. A cette époque, le dollar chinois était presque au pair avec le dollar or des États-Unis.
2. En dehors du Tibet, le lamaïsme s'étend sur toute la Mongolie, des parties de la Sibérie et de la Mandchourie et compte des adeptes même dans la Russie d'Europe.

lettrés, un grand nombre de fainéants lourdauds, d'aimables et joviaux bons vivants et de pittoresques rodomonts, plus quelques mystiques qui passent leur vie en de continuelles méditations dans les ermitages du désert.

Cependant la plupart des membres du clergé tibétain n'appartiennent pas nettement et exclusivement à l'une ou à l'autre de ces catégories. Ils recèlent plutôt en eux, du moins en puissance, chacun de ces divers caractères. Cette pluralité de personnages dans un seul individu n'est évidemment pas spéciale aux lamas du Tibet, mais elle existe chez eux à un degré étonnant et, pour cette raison, leurs discours et leur conduite sont une continuelle source de surprises pour l'observateur.

Le bouddhisme lamaïte diffère considérablement du bouddhisme que l'on rencontre à Ceylan, en Birmanie, au Siam ou même de celui qui existe en Chine et au Japon. Les sites choisis par les Tibétains pour y construire les demeures de leurs cénobites décèlent en partie l'interprétation particulière qu'ils ont donnée à la doctrine bouddhique.

Campés sur des sommets battus par le vent, les monastères du Tibet présentent une physionomie agressive, semblant défier d'invisibles ennemis aux quatre coins de l'horizon. Ou bien, lorsqu'ils se blotissent dans les hautes vallées solitaires, ils offrent souvent l'inquiétante apparence de laboratoires suspects où des forces occultes seraient manipulées.

Cette double apparence correspond à une certaine réalité. Bien que, depuis longtemps, les pensées des moines de tous rangs soient très souvent tournées vers le négoce ou d'autres soucis vulgaires, les *gompas* ne furent pas, à leur origine, érigées pour des hommes aussi terre à terre.

La conquête ardue d'un au-delà du monde perçu par nos sens, l'acquisition de connaissances transcendantales, la poursuite d'expériences mystiques, la maîtrise des forces occultes, tels furent les buts en vue desquels furent bâties ces citadelles trônant parmi les nuages et ces cités énigmatiques cachées parmi le labyrinthe des montagnes.

De nos jours, cependant, mystiques et magiciens doivent être cherchés hors des monastères. Pour fuir leur atmosphère trop imprégnée de préoccupations matérielles, ils ont émigré vers des lieux plus reculés, plus difficilement accessibles et la découverte de certains ermitages comporte parfois les difficultés d'une véritable exploration.

A très peu d'exceptions près, tous les anachorètes ont pourtant commencé leur vie comme novices dans l'ordre religieux régulier.

Les garçons que leurs parents destinent à l'état clérical sont conduits dans un monastère vers l'âge de huit ans et y sont confiés à un moine appartenant à leur famille ou à un ami de leur père. Généralement, le tuteur de l'enfant est son premier maître, et, maintes fois, le petit novice n'en a point d'autre.

Cependant, les parents aisés qui peuvent payer les leçons d'un religieux lettré mettent souvent leur fils en pension chez l'un d'eux ou, tout au moins, concluent un arrangement pour que le garçon reçoive régulièrement ses leçons. Quelquefois aussi — surtout quand le novice appartient à la noblesse — il est admis à vivre dans la demeure d'un dignitaire ecclésiastique et ce dernier surveille, plus ou moins attentivement, ses études.

Les jeunes novices sont entretenus par leur parents qui envoient à leur tuteur les provisions habituelles consistant en beurre, thé et viande.

En plus des aliments substantiels, les Tibétains riches envoient aussi à leurs fils certaines friandises telles que fromage, viande et fruits séchés, sucre, gâteaux de mélasse, etc. Ce trésor en nature joue un grand rôle dans la vie des moinillons assez heureux pour en posséder un. Il permet nombre d'échanges et les services les plus divers peuvent être achetés de compagnons gourmands et pauvres, avec une poignée d'abricots aussi durs que des pierres ou quelques minuscules morceaux de mouton séché.

Les enfants des gens complètement dénués de ressources deviennent *géyogs*[1], c'est-à-dire qu'ils paient les leçons qu'ils reçoivent, en travaillant comme domestiques chez leur tuteur. Inutile de dire que, dans ce cas, les leçons sont peu fréquentes et brèves. Le maître, qui d'ailleurs est sou-

1. «Serviteur de la vertu» ou «serviteur par vertu».

vent illettré ou presque, peut seulement apprendre aux garçons placés sous sa garde à répéter par cœur des fragments de récitations liturgiques qu'il estropie affreusement et dont il n'a jamais compris le sens.

Beaucoup de *géyogs* n'apprennent même absolument rien. Ce n'est point que le travail mercenaire dont ils sont chargés soit lourd et absorbant, mais l'indifférence naturelle à leur âge les empêche de solliciter des leçons qui ne leur sont point imposées et ils passent leurs nombreuses heures de loisirs à jouer avec des petits camarades de leur condition.

Dès qu'il a été admis dans un monastère, le novice, quel que soit son âge, reçoit une part des revenus[1] de celui-ci, ainsi que des dons offerts par les pieux fidèles.

Si, devenu plus âgé, il se sent du goût pour l'étude, il peut solliciter son admission dans l'une des quatre écoles qui existent dans tous les grands monastères et y dispensent l'enseignement supérieur.

Quant aux novices qui appartiennent à de petits monastères qui ne possèdent pas d'écoles, il leur est aisé d'obtenir la permission d'aller étudier ailleurs.

L'enseignement monastique lamaïste comprend :

La philosophie et la métaphysique, enseignées à l'école de *Tsén gnid;*

Le rituel, la magie, l'astrologie, enseignés à l'école de *Gyud;*

La médecine, enseignée à l'école de *Mén;*

Les Écritures sacrées et les règles monastiques, enseignées à l'école de *Do.*

La grammaire, l'arithmétique et d'autres sciences sont apprises en dehors des écoles, avec des professeurs particuliers.

1. Ces revenus consistent dans le produit des terres et du bétail appartenant au monastère qui sont mis en valeur par des tenanciers laïques. Les trois monastères d'État : Séra, Galden et Dépung, situés près de Lhassa, et quelques autres, reçoivent aussi un subside annuel du gouvernement. Enfin tous les monastères trafiquent par l'intermédiaire des marchands qu'ils commanditent ou, plus directement, par celui des fonctionnaires ecclésiastiques, membres élus du monastère, chargés de la direction de ses affaires temporelles.

Certains jours, les étudiants en philosophie soutiennent publiquement des discussions avec leurs camarades.

Des gestes rituels accompagnent les controverses et les animent de manière amusante. Il existe des façons particulières de tourner son long chapelet autour du bras, de claquer les mains et de taper du pied en posant une question. Il y en a d'autres, tout aussi rigoureusement réglées, de bondir en répondant à son adversaire ou en lui opposant une autre question

Aussi, bien que les phrases échangées soient le plus souvent empruntées aux ouvrages classiques et fassent surtout honneur à la mémoire de celui qui les récite, les gesticulations et les entrechats des controversistes créent l'illusion des débats passionnés.

Il ne faut pourtant pas déduire de ce qui précède que tous les membres des écoles de philosophie sont de simples perroquets. Parmi eux se trouvent des lettrés éminents et de subtils penseurs, qui, s'ils peuvent citer, pendant des heures, des passages d'innombrables ouvrages, sont aptes aussi à en discuter le sens et à exposer à leur sujet les résultats de leurs propres réflexions.

Un trait digne d'être signalé est que, dans les joutes oratoires solennelles, le moine qui a été proclamé vainqueur est promené tout autour de l'assemblée, chevauchant sur les épaules de l'adversaire qu'il a défait.

L'école de rituel magique est, presque partout, la plus somptueusement logée des institutions scolastiques du monastère et ses membres gradués, dénommés *gyud pas*, sont tenus en haute estime. C'est à eux qu'est confié le soin de protéger la *gompa* à laquelle ils appartiennent, d'en assurer la prospérité et d'en écarter les calamités.

Les membres des deux grandes écoles de *gyud* qui existent à Lhassa remplissent le même office en faveur de l'État tout entier et de son souverain, le Dalaï-lama.

Les *gyud pas* sont aussi chargés d'honorer et de servir les dieux autochtones et les démons dont l'amitié ou la neutralité ont été acquises par la promesse de leur rendre un culte perpétuel et de pourvoir à leurs besoins. Enfin, c'est encore eux qui, grâce à leurs pouvoirs magiques, sont censés retenir captifs certains êtres farouches et malfaisants impossibles à apprivoiser.

Bien que, faute de trouver un autre terme dans notre langue, nous devions appeler les *gompas* des «monastères», il est difficile — si l'on excepte le célibat gardé par les religieux et le fait que les *gompas* possèdent des biens indivis — de trouver le moindre point de ressemblance entre elles et les monastères chrétiens.

En ce qui concerne le célibat, disons tout de suite que, seule, la secte réformée des *geloug pas* (familièrement dénommée : secte des «bonnets jaunes») impose le célibat à tous ses religieux indistinctement. Dans les diverses sectes de «bonnets rouges», le célibat n'est obligatoire que pour les *gelongs*, c'est-à-dire les moines ayant reçu l'ordination majeure. Les lamas mariés ont, hors du monastère, une habitation où ils vivent avec leur famille et, en plus, un logis dans le monastère dont ils sont membres. Ils habitent ce dernier à l'époque des fêtes religieuses ou lorsqu'ils désirent passer quelque temps dans la retraite pour méditer ou accomplir des pratiques de dévotion. Les femmes ne sont pas admises à cohabiter avec leur mari dans l'enceinte de la *gompa*.

Les monastères lamaïstes sont destinés à donner abri aux gens qui poursuivent un but d'ordre spirituel. Ce but n'est ni strictement défini, ni imposé ou commun à tous les habitants d'une *gompa*. Humbles ou transcendantes, les aspirations de chaque religieux demeurent son secret et il est libre de chercher à les réaliser par les moyens qu'il préfère.

Les seules règles en vigueur dans les *gompas* ont trait au bon ordre, au décorum que les religieux doivent garder dans l'intérieur du monastère comme au-dehors et à leur présence régulière aux diverses réunions. Ces dernières ne constituent point un culte public duquel chacun des participants espère tirer un profit spirituel ou matériel quelconque. Lorsque les hôtes des *gompas* se réunissent dans le hall des assemblées, c'est pour entendre la lecture d'une sorte d'ordre du jour émanant des autorités du lieu et ensuite, pour lire ou répéter par cœur, en psalmodiant, des passages des écritures canoniques. Ces récitations sont tenues pour avoir d'heureux résultats tels que : écarter les calamités, les épidémies, attirer la prospérité, et c'est en faveur du pays, de son souverain ou des bienfaiteurs du monastère, que ces résultats sont officiellement recherchés.

Quant aux cérémonies rituelles, elles sont aussi célébrées en vue de fins étrangères aux officiants. Les Tibétains croient même qu'il est impossible aux célébrants d'en retirer aucun bénéfice personnel et le plus capable des *gyud pas* est obligé d'avoir recours à un collègue quand il souhaite s'en assurer le profit.

Les pratiques magiques visant un but personnel, la méditation et tous les exercices mystiques sont accomplis d'une façon privée. Nul, si ce n'est le guide spirituel du religieux, n'a le droit de s'immiscer dans ces questions. Nul non plus n'a le droit de demander compte à un moine lamaïste de ses opinions religieuses ou philosophiques. Il peut adhérer à n'importe quelle doctrine et même être absolument incroyant, cela ne concerne que lui-même.

Il n'existe ni église, ni chapelle dans les monastères tibétains. Les *lha klangs* « maisons de dieux » que l'on y voit sont comme autant de domiciles particuliers de dieux et de héros plus ou moins historiques. Quiconque le désire rend une visite polie aux statues de ces personnages, allume des lampes ou brûle de l'encens en leur honneur, les salue par trois fois et s'en va. Des faveurs sont souvent demandées par les visiteurs pendant ces brèves audiences ; pourtant, certains se bornent à un témoignage de respect tout à fait désintéressé et ne sollicitent aucune aide.

Aucune grâce n'est sollicitée non plus devant les images du Bouddha, parce que les Bouddhas sont passés au-delà du monde du désir et, en vérité, au-delà de tous les mondes ; mais des vœux sont prononcés, des souhaits exprimés, des résolutions prises. Ainsi, par exemple, le visiteur dira mentalement : « Puissé-je, dans cette vie ou dans celles qui la suivront, avoir les moyens de distribuer quantité d'aumônes et de contribuer au bonheur d'un grand nombre d'êtres. » Ou bien : « Puissé-je devenir capable de comprendre clairement la doctrine du Bouddha et d'y conformer ma conduite. »

Plus nombreux qu'on ne l'imagine sont ceux qui, faisant

le geste rituel d'offrir une petite lampe allumée, en l'élevant devant la statue du Bouddha, souhaitent l'illumination spirituelle. Bien que la majorité d'entre eux ne fassent guère d'efforts pour l'atteindre, l'idéal mystique du salut par la connaissance demeure vivant parmi les Tibétains.

A la liberté spirituelle complète dont jouit le religieux lamaïste, répond une liberté matérielle presque aussi étendue.

Les membres d'un monastère ne vivent pas en communauté, mais chacun chez soi, dans sa maison ou son appartement, et chacun suivant ses moyens. La pauvreté volontaire ne leur est point enjointe, comme c'était le cas dans le bouddhisme primitif. Je dirai même que le lama qui la pratiquerait ne serait nullement approuvé, bien au contraire. Seuls, les ermites peuvent se permettre cette « excentricité ».

Cependant, la renonciation absolue telle que l'Inde — et peut-être l'Inde seule — l'a comprise, n'est pas un idéal tout à fait étranger aux Tibétains[1]. Ils sont parfaitement conscients de sa grandeur et toujours prêts à lui rendre hommage. Les histoires des « fils de bonne famille » qui quittèrent leur foyer luxueux pour mener la vie d'ascètes mendiants et, plus spécialement, l'histoire du Bouddha qui abandonna son rang de prince régnant, sont écoutées avec le plus profond respect et la plus réelle admiration. Mais ces récits relatant des faits survenus en des temps reculés semblent, aux auditeurs, à peu près comme appartenant à un autre monde sans aucun rapport avec celui dans lequel vivent leurs opulents et vénérés lamas.

Il est possible d'être ordonné dans l'un ou l'autre des grades de l'ordre religieux sans devenir membre effectif d'un monastère, mais le fait se produit rarement et seulement lorsque le candidat est en âge de choisir lui-même sa voie et entend vivre en ermite.

L'admission dans une *gompa* ne confère pas le droit d'y être logé gratuitement. Chaque moine doit, soit se bâtir une demeure, soit en acheter une s'il s'en trouve de disponible, à moins qu'il n'en ait hérité une, d'un parent ou de son maître.

1. L'ascète poète Milarepa, onzième siècle, le plus populaire des saints tibétains, en est un exemple.

Les religieux trop pauvres pour devenir propriétaires louent une chambre ou deux dans la maison d'un collègue plus aisé. Les étudiants et les lettrés ayant peu de moyens, ou les vieux moines nécessiteux sont, le plus souvent, logés gratuitement dans les vastes demeures des lamas riches.

Les plus dénués de ressources qui ont non seulement besoin d'un abri, mais aussi de la nourriture quotidienne, s'engagent au service des grands-lamas ou sollicitent une place dans les bureaux ou au service particulier des fonctionnaires élus de la *gompa*. Les uns peuvent être rédacteurs, clercs, assistants comptables, d'autres cuisiniers ou palefreniers. Ceux qui parviennent à devenir intendants d'un *tulkou* font souvent fortune.

Les moines lettrés, appartenant à des familles pauvres, gagnent aussi leur vie comme professeurs. Ceux qui ont des dons artistiques peignent des tableaux religieux. Le métier est loin d'être mauvais et les quelques monastères où il existe une école de beaux-arts attirent nombre d'étudiants. Les fonctions de chapelain résident chez les lamas opulents ou les laïcs riches sont aussi recherchées. Enfin, la pratique libre de l'art du devin et de l'astrologue, les horoscopes que l'on dresse, les cérémonies religieuses célébrées dans les familles, sont autant de ressources pour les *traps* ayant à pourvoir eux-mêmes à leur subsistance.

Les lamas médecins se créent de très enviables situations si leur habileté est démontrée par un nombre suffisant de cures en des cas sérieux et touchant des personnages de marque. Même à un moindre degré de succès, la profession médicale est encore suffisamment lucrative.

Toutefois, celle d'entre les carrières qui apparaît la plus attrayante au grand nombre des moines est le négoce. La majorité des novices qui, parvenus à l'âge d'homme, n'éprouvent ni aspirations religieuses, ni désir pour l'étude, cherchent leur voie dans le commerce. S'ils n'ont pas les fonds nécessaires pour s'établir à leur compte, ils s'engagent comme secrétaires, caissiers, agents ou même simples domestiques de négociants.

Certaines transactions commerciales sont permises dans les monastères ; quant aux *trapas* qui conduisent des affaires vraiment importantes, il leur est loisible de demander un congé — même d'une durée de plusieurs années — aux autorités de leur monastère et de voyager avec leur caravane ou d'ouvrir des comptoirs n'importe où ils le jugent bon.

Tous les monastères commercent en grand, vendant et échangeant les produits de leurs domaines, auxquels s'ajoutent ceux des grandes collectes appelées *kartkik,* qui ont lieu, les unes à intervalles réguliers, les autres occasionnellement.

Les monastères de peu d'importance se bornent à envoyer quelques-uns de leurs moines recueillir des aumônes dans les régions voisines, mais, dans les grands monastères, le *kartkik* revêt la forme d'une véritable expédition. Des groupes de *traps,* souvent commandés par des dignitaires ecclésiastiques, s'en vont du Tibet jusqu'en Mongolie, passent des mois à parcourir le pays et retournent comme pouvaient le faire les guerriers vainqueurs d'antan, chassant devant eux des centaines de chevaux et de bestiaux chargés d'objets de toutes espèces, le tout leur ayant été offert par les fidèles.

Un coutume singulière consiste à confier pour un certain temps — souvent trois ans — une somme d'argent ou une quantité de marchandises à un fonctionnaire du monastère. Ce dernier doit faire valoir le capital remis en ses mains, de façon à ce que ses gains lui permettent de subvenir à diverses dépenses désignées. Par exemple, il devra fournir le beurre nécessaire à alimenter les lampes d'un temple, ou bien il devra offrir un nombre déterminé de repas aux membres de la *gompa,* ou encore il lui faudra supporter les dépenses causées par l'entretien des bâtiments, la réception des hôtes, la nourriture des chevaux ou d'autres choses. A l'expiration de la période pour laquelle le capital lui a été confié, le dépositaire de celui-ci doit le restituer intégralement. S'il s'agit de marchandises périssables, il doit en fournir d'autres semblables, en égale quantité. Si la chance a favorisé son trafic et que ses bénéfices aient dépassé la somme des dépenses auxquelles il a dû faire face, tant mieux pour lui, la différence en sa faveur lui est acquise. Mais si le contraire a eu lieu, il est obligé de parfaire, de ses deniers, la brèche faite au capital initial, celui-ci devant, dans tous les cas, demeurer intact, en passant aux mains des dépositaires sucessifs.

L'administration d'un grand monastère est chose aussi compliquée que celle d'une ville. En dehors d'une population de plusieurs milliers de religieux vivant dans son enceinte, la *gompa* étend sa protection sur un nombre considérable de tenanciers, demi-serfs sur qui elle a le droit de justice. Des fonctionnaires élus par le Conseil du monastère assurent le soin de toutes les affaires temporelles en se faisant aider par un personnel de bureau et un petit corps de police.

Ces policiers, dénommés *dobdobs,* méritent une mention spéciale. Ils se recrutent parmi les athlétiques rodomonts illetrés, à mentalité de soudards, que la volonté paternelle a introduits comme bambins dans la cité monastique, alors que leur place eût plutôt été à la caserne.

Braves, avec l'insouciante témérité des brutes, toujours en quête de querelles et de mauvais coups à faire, ces drôles truculents ont la saveur des ruffians du moyen âge. L'uniforme qu'ils se sont donné est, en général, la saleté. La crasse, pensent-ils, ajoute à l'air martial d'un homme. Un brave ne se lave jamais. Bien plus, il se noircit la peau à l'aide de la suie grasse adhérant au fond des marmites, jusqu'à se transformer en nègre parfait. Le *dobdob* est parfois guenilleux, mais, souvent, c'est lui-même qui a lacéré sa robe monastique pour ajouter, croit-il, à son aspect terrible. Son premier soin, lorsqu'il revêt un vêtement neuf, est de le salir ; la tradition l'exige. Si chère qu'en soit l'étoffe, le *dobdob,* pétrissant du beurre dans ses mains crasseuses, l'applique en couche épaisse sur le vêtement qu'il étrenne. La suprême élégance, pour ces messieurs, consiste à ce que leur robe et leur toge, par l'effet de la crasse savamment créée et entretenue, prennent une patine sombre à reflets de velours et se tiennent debout, raides comme une armure de fer.

L'arbre miraculeux de Tsong-Khapa.

Le monastère de Koum-Boum doit son nom et sa célébrité à un arbre miraculeux. J'emprunte aux chroniques de

Koum-Boum les détails suivants à son sujet.

En 1555, le réformateur Tsong-Khapa, fondateur de la secte des *geloups pas*, naquit en Amdo (au nord-est du Tibet) à l'endroit où s'élève aujourd'hui Koum-Boum.

Peu après sa naissance, le lama Doubtchén Karma Dordji prophétisa que l'enfant aurait une destinée extraordinaire et recommanda de tenir en parfait état de propreté la place où la mère l'avais mis au monde. Un peu plus tard, un arbre commença à croître à cet endroit.

Il convient, ici, de savoir que, même encore de nos jours, la terre battue tient lieu de plancher dans la plupart des maisons de l'Amdo et que les indigènes couchent sur des coussins ou des tapis posés directement par terre. Ce fait explique la tradition qui donne l'arbre comme étant né du sang répandu pendant l'accouchement et lorsque fut coupé le cordon ombilical.

Tout d'abord, le jeune arbre ne porta aucun dessin sur ses feuilles, mais son origine miraculeuse fit de lui l'objet d'une certaine vénération. Un moine se construisit une hutte dans son voisinage et ce fut le point de départ du vaste et très riche monastère actuel.

Bien des années plus tard, Tsong-Khapa avait déjà commencé son œuvre de réforme lorsque sa mère, séparée de lui depuis longtemps, désira le revoir et lui envoya une lettre le rappelant dans son pays.

Tsong-Khapa se trouvait alors au Tibet central. Au cours d'une méditation mystique, il comprit que son voyage en Amdo était inutile et se borna à écrire à sa mère. En même temps que sa lettre, il remit au messager deux exemplaires de son portrait, l'un destiné à sa mère, l'autre à sa sœur, plus une image du Gyalwa Séngé[1] seigneur de la science et de l'éloquence, patron des lettrés, et plusieurs images de Demtchog, une déité du panthéon tantrique[2].

Au moment où l'envoyé de Tsong-Khapa remettait ces objets à la famille du réformateur, ce dernier, exerçant de loin son pouvoir magique, fit apparaître les images des déi-

1. Il est plus communément dénommé Jampéion ; son nom sanscrit est Manjouçri.
2. Appelée Çambara en sanscrit.

tés sur les feuilles de l'arbre miraculeux. L'impression était si parfaite, dit le texte que je consulte, que le plus habile des artistes n'aurait pu produire un dessin plus net.

En plus des images, d'autres empreintes et les « Six Écritures » (c'est-à-dire la formule en six syllabes) *Aummani padmé hum!* apparurent sur les branches et l'écorce de l'arbre.

C'est ce prodige qui a fait dénommer le monastère de Koum-Boum (cent mille images).

Dans leur relation de voyage, les RR. PP. Huc et Gabet affirment avoir vu les mots *aum mani padmé hum!* inscrits sur les feuilles et le tronc de l'arbre. Ils insistent tout particulièrement sur le fait que les lettres en voie de formation et encore faiblement distinctes apparaissaient sur les jeunes feuilles et sous l'écorce lorsqu'on en soulevait un fragment.

Une question se pose : quel est l'arbre qu'ont vu ces deux voyageurs ?

Les chroniques du monastère relatent qu'après le miracle de l'apparition des images, l'arbre fut enveloppé dans une pièce de soie (une « robe »), puis que l'on construisit un temple autour de lui.

Ce temple était-il à ciel ouvert ? L'expression employée dans le texte : *Chörten* n'encourage par cette opinion, car un *Chörten* est un monument terminé en aiguille et *fermé*.

L'arbre ainsi privé de jour et d'air, devait mourir. Or, comme la construction du *Chörten* autour de l'arbre date — d'après les chroniques — du seizième siècle, les PP. Huc et Gabet n'auraient pu, tout au plus, que contempler le squelette de l'arbre original.

Leur description indique pourtant qu'il s'agit d'un arbre en état de végétation[1].

Les chroniques mentionnent aussi que l'arbre miraculeux demeurait identique, en hiver comme en été, et que le nombre de ses feuilles était toujours le même.

D'autre part, nous y lisons qu'à une certaine époque des bruits anormaux se firent entendre à l'intérieur du *Chörten* contenant l'arbre. L'abbé du monastère y entra, nettoya lui-même l'espace autour de l'arbre et trouva, près de ce

1. Je m'en rapporte à l'édition originale de leur relation de voyage.

dernier, une petite quantité de liquide qu'il but.

Ces détails paraissent bien dénoter une sorte de chambre close où l'on ne pénètre pas habituellement, tandis que le prodige de conserver ses feuilles l'hiver (l'espèce à laquelle l'arbre appartient est à feuilles caduques) semble s'appliquer à un arbre vivant.

Il est difficile de s'orienter parmi ces contradictions.

Actuellement, un *Chörten*-reliquaire, haut de douze à quinze mètres, se dresse au milieu d'un temple aux toits dorés et l'arbre original est dit y être enfermé. Il m'a toutefois été assuré, quand je vivais à Koum-Boum, que ce reliquaire était de construction ralativement récente.

En face du temple, se trouve un rejeton de l'arbre miraculeux. Entouré d'une balustrade, il est l'objet d'une certaine vénération. Un autre arbre, plus vigoureux également issu de l'arbre miraculeux, existe dans le jardinet précédant le temple du Bouddha.

Les feuilles de ces deux arbres sont recueillies lorsqu'elles tombent et distribuées aux pèlerins.

Peut-être est-ce de l'un de ceux-là dont les PP. Huc et Gabet ont parlé. Les voyageurs passant à Koum-Boum ignorent, en général, l'histoire et même l'existence de l'arbre enfermé dans le reliquaire.

Certains étrangers résidant au Kansou (la province chinoise à la frontière de laquelle est situé Koum-Boum) m'ont assuré qu'ils avaient lu *Aum mani padmé hum* sur les feuilles des deux arbres vivants.

Pourtant les pèlerins lamaïstes et les moines du monastère (environ 3 000 hommes) n'y remarquent généralement rien de particulier et se montrent assez narquoisement sceptiques quant aux visions des étrangers à cet égard.

Mais cette attitude moderne n'est pas celle des chroniques, qui rapportent que tous les gens d'Amdo virent les signes miraculeux imprimés sur l'arbre, lorsque ceux-ci apparurent, il y a quelques siècles.

Les « Bouddhas vivants ».

En dehors des fonctionnaires élus qui exercent l'autorité dans les monastères ou administrent leurs biens temporels,

116

le clergé tibétain comprend une aristocratie ecclésiastique dont les membres sont dénommés lamas *tulkous*. Ce sont ceux que les étrangers appellent très improprement des « bouddhas vivants ».

Les *tulkous* constituent la singularité la plus marquante du lamaïsme ; il se distingue nettement, par elle, de toutes les autres sectes bouddhiques. D'autre part, l'existence, dans la société tibétaine, de cette noblesse religieuse en face de la noblesse laïque et la prépondérance de la première sur la seconde est également un fait tout spécial au Tibet.

La nature des *tulkous* n'a jamais été correctement définie par les écrivains occidentaux et l'on peut croire qu'ils ne se sont jamais doutés de ce qu'était véritablement un *tulkou*.

Bien que l'existence d'avatars de déités ou d'autres puissantes personnalités fût admise depuis longtemps au Tibet, l'aristocratie des *tulkous* ne se développa dans sa forme actuelle qu'après 1650.

A cette époque, le cinquième grand-lama de la secte des *gelougspas,* appelé Lobsang Gyatso, venait d'être installé comme souverain au Tibet, par un prince mongol, et reconnu comme tel par l'empereur de Chine. Cependant, ces honneurs ne lui suffisant pas, l'ambitieux lama se décerna lui-même une plus haute dignité, se donnant pour une émanation ou *tulkou* de Tchénrézigs, un haut personnage au Panthéon malhâyaniste. En même temps, il établissait le maître qui l'avait instruit et lui témoignait une paternelle affection, comme grand-lama du monastère de Trachilhumpo, déclarant qu'il était un *tulkou* d'Eupaméd, un bouddha mystique dont Tchénrézigs est le fils spirituel.

L'exemple donné par le lama-roi encouragea grandement la création de *tulkous*. Bientôt, tous les monastères quelque peu importants se firent un point d'honneur d'avoir à leur tête l'incarnation d'un personnage célèbre.

Ces quelques mots sur l'origine des deux plus illustres lignées de *tulkous* : celle du Dalaï-lama, avatar de Tchénrézigs et celle du Trachi-lama, avatar d'Eupaméd, peuvent suffire à faire comprendre qu'il ne s'agit point, dans leurs cas, comme le croient souvent les étrangers, d'avatar du Bouddha historique.

Voyons maintenant comment la nature des *tulkous* est comprise par les lamaïstes.

D'après la croyance populaire, un *tulkou* est soit la réincarnation d'un saint ou d'un savant défunt, ou bien l'incarnation d'un être autre qu'humain : dieu, démon, etc.

Ce sont les *tulkous* de la première catégorie qui sont de beaucoup les plus nombreux. La seconde ne compte que quelques rares avatars de personnages mythiques tels que le Dalaï-lama, le Trachi-lama, la dame-lama Dordji Phagmo et, d'un rang inférieur, les *tulkous* de certains dieux autochtones comme Pékar dont les *tulkous* remplissent les fonctions d'oracles officiels.

Les *tulkous* de dieux, de démons et de fées apparaissent surtout comme héros de légendes ; cependant quelques personnages, hommes ou femmes, jouissent actuellement, comme tels, d'une certaine célébrité de terroir. La plupart d'entre eux sont des *ngagspas,* magiciens ou sorciers, en marge du clergé régulier.

De-ci, de-là, se rencontre un *tulkou* laïque, tel que le roi de Ling, considéré comme réincarnant le fils adoptif du célèbre héros Guézar de Ling.

Les femmes qui incarnent des *kandhomas* (fées), peuvent indifféremment être des religieuses ou des femmes mariées.

Cette dernière classe de *tulkous* n'a point de place à côté des deux autres dans l'aristocratie ecclésiastique. L'on peut croire qu'elle a son origine en dehors du lamaïsme, dans l'ancienne religion du Tibet.

Quoique le bouddhisme originel dénie l'existence d'une âme permanente qui transmigre, et considère cette théorie comme la plus pernicieuse des erreurs, la grande majorité des bouddhistes sont retombés dans l'ancienne croyance des Hindous concernant le *jîva* (le « moi ») qui, périodiquement, « change son corps usé pour un nouveau corps, comme nous rejetons un vêtement usé pour en revêtir un neuf[1] ».

---

1. Baghavad gîtà.

Lorsque le *tulkou* est considéré comme l'incarnation d'un dieu ou celle d'une personnalité mystique qui coexiste avec lui, la théorie du «*moi*», changeant son vêtement de chair, ne peut plus servir à expliquer sa nature. Mais la masse des Tibétains n'en cherche pas si long et, en pratique, tous les *tulkous*, même ceux d'êtres suprahumains, sont considérés comme la réincarnation de leur prédécesseur.

L'ancêtre d'une lignée de *tulkous* est dénommé *Kou Kong ma*. Bien que cette condition ne soit pas absolument requise, il appartient généralement à l'ordre religieux.

Parmi les exceptions l'on peut citer le père et la mère du réformateur Tsong-Khapa. Tous deux ont leur siège au monastère de Koum-Boum. Le lama qui est tenu pour réincarner le père de Tsong-Khapa est appelé Aghia Tsang. Il est le seigneur et le propriétaire nominal du monastère. Lorsque je demeurais à Koum-Boum, c'était un jeune garçon d'une dizaine d'années.

La mère du réformateur s'incarne dans un enfant mâle qui devient le lama Tchangsa-Tsang.

Dans les cas semblables, les *tulkous* de laïques sont, sauf rares exceptions, incorporés dans le clergé.

Il existe des religieuses *tulkous* de saintes ou de déesses. Une particularité à noter à leur propos, c'est que, à moins qu'elles ne vivent en ermites, elles sont généralement les abbesses de monastères d'hommes et non de couvents de femmes. Ceci ne les oblige, d'ailleurs, qu'à occuper leur trône abbatial pendant les offices, lors des fêtes solennelles. Elles vivent dans leur palais particulier, avec leurs servantes laïques et religieuses. L'administration effective de tous les monastères, quel qu'en soit le seigneur nominal, est confiée à des fonctionnaires élus par les moines.

L'observateur trouve assez souvent une cause d'amusement dans la façon étrange dont l'intelligence ou les saintes dispositions semblent se perdre au cours de la succession des incarnations. Il n'est point rare de rencontrer un homme complètement stupide siégeant comme l'avatar supposé d'un penseur éminent ou de voir un matérialiste épicurien reconnu comme celui d'un mystique, célèbre par son austérité.

La réincarnation des *tulkous* n'a rien qui puisse sembler étrange à des gens qui croient à un *ego* qui transmigre périodiquement. D'après cette croyance, chacun de nous est un *tulkou*. Le «moi» incarné en notre forme présente a existé dans le passé en d'autres formes. La seule particularité qu'offrent les *tulkous*, c'est qu'ils sont dits être les réincarnations de personnalités remarquables, qu'ils se souviennent, parfois, de leurs existences passées et qu'il leur est possible, en certains cas, de choisir et de faire connaître leurs futurs parents et l'endroit où ils renaîtront.

Néanmoins, certains lamas voient une différence considérable entre la réincarnation du commun des hommes et celle de ceux qui sont spirituellement éclairés.

Ceux, disent-ils, qui n'ont pratiqué aucun entraînement mental, qui vivent comme les animaux, cédant inconsciemment à leurs impulsions, peuvent être assimilés à un homme errant à l'aventure, sans suivre aucune direction définie.

Par exemple, il entrevoit un lac à l'est et, étant altéré, le désir de boire le pousse à marcher vers celui-ci. Lorsqu'il en approche, il sent l'odeur de la fumée[1] qui éveille, en lui, l'idée d'une maison ou d'un campement. Il serait agréable, pense-t-il, de boire du thé au lieu d'eau et d'avoir un abri pour la nuit. Il laisse donc le lac avant d'en avoir atteint le bord et, l'odeur venant du nord, il tourne ses pas dans cette direction. Comme il chemine, avant qu'il ait aperçu aucune maison ou aucune tente, des fantômes menaçants surgissent devant lui. Terrifié, le vagabond fuit à toute vitesse vers le sud. Lorsqu'il juge être assez loin des monstres pour n'avoir plus rien à craindre d'eux, il s'arrête. Alors, d'autres chemineaux de son espèce viennent à passer. Ils vantent les charmes d'un quelconque pays béni, une terre d'abondance et de joie vers laquelle ils se dirigent. Plein d'enthousiasme, l'homme errant se joint à eux et repart vers l'ouest. Et sur cette route encore, d'autres incidents le

1. Le lama qui faisait cette comparaison disait : «l'odeur du feu». Les Tibétains voyageant à travers les montagnes ou les déserts d'herbe du Nord sont très habiles à percevoir, fût-ce de très loin, l'odeur que répand un feu allumé, même s'il ne produit pas de fumée apparente.

feront changer de direction avant d'avoir même entrevu le sol où le bonheur règne.

Ainsi, changeant continuellement de direction toute sa vie, ce fou n'atteindra jamais aucun but.

La mort le prendra au cours de ses folles pérégrinations et les forces antagonistes, nées de son activité désordonnée, seront dispersées. La somme d'énergie[1] nécessaire pour déterminer la continuation d'un même courant n'ayant pas été produite, nul *tulkou* ne peut être formé.

Au contraire, l'homme éclairé est comparé à un voyageur qui sait clairement où il veut aller et est bien informé quant à la situation géographique de l'endroit qu'il a choisi comme but et des routes qui y conduisent. L'esprit entièrement fixé à sa tâche, aveugle et sourd aux mirages et aux tentations surgissant sur les côtés de son chemin, rien ne le détourne de sa voie. Cet homme canalise les forces engendrées par sa concentration de pensées et son activité physique. La mort peut dissoudre son corps sur la route, mais l'énergie psychique dont ce corps a été à la fois le créateur et l'instrument demeure cohérente. S'obstinant vers le même but, elle se pourvoit d'un nouvel instrument matériel, c'est-à-dire d'une nouvelle forme qui est un *tulkou*.

Ici nous rencontrons différentes vues. Certains lamas croient que l'énergie subtile après la mort de celui qui l'a engendrée — ou alimentée s'il est déjà un *tulkou* appartenant à une lignée d'incarnations — attire à elle et groupe des éléments sympathiques et devient ainsi le noyau d'un nouvel être. D'autres disent que le faisceau des forces désincarnées s'unit à un être existant déjà, dont les dispositions physiques et mentales, acquises en des vies antérieures, permettent une union harmonieuse.

Inutile de faire remarquer que diverses objections peuvent être opposées à ces théories, mais le but du présent livre consiste uniquement à présenter les vues ayant cours parmi les mystiques et non à les discuter.

Je puis pourtant ajouter que n'importe laquelle des

1. Cette énergie est fréquemment mentionnée par les auteurs tibétains. Elle est dénommée *Chougs* ou *Tsal*.

théories que j'ai mentionnées peut cadrer avec nombre d'anciennes légendes tibétaines dont les héros déterminent par un acte de volonté la nature de leur renaissance et la carrière de leur futur avatar.

Malgré ce qui vient d'être dit au sujet du rôle qu'une intention consciente et persévérante joue dans la continuation d'une lignée de *tulkous*, il faut se garder de croire que la formation de la nouvelle personnalité est effectuée arbitrairement. La foi au déterminisme est trop profondément ancrée dans l'esprit des Tibétains, même dans celui des plus sauvages pasteurs des steppes, pour permettre la naissance d'une telle idée.

Littéralement, le terme *tulkou* signifie « une forme créée par un procédé magique ». D'après les lettrés et les mystiques tibétains, nous devons considérer les *tulkous* comme des fantômes, des émanations occultes, des marionnettes fabriquées par un magicien pour servir ses intentions.

A l'appui de cette vue, je citerai l'explication qui m'a été donnée par le Dalaï-lama.

Ainsi que je l'ai relaté dans le premier chapitre du présent livre, en 1912, alors que le Dalaï-lama séjournait dans l'Himâlaya, je lui posai différentes questions touchant les doctrines lamaïstes. Il y répondit d'abord oralement. Puis, afin d'éviter les malentendus, il me demanda de rédiger une liste de nouvelles questions, visant les points qui me paraissaient encore obscurs, et les réponses à celles-ci me furent données par écrit. Ce qui suit est emprunté à ce document.

« Un bodhisatva, dit le Dalaï-lama, est la base d'où peuvent surgir d'innombrables formes magiques. La force qu'il engendre par une parfaite concentration de pensées lui permet d'exhiber, simultanément, un fantôme semblable à lui dans des milliers de millions de mondes. Il peut non seulement créer des formes humaines, mais n'importe quelles autres, même des objets inanimés, tels que maisons, enclos, forêts, routes, ponts, etc. Il peut produire des phénomènes atmosphériques, aussi bien que le breuvage d'immortalité qui étanche toute soif. » (Cette expression, m'a-t-il expliqué, doit être comprise à la fois dans un sens littéral et dans un sens symbolique.)

« En fait, conclut le Dalaï-lama, son pouvoir de créer des formes magiques est illimité. »

La théorie sanctionnée par la plus haute autorité du lamaïsme officiel est identique avec celle que l'on trouve énoncée dans les ouvrages bouddhiques mahâyanistes. Dix sortes de créations magiques y sont énumérées comme pouvant être produites par les bodhisatvas (les êtres du degré spirituel immédiatement au-dessous de celui de Bouddha).

Ce qui est dit de la façon dont un bouddha peut produire des formes magiques, s'applique à n'importe quel autre être humain, divin ou démoniaque. Il n'existe qu'une différence dans le degré de pouvoir et ce dernier dépend uniquement de la force de concentration d'esprit et de la « qualité » de l'esprit lui-même.

Les *tulkous* des personnalités mythiques coexistant avec leur créateur, il arrive que tous deux soient vénérés séparément, ce qui est une preuve de plus que les Tibétains ne croient pas que le personnage, divin ou autre, est entièrement incarné dans son *tulkou*. Ainsi, tandis que le Dalaï-lama, qui est le *tulkou* de Tchénrézigs, demeure à Lhassa, Tchénrézigs lui-même est dit résider à Nankaï Potala, une île près de la côte chinoise. Eupagméd, dont le Trachi-lama est le *tulkou,* habite dans le paradis occidental : Noub Déwatchén.

Des hommes peuvent aussi coexister avec leur progéniture magique. Des exemples en sont relatés dans les légendes tibétaines au sujet du roi Srong-bstan Gampo, du chef guerrier Guézar de Ling et d'autres personnages.

De nos jours, il est raconté que lorsqu'il s'enfuit de Jigatzé, le Trachi-lama y laissa à sa place un fantôme parfaitement semblable à lui, qui se comportait absolument comme il avait coutume de le faire, décevant tous ceux qui le voyaient. Lorsque le lama fut en sûreté au-delà de la frontière, le fantôme s'évanouit[1].

Les personnalités mentionnées ci-dessus sont elles-mêmes des *tulkous*, mais — d'après les lamaïstes — cette circonstance n'empêche nullement la production des

1. Voir les détails concernant la fuite du Trachi-lama dans *Voyage d'une Parisienne à Lhassa.*

formes magiques. Ces dernières surgissent les unes des autres et il existe des dénominations spéciales s'appliquant aux émanations du second et du troisième degré. Rien, du reste, ne s'oppose à ce que la série ne dépasse le troisième degré.

Il arrive aussi qu'un même défunt se multiplie, *post mortem*, en plusieurs *tulkous* reconnus officiellement qui existent simultanément. D'autre part, certains lamas passent pour être à la fois le *tulkou* de plusieurs personnalités. Ainsi, le Trachi-lama est non seulement le *tulkou* d'Eupagméd, mais aussi celui de Soubhouti, un disciple du Bouddha historique. Il en est de même du Dalaï-lama qui est, en même temps, l'avatar du mythique Tchénrézigs et celui de Gedundoup, le disciple et successeur du réformateur Tsong-Khapa.

Avant de passer outre, il peut être intéressant de rappeler que la secte des docètes, dans le christianisme primitif, considérait Jésus comme étant un *tulkou*. Ses adhérents soutenaient que Jésus, qui avait été crucifié, n'était pas une personne naturelle, mais un fantôme créé par un être spirituel pour jouer ce rôle.

Certains bouddhistes partageaient cette opinion en ce qui concerne le Bouddha. D'après eux, celui-ci, qui habitait le paradis Touchita, ne quitta pas sa demeure céleste, mais créa un fantôme qui apparut dans l'Inde et fut Gautama, le Bouddha historique.

Malgré les diverses théories, plus ou moins subtiles, qui ont cours dans les milieux lettrés, concernant les *tulkous*, ceux-ci sont, en pratique, considérés comme de véritables. réincarnations de leurs prédécesseurs et les formalités précédant leur reconnaissance officielle sont conduites en conséquence.

Il arrive assez souvent qu'un lama, déjà lui-même *tulkou*, prédise, à son lit de mort, la région où il renaîtra. Parfois, il ajoute certains détails touchant ses futurs parents, la situation de leur demeure, etc.

Généralement, c'est environ deux ans après la mort d'un lama *tulkou* que son intendant en chef et les autres fonctionnaires de sa maison se mettent en quête de sa réincarnation.

Si le défunt lama a fait des prédictions ou laissé des instructions concernant les recherches à faire, les investigateurs s'en inspirent. A défaut d'indication, ils consultent un lama astrologue et clairvoyant, qui désigne, en termes souvent obscurs, le pays où l'on trouvera l'enfant et les signes qui permettront de le reconnaître. S'il s'agit d'un *tulkou* de haut rang, l'on consulte un des oracles d'État et cette consultation est obligatoire pour les réincarnations du Dalaï-lama et du Trachi-lama.

Quelquefois, un enfant répondant à la description du devin est rapidement trouvé. En d'autres cas, des années s'écoulent sans que l'on puisse en découvrir aucun. C'est là un grave sujet de tristesse pour les fidèles laïques du lama. Plus affligés encore sont les moines de son monastère, car ce dernier, privé de son chef révéré, n'attire plus un aussi grand nombre de pieux bienfaiteurs, et les festins et les dons offerts par ces derniers se font rares. Cependant, pendant que dévots et *trapas* se lamentent, un intendant fripon se réjouit peut-être en secret car, durant l'absence du maître légitime, c'est lui qui administre ses biens sans contrôle effectif et cette circonstance lui procure, souvent, le moyen de faire rapidement fortune.

Lorsqu'un enfant répondant à peu près aux conditions prescrites est découvert, un lama devin est de nouveau consulté et s'il se prononce en faveur du candidat, celui-ci est mis à l'épreuve de la façon suivante : un certain nombre d'objets personnels du défunt lama sont mêlés à d'autres semblables, et l'enfant doit désigner les premiers, témoignant par là qu'il reconnaît les choses qui furent siennes dans sa précédente existence.

Il arrive que plusieurs enfants soient candidats au siège laissé vacant par la mort d'un *tulkou*. Des signes également convaincants ont été remarqués chez tous, chacun d'eux reconnaît, sans commettre d'erreur, les objets ayant appartenu au défunt lama. Ou bien encore, les lamas astrologues et devins ne s'accordent point dans leur choix et désignent des candidats différents.

De tels cas se présentent surtout lorsqu'il s'agit de la succession de l'un de ces grands *tulkous* régnant sur des monastères importants, et de vastes domaines. Beaucoup de familles sont alors désireuses de placer un de leurs fils sur le trône du défunt seigneur.

Il est souvent permis aux parents du jeune *tulkou* de vivre dans l'enceinte du monastère jusqu'à ce que celui-ci puisse se passer des soins de sa mère. Plus tard, un logis confortable est mis à leur disposition sur les terres du monastère, mais hors de ce dernier, et ils sont abondamment pourvus de tout ce qui est nécessaire pour rendre l'existence agréable. Si le monastère ne possède pas d'habitation réservée aux parents de son grand *tulkou*, ou quand il s'agit d'un *tulkou* qui n'est pas seigneur d'une *gompa*, le père et la mère de l'enfant élu son confortablement entretenus dans leur propre pays, leur vie durant.

En plus de leur seigneur, les grands monastères comptent parfois plus d'une centaine de *tulkous* parmi leurs membres. Ceux-ci, outre la somptueuse demeure qui est leur siège officiel, en possèdent souvent d'autres en différents monastères, ainsi que des domaines en plusieurs endroits du Tibet ou de la Mongolie.

En fait, être un proche parent, même du moindre des *tulkous*, est toujours un lien suffisamment avantageux pour éveiller la convoitise dans le cœur de n'importe quel Tibétain. Aussi de nombreuses intrigues sont-elles tissées autour des successions des *tulkous* et, parmi les populations belliqueuses de Kham ou de la frontière septentrionale, ces compétitions passionnées donnent parfois lieu à des conflits sanglants.

D'innombrables histoires sont colportées d'un bout à l'autre du Tibet, au sujet de *tulkous* enfants, prouvant leur identité en relatant des incidents de leur vie passée. Nous trouvons en elles le mélange, habituel au Tibet, de superstition, ruse, élément comique et faits déconcertants.

Je pourrais en narrer des douzaines, mais je préfère me borner à en raconter deux auxquelles j'ai été un peu mêlée.

A côté du palais du lama *tulkou* Pegyai, chez qui je logeais, à Koum-Boum, se trouvait la demeure d'un autre *tulkou* nommé Agnai-Tsang[1]. Sept années s'étaient

---

1. Qu'il ne faut pas confondre avec Aghia-Tsang, le grand *tulkou* seigneur de Koum-Boum, mentionné précédemment.

écoulées depuis la mort du dernier Agnai-Tsang et sa « réincarnation » n'avait pas encore pu être découverte. Je ne crois pas que son absence affligeait beaucoup l'intendant de la maison. Il administrait les biens du lama, et les siens propres paraissaient prospérer agréablement.

Or, il advint qu'au cours d'une tournée commerciale, l'intendant entra dans une ferme pour boire et se reposer. Tandis que la maîtresse de la maison préparait du thé, il tira de son gousset une tabatière en jade et il allait y prendre une prise lorsqu'un bambin qui, jusque-là avait joué dans un coin de la cuisine, l'arrêta en posant sa petite main sur la tabatière et demandant avec un ton de reproche :

— Pourquoi te sers-tu de ma tabatière ?

L'intendant fut foudroyé. Véritablement, la précieuse tabatière ne lui appartenait pas. C'était celle du défunt Agnai-Tsang. Il n'avait peut-être pas eu tout à fait l'intention de la voler, mais elle se trouvait dans sa poche et il s'en servait tous les jours.

Il demeurait interdit, tremblant, tandis que le petit garçon le regardait, la face soudainement changée, sévère et menaçante, n'ayant plus rien d'une physionomie enfantine.

— Rends-la-moi immédiatement, commanda-t-il, elle m'appartient.

Plein de remords, et confondu, le moine superstitieux s'effondra prosterné aux pieds de son maître réincarné.

Quelques jours plus tard, je vis l'enfant mené en grande pompe dans sa demeure. Il était vêtu d'une robe de brocart jaune et montait un superbe poney noir dont l'intendant tenait la bride.

Lorsque le cortège entra dans le palais, le jeune garçon fit une remarque :

— Pourquoi, demanda-t-il, tournons-nous à gauche pour gagner la seconde cour ? La porte est à droite.

Or, pour une raison quelconque, la porte qui se trouvait autrefois de ce côté avait été murée après la mort du lama et une autre ouverte ailleurs.

Les moines admirèrent cette nouvelle preuve de l'authenticité de leur lama et ce dernier fut conduit à son appartement privé où le thé devait être servi.

Le garçon, assis sur une haute pile de larges coussins, regarda le bol de jade avec une soucoupe en vermeil et un couvercle orné de turquoises, placé sur une table devant lui.

— Donnez-moi le plus grand bol en porcelaine, commanda-t-il, et il décrivit minutieusement un bol en porcelaine de Chine en mentionnant le dessin qui l'ornait.

Personne n'avait vu ce bol. L'intendant et les moines s'efforçaient respectueusement de convaincre le jeune lama qu'il n'en existait point de semblable dans la maison.

C'est à ce moment que, m'autorisant de mes bonnes relations avec l'intendant, j'entrai dans l'appartement. Je connaissais l'histoire de la tabatière et j'étais curieuse de voir de près mon peu ordinaire petit voisin.

Je lui offris, selon la coutume du Tibet, une écharpe de soie et quelques cadeaux. Il les reçut en souriant gentiment, mais l'air préoccupé et suivant le cours de ses pensées au sujet du bol.

— Cherchez mieux, vous le trouverez, assura-t-il.

Et tout à coup, comme si un éclair de mémoire lui avait traversé l'esprit, il ajouta des explications touchant un coffre peint de telle couleur, qui se trouvait à telle place, dans une chambre où l'on conservait les objets que l'on employait rarement.

Les moines m'avaient brièvement mise au courant de ce qui se passait et je restai dans la chambre du *tulkou*, désireuse de voir ce qui allait arriver.

Moins d'une demi-heure plus tard, le bol avec sa soucoupe et son couvercle était découvert dans une boîte qui se trouvait au fond du coffre décrit par l'enfant.

« j'ignorais complètement l'existence de ce bol, m'assura plus tard l'intendant. Le lama lui-même ou mon prédécesseur avait dû le mettre dans ce coffre qui ne contenait aucun autre objet de valeur et que l'on n'avait pas ouvert depuis des années. »

Je fus aussi témoin de la découverte d'un *tulkou* dans des circonstances beaucoup plus fantastiques que les précédentes. L'événement eut lieu dans la pauvre auberge d'un petit hameau non loin d'Ansi (dans le Gobi).

Des pistes allant de la Mongolie au Tibet traversent, en

cette région, la très longue route qui s'étend de Pékin à la Russie, traversant tout un continent. Aussi, je fus contrariée, mais non pas étonnée, quand arrivant à l'auberge, vers le coucher du soleil, je la trouvai envahie par une caravane mongole.

Les voyageurs paraissaient excités comme si quelque incident extraordinaire venait de survenir. Toutefois, avec leur courtoisie habituelle, encore accrue par la vie des vêtements religieux lamaïstes que Yongden et moi nous portions, les Mongols évacuèrent une chambre pour nous et nos gens et firent de la place pour nos bêtes dans l'écurie.

Tandis que je m'attardais avec mon fils à regarder les chameaux couchés dans la cour, la porte de l'une des chambres s'ouvrit et un jeune homme de haute stature, à la figure agréable et pauvrement vêtu d'une robe tibétaine, s'arrêta sur le seuil et nous demanda si nous étions Tibétains. Nous répondîmes affirmativement.

Alors, un lama âgé, qu'à sa mise cossue nous devinâmes être le chef de la caravane, se montra derrière le jeune homme et nous adressa aussi la parole en tibétain.

Comme d'ordinaire, dans les rencontres de ce genre, nous échangeâmes des questions et des réponses concernant le pays d'où nous venions et celui où nous nous rendions.

Le lama nous dit qu'il avait projeté d'aller à Lhassa par Soutchou et la route d'hiver mais que ce voyage était devenu inutile et qu'il allait retourner en Mongolie. Les domestiques occupés dans la cour acquiescèrent à cette déclaration en hochant la tête d'un air entendu.

Je me demandais ce qui pouvait avoir fait changer ces gens d'idée, mais comme le lama se retirait dans sa chambre, je ne jugeai pas poli de l'y suivre pour le prier de me donner des explications.

Cependant, plus tard dans la soirée, lorsqu'ils se furent renseignés sur notre compte auprès de nos domestiques, les Mongols nous invitèrent à boire du thé avec eux et j'entendis toute l'histoire.

Le joli jeune homme était natif de la lointaine province de Ngari, au sud-ouest du Tibet. Il semblait être quelque peu visionnaire. Du moins des Occidentaux l'eussent jugé tel, mais nous étions en Asie.

Depuis sa petite jeunesse, Migyur — c'était son nom — avait été hanté par l'idée étrange *qu'il n'était pas où il aurait dû être*. Il se sentait un étranger dans son village, un étranger dans sa famille... En rêve, il voyait des paysages qui n'existaient pas au Ngari : des solitudes sablonneuses, des tentes rondes, en feutre, un petit monastère sur une colline. Même éveillé, les mêmes images subjectives lui apparaissaient, se superposaient sur les objets réels qui l'environnaient, les voilant et créant autour de lui un mirage perpétuel.

Il n'avait pas encore quatorze ans quand il se sauva de chez lui, incapable de résister au désir d'atteindre la réalité de ses visions. Depuis ce temps, il avait vécu en vagabond, travaillant de temps en temps, ici et là, sur sa route, pour gagner sa subsistance, mendiant le plus souvent, errant à l'aventure sans pouvoir maîtriser son agitation et se fixer quelque part. Pour le moment, il venait d'Aric, au nord du désert d'herbe.

Marchant devant lui, comme c'était son habitude, sans avoir aucun but, il était arrivé quelques heures avant nous, en face de l'auberge où la caravane campait. Il aperçut les chameaux dans la cour, franchit la porte sans savoir pourquoi, se trouva en face du vieux lama... et, alors, avec la rapidité de l'éclair, le souvenir des faits passés illumina sa mémoire.

Il vit ce même lama comme un jeune homme, son disciple, et lui-même comme un lama déjà âgé. Tous deux voyageaient sur cette même route, revenant d'un long pèlerinage aux lieux saints du Tibet et retournant chez eux au monastère situé sur la colline.

Toutes ces choses, il les rappela au chef de la caravane avec les détails les plus minutieux sur leur vie dans le monastère lointain et nombre d'autres particularités.

Or, le but du voyage des Mongols était, précisément, de prier le Dalaï-lama de leur indiquer le moyen de découvrir le *tulkou*, seigneur de leur monastère, dont le siège était inoccupé depuis plus de vingt ans, malgré tous les efforts faits pour découvrir sa réincarnation.

Ces gens superstitieux étaient bien près de croire que, par un effet de son omniscience, le Dalaï-lama avait connu leur intention et, dans sa grande bienveillance, avait causé leur rencontre avec leur lama réincarné.

Le vagabond de Ngari avait immédiatement subi l'épreuve habituelle et, sans erreur ni hésitation, tiré d'un sac, où ils étaient mêlés à d'autres objets analogues, ceux qui avaient appartenu au défunt lama.

Aucun doute n'existait dans l'esprit des Mongols quant à la légitimité de leur *tulkou* retrouvé.

Le lendemain, je vis la caravane, retournant sur ses pas, s'éloigner au pas lent des grands chameaux et disparaître à l'horizon dans les solitudes du Gobi. Le nouveau *tulkou* s'en allait avec elle vers son étrange destin.

CHAPITRE IV

Commerce avec les démons. — Le banquet maca-
bre. — Les mangeurs de «souffles vitaux». — Le poi-
gnard enchanté. — Le cadavre miraculeux. — Le mort
qui danse. — Où je m'improvise sorcier et terrifie un
voleur «esprit fort».

Le Tibet est le pays des démons. Si l'on devait s'appuyer
sur les légendes et les croyances populaires, l'on serait conduit à penser que le nombre de ceux-ci y dépasse de beaucoup celui de la population humaine. Revêtant mille
formes différentes, ces êtres malfaisants habitent les arbres,
les rochers, les vallées, les lacs, les sources. Ils poursuivent
les hommes et les animaux pour leur ravir leur «souffle
vital» et s'en repaître. Ils vagabondent pour leur plaisir à
travers les steppes et les forêts, et tout voyageur risque de
se trouver subitement face à face avec l'un d'eux à chaque
tournant du chemin.

Tel étant l'état des choses, il en résulte que les Tibétains
sont forcément en grand commerce avec les mauvais
esprits. Le lamaïsme officiel se charge de les dompter, de
les convertir, d'en faire ses serviteurs soumis et, faute de les
trouver dociles, de les mettre hors d'état de nuire ou de les
exterminer. Les sorciers font concurrence dans cet art aux
lamas réguliers, mais, plus souvent, poursuivant un but
opposé au leur, ils tentent d'asservir un ou plusieurs
démons pour les employer à des besognes néfastes. Si leur

133

pouvoir n'est pas suffisant pour contraindre ceux-ci à leur obéir, ils s'en font les courtisans et s'efforcent d'obtenir leur aide par des cajoleries.

Cependant, en dehors du lama pratiquant les rites magiques orthodoxes, tels qu'ils sont enseignés dans les collèges monastiques de *gyud* et des sorciers adonnés à la magie noire, les mystiques tibétains patronnent un certain genre de commerce avec les démons qui relève de l'entraînement psychique. Ce commerce consiste en des rencontres provoquées volontairement par le disciple, soit pour défier les esprits démoniaques, soit pour leur faire l'aumône.

Malgré leur aspect parfois grotesque ou même repoussant, à notre sens, ces rites visent des buts utiles ou élevés tels que : affranchir de la peur, susciter des sentiments d'extrême charité, conduire au détachement complet de soi et, finalement, à l'illumination spirituelle.

Le plus fantastique d'entre eux, dénommé *tcheud*[1] (« couper », « supprimer ») est une sorte de « mystère » macabre joué par un seul acteur : l'officiant. Il a été si savamment combiné pour terrifier les novices qui s'y exercent que certains sont frappés de folie ou de mort subites au cours de sa célébration.

Avant que lui soit conférée l'initiation, sans laquelle le *tcheud* ne peut être pratiqué avec fruit, le disciple doit, souvent, subir diverses épreuves préparatoires. Celles-ci varient suivant le caractère et le degré d'intelligence de ceux à qui elles sont imposées.

Il arrive assez fréquemment que de jeunes moines, convaincus de l'existence réelle de milliers de démons, se rendent auprès d'un lama mystique sans se douter le moins du monde des doctrines qu'il professe, et, mus par leur piété naïve, le prient de les diriger dans la voie spirituelle.

Les longues démonstrations concernant la vérité et l'erreur sont exclues du système pédagogique des maîtres mystiques. Ils se contentent de fournir à leurs élèves des occasions de s'instruire eux-mêmes en observant certains faits et en éprouvant certaines sensations propres à éveiller leurs réflexions. Pour affranchir un novice crédule et poltron de

1. Le mot est écrit *gtchod* en caractères tibétains.

la peur des démons, ils emploient des procédés qui peuvent prêter à rire, mais sont réellement barbares et effroyables, étant donné l'état d'esprit de ceux à qui ils s'adressent.

Un jeune homme de ma connaissance fut envoyé par son maître — un lama de l'Amdo — dans un ravin solitaire, très sombre, qui passait pour être hanté par des êtres malfaisants. Il devait s'y attacher lui-même contre un rocher ; puis la nuit venue, évoquer et défier les déités sanguinaires les plus féroces, celles que les peintres tibétains dépeignent suçant la cervelle des hommes et dévidant leurs entrailles.

Quelque grande que pût être sa terreur, il lui était ordonné de résister à l'envie de se délier pour s'enfuir et de demeurer à la même place jusqu'après le lever du soleil.

Cette pratique est, pour ainsi dire, classique et sert de début à maints novices tibétains sur le sentier mystique.

Parfois, il est enjoint au disciple de rester attaché pendant trois jours et trois nuits ou même davantage, jeûnant, luttant contre le sommeil, en proie à la faim et à la fatigue qui engendrent si facilement des hallucinations.

Le résultat tragique d'un exercice de ce genre fut conté à Yongden par un vieux lama de Tsarong, au cours de mon voyage incognito à Lhassa. Bien entendu, assise dans un coin, la « négligeable maman » que je figurais alors ne perdit pas un mot du récit.

Dans leur jeunesse, ce lama et son frère cadet, nommé Lodeu, avaient quitté leur monastère pour s'attacher à un ascète étranger à la région, qui s'était temporairement établi comme ermite sur une montagne, bien connue comme lieu de pèlerinage, nommée Phagri, non loin de Dayul.

L'anachorète commanda au plus jeune des deux frères d'aller s'attacher par le cou à un arbre, dans un endroit fréquenté, disait-on, par Thags-yang, un démon qui apparaît généralement sous la forme d'un tigre et à qui l'on prête les instincts féroces de cet animal.

Ainsi lié, telle une victime au poteau du sacrifice, l'homme devait s'imaginer qu'il était une vache ayant été amenée là comme offrande propitiatoire à Thags-yang. En fixant toutes ses pensées sur cette idée et meuglant, de temps en temps, pour mieux entrer dans son rôle, il atteindrait — si sa concentration de pensée était assez puissante — un état de transe dans lequel, ayant perdu conscience de sa personnalité, il se sentirait une vache en danger d'être dévorée.

L'exercice devait être continué pendant trois jours et trois nuits de suite.

Quatre jours s'écoulèrent sans que le novice revînt auprès de son maître. Le matin du cinquième jour ce dernier dit à celui de ses deux disciples qui était demeuré auprès de lui :

— J'ai fait un rêve étrange la nuit dernière. Allez chercher votre frère.

Le moine partit pour l'endroit où celui-ci avait été envoyé.

Un spectacle horrible l'y attendait : le cadavre de Lodeu, déchiré et à demi dévoré, demeurait encore, en partie attaché à un arbre, tandis que des débris sanglants gisaient parmi les broussailles environnantes.

Terrifié, l'homme rassembla les restes funèbres dans sa toge monastique et se hâta de retourner vers son maître.

Quand il arriva à la hutte qui servait d'abri à l'ermite et à ses disciples, il la trouva vide. Le lama était parti en emportant avec lui tout son bien : deux livres religieux quelques objets rituels et son bâton de voyage surmonté d'un trident.

— Je me sentais devenir fou, racontait le vieux Tibétain. Plus encore que la découverte du corps de mon frère, ce départ inexplicable m'épouvantait. Qu'avait rêvé notre maître ? Connaissait-il le triste sort de son disciple. Pourquoi avait-il disparu ?...

Sans pouvoir mieux deviner que le pauvre moine les raisons qui avaient induit le lama à fuir j'imaginai cependant qu'en ne voyant pas revenir son élève, il avait pu craindre un accident du genre de celui qui était réellement arrivé. Peut-être avait-il eu, vraiment, un de ces avertissements mystérieux qu'apportent parfois les rêves et s'était-il prudemment dérobé à la colère des parents de la victime.

Quant à la mort du jeune homme, elle pouvait s'expliquer de façon naturelle. Les panthères sont nombreuses dans cette région ; des léopards y rôdent aussi. J'en avais rencontré, dans la forêt, peu de jours avant d'entendre cette histoire[1]. L'un d'eux, que le novice avait peut-être lui-même attiré par ses meuglements, en avait fait sa proie avant qu'il n'ait eu le temps de se délier pour tenter de se défendre.

Toutefois, l'opinion du moine qui narrait l'histoire et de ceux qui l'entouraient était différente. Pour eux, le démon-tigre, lui-même, s'était saisi de l'offrande imprudemment offerte. Le jeune disciple, disaient-ils, ignorait probablement les paroles et les gestes magiques qui l'auraient protégé. Et en cela, son maître était coupable de lui avoir fait affronter la présence du «démon-tigre» sans l'avoir armé des enseignements et de l'initiation indispensables.

Cependant, tout au fond de son esprit, le frère, blessé dans son affection, gardait une pensée plus terrible qu'il exprimait à voix basse et en tremblant.

— Qui sait, disait-il, si ce lama étranger n'était pas le démon-tigre lui-même, métamorphosé en homme pour attirer une victime. Il ne pouvait s'en saisir sous son apparence humaine, mais la nuit, tandis que je dormais, reprenant sa forme de tigre, il avait satisfait sa férocité.

Un silence profond succéda aux paroles du vieillard. Il avait dû raconter souvent ce terrifiant épisode de sa lointaine jeunesse, mais l'histoire n'avait pas cessé d'impressionner ses auditeurs.

N'était-elle pas toujours d'actualité ? Thags-yang et tant d'autres de son espèce ne continuent-ils pas à rôder autour des hommes et des bêtes insuffisamment protégés contre leurs entreprises ?

Dans la grande cuisine qu'éclairaient, seules, les flammes du foyer, un souffle d'angoisse passait sur la famille assemblée. Une femme levait instinctivement les yeux vers les feuilles de papier, collées sur les murailles, portant des signes magiques protecteurs, comme pour constater qu'elles étaient toujours là. Le grand-père alla s'assurer que la lampe de l'offrande vespérale brûlait sur l'autel, dans la pièce voisine, et l'odeur des bâtons d'encens qu'il allumait se répandait dans la maison.

---

1. Voir *Voyage d'une Parisienne à Lhassa.*

Si nombreux que l'on puisse supposer les accidents mystérieux survenant dans la pratique des rites de cette espèce, ils doivent, malgré tout, demeurer exceptionnels. Il semble donc logique qu'après avoir, pendant un certain temps, fréquenté les lieux hantés, défié les démons et leur avoir offert son corps en pâture, le disciple en vienne à douter de l'existence d'êtres qui ne se manifestent point.

J'ai interrogé plusieurs lamas à ce sujet.

— Cette incrédulité, me dit l'un d'eux — un *géché* de Girgi[1] — survient parfois. Elle peut être considérée comme l'un des buts visés par les maîtres mystiques, mais, si l'élève y arrive avant le temps utile, il se prive des fruits de la partie de l'entraînement destinée à le rendre intrépide.

— Les maîtres mystiques, ajouta-t-il, n'approuveraient pas le novice qui professerait une incrédulité simpliste; celle-ci est contraire à la vérité.

« Le disciple doit comprendre que dieux et démons existent réellement pour ceux qui croient à leur existence et qu'ils possèdent le pouvoir de faire du bien ou du mal à ceux qui leur rendent un culte ou qui les redoutent.

« Bien rares, d'ailleurs, sont ceux qui arrivent à l'incrédulité pendant la première partie de leur entraînement spirituel. La plupart des novices voient réellement des apparitions effrayantes. »

Je ne me hasarderai pas à contredire cette opinion, plusieurs exemples m'ont prouvé qu'elle était fondée. La nuit et les lieux spéciaux choisis pour les colloques avec les démons sont souvent, à eux seuls suffisants pour produire des hallucinations. Mais tous les phénomènes perçus par les célébrants de ces rites doivent-ils être classés parmi les hallucinations? Les Tibétains affirment que non.

J'ai eu l'occasion de m'entretenir avec un ermite de Ga (Tibet oriental), nommé Kouchog Wantchéen, des cas de mort subite survenue pendant les évocations d'esprits malfaisants.

Ce lama ne paraissait guère enclin à la superstition et je crus qu'il allait m'approuver lorsque je lui dis:

1. Un *géché* est un «docteur en philosophie». Girgi est une ville de la province de Kham, dans l'est du Tibet.

138

— Ceux qui sont morts, sont morts de peur. Leurs visions sont l'objectivation de leurs propres pensées. Celui qui ne croit pas aux démons ne sera jamais tué par eux.

A mon grand étonnement, l'anachorète répliqua d'un ton singulier :

— D'après vous, il doit suffire aussi de ne pas croire à l'existence des tigres pour être certain de ne jamais être dévoré par l'un d'eux, si l'on passe à sa portée.

Et il continua :

— Qu'elle s'opère consciemment ou inconsciemment, l'objectivation des formations mentales est un procédé très mystérieux. Que deviennent ces créations ? Ne peut-il pas se faire que comme les enfants nés de notre chair, ces enfants de notre esprit échappent à notre contrôle et qu'ils en viennent, soit avec le temps, soit soudainement, à vivre d'une vie propre ?

« Ne devons-nous pas aussi considérer que s'il nous est possible d'engendrer ceux-ci, d'autres que nous possèdent le même pouvoir et, si de tels *tulpas* (créatures magiques) existent, est-il extraordinaire que nous prenions contact avec eux, soit par la volonté de leurs créateurs, soit parce que nos propres pensées ou nos actes produisent les conditions requises pour que ces êtres manifestent leur présence et leur activité ?

« Comme comparaison, imaginez une rivière et, à quelque distance de sa rive, une pièce de terre sèche où vous demeurez. Les poissons ne s'approcheront jamais de votre habitation. Mais creusez un canal entre la rivière et l'endroit où vous vivez et, au bout de ce canal, un étang. Alors, avec l'eau qui coulera et remplira ce dernier, les poissons viendront aussi de la rivière et vous pourrez les voir nager devant vous.

« Il faut se garder d'ouvrir des « canaux » à la légère. Peu de gens se doutent de ce que contient le grand fond de l'univers qu'ils mettent en perce inconsidérément.

Et, plus légèrement, il conclut :

— Il est nécessaire de savoir comment se défendre contre les « tigres » dont on est le père et, aussi, contre ceux que d'autres engendrent.

Ce sont des idées de ce genre qui ont dicté le choix des

endroits propres à la célébration de *tcheud*. Ceux-ci :
— cimetières ou sites préférables sauvages capables de
produire l'effroi, — sont jugés préférables s'il existe à leur
sujet une légende terrifiante ou si un événement tragique y
a vraiment eu lieu.

La raison de cette préférence est que l'effet du rite ne
dépend pas seulement des sentiments éveillés dans l'esprit
du célébrant par les macabres paroles liturgiques ou le
décor naturel impressionnant dans lequel il les prononce. Il
s'agit, surtout, de mettre en mouvement les forces mystérieuses ou les êtres conscients qui, d'après les Tibétains,
existent en de tels lieux, comme résultats soit des actes qui
y ont été accomplis, soit de la persistante concentration de
pensée de nombreux individus, sur des faits imaginaires[1].

Il s'ensuit qu'au cours de la célébration d'un *tcheud* que
j'ai comparé à un drame joué par un unique acteur, ce dernier, par l'effet d'objectivation, d'autosuggestion ou
— ainsi que le croient les Tibétains — par l'irruption sur
la scène de personnages appartenant au monde occulte, se
trouve parfois entouré de compagnons qui se mettent à
jouer dans la pièce des rôles imprévus. Ce fait est considéré
comme excellent pour corser l'exercice et le rendre d'autant
plus favorable aux novices, mais les nerfs de certains de
ceux-ci résistent mal à ce traitement intensif, et c'est alors
que se produisent les accidents que j'ai mentionnés : folie
ou mort subites.

Comme tout acteur, celui qui veut célébrer *tcheud* doit,
d'abord, apprendre son rôle par cœur. Ensuite, il faut qu'il
s'exerce à danser en cadence, ses pas dessinant des figures
géométriques, puis à virevolter sur un pied, à frapper le sol
du talon et à bondir en mesure. Enfin, il doit aussi savoir
brandir, suivant les règles, divers instruments rituels, jouer
du tambourin et d'une trompette faite d'un fémur humain.

La besogne n'est pas mince et je m'y suis essoufflée plus
d'une fois durant mon apprentissage.

Le lama instructeur présidant à ces évolutions ressemble
vaguement à un maître de ballet. Mais, autour de lui, point
de ballerines souriantes en maillot rose ; les danseurs sont

1. Voir p. 295 et suivantes.

de jeunes ascètes amaigris par les austérités, vêtus de robes en guenilles, le visages sale, éclairé par des yeux extatiques, volontaires et durs. Ils se préparent, pensent-ils, pour une entreprise pleine de périls et la pensée de l'effroyable banquet, dans lequel ils doivent s'offrir en pâture aux démons affamés, hante leur pensée.

Dans ces conditions cette «répétition» qui pourrait être bouffonne devient aisément lugubre.

Il serait trop long de donner ici, une traduction *in extenso* du texte de *tcheud*. Celui-ci comporte de longs préliminaires mystiques au cours desquels l'officiant «foule aux pieds» toutes les passions et crucifie son égoïsme. Toutefois, la partie essentielle du rite consiste en un banquet qui peut être sommairement décrit comme suit :

Le célébrant souffle dans le *kangling* (la trompette faite d'un fémur humain) conviant les démons à la fête qui se prépare.

Il imagine[1] une déité féminine qui personnifie sa propre volonté. Celle-ci s'élance hors de sa tête, par le sommet du crâne, tenant un sabre à la main. D'un coup rapide, elle lui tranche la tête. Puis, tandis que des troupes de goules s'assemblent, dans une attente gourmande, elle détache ses membres, l'écorche, et lui ouvre le ventre. Les entrailles s'en échappent, le sang coule à flots et les hideux convives mordent, déchirent et mastiquent bruyamment, tandis que l'officiant les excite à la curée par les paroles liturgiques :

«Pendant d'incommensurables périodes de temps, au cours d'existences répétées, j'ai emprunté à des êtres sans nombre — aux dépens de leur bien-être et de leur vie — ma nourriture, mon vêtement et toute espèce de services pour entretenir mon corps en santé, en joie et pour le défendre contre la mort.

«Aujourd'hui, je paie mes dettes, offrant, pour être détruit, ce corps que j'ai tant aimé et choyé.

1. Imaginer (tibétain *migspa*) s'entend comme d'une concentration de pensée poussée jusqu'à produire l'objectivation de l'image subjective que l'on a imaginée. C'est un état de transe dans lequel les faits et les lieux imaginés se substituent complètement à ceux qui sont perçus dans l'état de conscience normal.

« Je donne ma chair à ceux qui ont faim, mon sang à ceux qui sont altérés, ma peau pour couvrir ceux qui sont nus, mes os comme combustible à ceux qui souffrent du froid.

« Je donne mon bonheur au malheureux et mon souffle vital pour ranimer les mourants...

« Honte à moi, si je recule devant ce sacrifice. Honte à vous tous si vous n'osez pas l'accepter. »

Cet acte du drame est appelé le « banquet rouge ». Il est suivi par le « banquet noir » dont la signification mystique n'est révélée qu'à ceux des disciples qui ont reçu une initiation du degré supérieur.

La vision du diabolique festin rouge s'évanouit, les rires et les cris des goules s'éteignent. La solitude complète dans les ténèbres et le silence succèdent à la sinistre orgie, et l'exaltation causée par son sacrifice dramatique s'abat, peu à peu, chez le célébrant.

Il doit imaginer, maintenant, qu'il est devenu un petit tas de restes carbonisés, émergeant d'un lac de boue noire — la boue des souillures spirituelles qu'il a contractées et des mauvaises actions qu'il a accomplies pendant d'innombrables vies successives dont l'origine se perd dans la nuit des temps.

Il faut qu'il comprenne que l'idée de sacrifice qui vient de l'exalter n'est qu'une illusion, née d'un orgueil aveugle, dénué de fondement. En réalité, il n'a *rien* à donner parce qu'il n'est *rien*.

Le renoncement silencieux de l'ascète qui rejette l'ivresse vaniteuse engendrée par l'idée de sacrifice, clôt le rite.

Certains lamas entreprennent des voyages pour célébrer *tcheud* près de 108 lacs, dans 108 cimetières, 108 forêts, etc. Ils consacrent des années à cet exercice, parcourant, non seulement le Tibet, mais aussi le Népaul et des parties de l'Inde et de la Chine.

D'autres se contentent de se retirer dans la solitude pour la célébration quotidienne de *tcheud* pendant plus ou moins longtemps, en changeant de place chaque jour. Le pèlerin choisit l'endroit où il se placera en lançant une pierre avec une fronde. Avant de faire tournoyer la corde, il tourne plusieurs fois sur lui-même, les yeux fermés, de façon à perdre la notion de la direction. Il ne les ouvre qu'au moment où la pierre s'échappe de la corde, pour noter la place où elle tombe.

Quelques-uns se servent de la fronde pour indiquer la direction dans laquelle ils doivent marcher. Par exemple, lançant une pierre au lever du soleil, ils chemineront toute la journée vers le point de l'espace qu'elle a désigné — c'est-à-dire qu'il maintiendront cette direction autant qu'il est possible dans un pays montagneux. Ils s'arrêteront au crépuscule à l'endroit quelconque qu'ils auront atteint et y célébreront *tcheud* la nuit suivante.

Ce rite possède un côté fascinateur qui ne peut être saisi en lisant une brève et sèche description, et si l'on ignore le milieu dans lequel il a été conçu.

Comme beaucoup d'autres, j'ai subi l'attraction singulière de son symbolisme austère et du décor impressionnant que lui fournissent les paysages nocturnes du Tibet.

La première fois où je partis, seule, pour une de ces bizarres pérégrinations, je m'arrêtai près d'un lac aux eaux transparentes, serti entre des rives pierreuses. Le paysage environnant, complètement nu, exprimait une morne impassibilité excluant toute impression de crainte comme de sécurité, de joie comme de tristesse. On s'y sentait sombrer dans l'indifférence infinie des choses.

Le soir ternit le clair miroir du lac tandis que je rêvais à l'étrange mentalité de la race qui a inventé *tcheud* et tant d'autres pratiques étranges.

La fantasmagorique procession des nuages éclairés par la lune se déroulait le long des cimes voisines, descendait vers moi, m'environnant de fantômes nébuleux. L'un d'eux s'avança, suivant une traînée de lumière soudainement projetée sur l'eau obscure, comme un tapis devant ses pas.

Géant diaphane, dont les yeux étaient deux étoiles, il me fit signe de son long bras, sortant d'une ample manche. M'appelait-il ? Me chassait-il ? J'hésitais...

Alors, il se rapprocha, si réel, si vivant, que je fermai les yeux pour dissiper l'hallucination. Je me sentis enlacée, enveloppée dans les replis d'un manteau souple et froid

143

dont la substance subtile s'insinuait en moi, me glaçant jusqu'au tréfond de mon être...

Quelles visions ne doivent pas contempler ces fils des solitudes enchantées, ces novices élevés dans la superstition, que leurs pères spirituels jettent ainsi dans la nuit en tête à tête avec leur imagination surexcitée par le rite affolant !

Combien de fois, parmi les rugissements de l'ourgan balayant les hauts plateaux, ne doivent-ils pas entendre des voix répondant à leurs défis et trembler d'épouvante, seuls, dans leur tente minuscule, à des lieues de tout être humain ?

Je comprenais parfaitement la terreur éprouvée par les célébrants de *tcheud*. Cependant, ce que l'on racontait de ses effets me semblait fort exagéré et je souriais en sceptique au récit des accidents tragiques que les Tibétains assuraient être survenus à certains de ceux-ci.

Mon séjour au Tibet se prolongeant, j'en vins pourtant à connaître quelques faits qui me forcèrent à modifier mon opinion. Je relaterai l'un d'eux.

A cette époque, je campais dans l'immense désert d'herbe que les Tibétains dénomment Tchang-thang, près de trois tentes noires abritant des pasteurs qui passaient l'été avec leurs troupeaux dans les alpages.

Le hasard — mot commode pour désigner des causes qui nous sont inconnues — m'avait amenée là tandis que j'étais à la recherche de beurre. Les *dokpas* (pasteurs) se trouvèrent être de braves gens. Ma présence auprès d'eux comme dame-lama *(jétsune kouchog)* et sans doute, aussi, comme acheteur payant en «argent blanc»[1] ne paraissait pas leur déplaire. Ils offrirent de garder mes chevaux et mes mules avec les leurs, épargnant ainsi beaucoup de travail à mes hommes et je décidai d'accorder une semaine de repos aux domestiques et aux bêtes.

Deux heures après mon arrivée, j'étais déjà renseignée sur ce qui concernait la région. En vérité, il y avait peu à

1. Expression courante au Tibet et marquant qu'il ne s'agit pas d'un échange de marchandises, mais d'un paiement en argent soit monnayé, soit en lingots.

dire à son sujet. Aux quatre points cardinaux s'étendait l'immensité des solitudes herbeuses et, au-dessus d'elles, le grand ciel lumineux et vide.

Pourtant dans ce parfait désert existait un objet d'intérêt. J'appris qu'un lama dont la résidence se trouvait quelque part vers le nord, parmi des tribus mongoles, s'était établi pour l'été dans une caverne située à peu de distance de l'endroit où j'avais planté mes tentes. Deux *traps*, ses disciples, le servaient. Leur travail consistait presque uniquement à faire du thé et ils consacraient la majeure partie de leur temps à des exercices religieux. Souvent, ils erraient la nuit à travers le désert, et les pasteurs entendaient le son du *damarou* et du *kangling* accompagnant la célébration d'offices nocturnes sur les montagnes voisines.

Quand à leur maître qui s'appelait Rabdjoms Gyatso, il n'avait pas quitté sa caverne depuis son arrivée, trois mois plus tôt.

D'après ces renseignements, je devinai qu'il pratiquait un *doubthab* ou quelque autre rite magique.

Le jour suivant, à l'aurore, je décidai de me rendre à sa caverne. Je voulais y arriver tandis que les *traps* étaient encore retenus dans leur tente par leurs dévotions matinales, espérant, si j'échappais à leurs regards, pouvoir surprendre le lama dans ses occupations.

Cette façon de procéder n'est guère conforme à l'étiquette tibétaine en ce qui regarde les lamas, mais connaissant bien leurs habitudes, je craignais que Rabdjoms Gyatso ne refusât de me recevoir, si on lui annonçait ma visite.

Les *dokpas* m'avaient bien décrit l'itinéraire à suivre ; je trouvai facilement la caverne à mi-hauteur d'un versant dominant une vallée où gazouillait un ruisseau. Un petit mur construit avec des pierres, des mottes d'herbe et de la terre, et un rideau en poil de yak, fermaient l'habitation préhistorique du lama et le cachaient aux regards de ceux qui, d'aventure, auraient pu passer dans ses parages.

Mon stratagème ne réussit point. Comme je grimpais vers la caverne, je rencontrais un individu d'une maigreur squelettique, aux cheveux en broussaille, vêtu d'une robe d'ermite toute en loques, qui me barra le passage. J'eus de la peine à le convaincre d'aller prier son maître de m'accorder une entrevue. La réponse qu'il rapporta fut polie, mais négative. Rabdjoms Gyatso disait qu'il ne pouvait pas me recevoir pour le moment, mais que si je revenais dans une quinzaine de jours, il me verrait volontiers.

Comme je ne voulais m'engager en rien ne sachant pas si une conversation avec le lama valait la peine que je restasse à cette endroit plus longtemps que je ne l'avait décidé, je fis simplement répondre que je reviendrais peut-être, mais n'en étais pas certaine.

Deux fois par jour, l'un ou l'autre des *traps* passait devant ma tente en allant chercher du lait chez les *dopkas*. Le jeune homme à l'apparence maladive qui m'avait arrêtée, attirait mon attention et me faisait pitié. Je pensai que si je connaissais le mal dont il souffrait il me serait peut-être possible de le soulager avec l'un ou l'autre des médicaments que je possédais. Je guettai donc son passage et l'interrogeai.

Dès qu'il entendit parler de médicaments, il affirma qu'il n'était atteint d'aucune maladie et comme je réitérais mes questions sur son extraordinaire maigreur, ses yeux dilatés, pareils à ceux d'un fou, exprimèrent une terreur intense. Il me fut impossible d'obtenir la moindre explication.

Je dis à mes domestiques d'essayer, à leur tour, de faire parler son compagnon, mais ce dernier éluda toutes questions. Très différents de la majorité des Tibétains qui sont généralement bavards, ces deux hommes étaient étrangement silencieux. Après mes tentatives d'enquête, ils se rendirent chez les *dokpas* en faisant un détour pour éviter mon camp. Comme il était évident qu'ils ne désiraient pas que l'on se mêlât de leurs affaires, même pour leur être utile, je ne m'occupai plus d'eux.

Il y avait sept jours que je campai à cet endroit, lorsqu'un *dokpa* mourut dans un autre groupe de pasteurs établis à deux kilomètres environ vers le milieu du *thang*[1] et ceci me décida à retarder mon départ pour assister aux funérailles rustiques

1. Thang : vaste étendue de terrain plus ou moins plat.

146

En grande hâte, deux cavaliers se rendirent à une *banag gompa*[1] située à deux jours de voyage de leur camp, afin d'y requérir les services de deux moines pour célébrer l'office des morts.

Les ecclésiastiques appartenant au monastère avec lequel un laïque est apparenté, soit comme fils spirituel, soit comme bienfaiteur, ont seuls qualité pour subvenir à ses besoins *post mortem*. En les attendant, les disciples de Rabdjoms Gyatso psalmodièrent tour à tour des livres religieux auprès du défunt.

Des amis de ce dernier arrivèrent aussi, de différentes directions, apportant avec eux, selon la coutume du Tibet, de menus présents pour consoler la famille de sa perte. Puis les cavaliers revinrent avec les deux moines et quelques laïques de leurs connaissances.

Alors les *traps* entonnèrent d'interminables et bruyantes récitations, accompagnées par les tambours, les cymbales, les clochettes, et l'office habituel se poursuivit, coupé par des périodes de repos durant lesquelles moines et laïques mangeaient et buvaient gloutonnement devant le cadavre qui se putréfiait. Après une huitaine de jours, tous les rites étant dûment terminés, le corps fut transporté sur la montagne et, après avoir été coupé en pièces, abandonné comme une suprême aumône faite aux vautours.

Afin d'édifier les *dokpas* en me conformant à une antique coutume des *naldjorpas* dont je portais l'habit, quand le soir tomba, je m'enveloppai dans mon *zen* (toge monastique) et me dirigeai vers l'endroit où le cadavre avait été déposé, afin d'y passer la nuit, seule en méditations.

La lune, presque pleine, illuminait merveilleusement la steppe s'étendant du pied des montagnes que je côtoyais jusqu'à d'autres chaînes lointaines dont les cimes s'estompaient en ombre couleur d'ardoise, sur le grand ciel clair. Les courses nocturnes à travers ces déserts sont un enchantement ; j'aurais marché pour mon plaisir durant la nuit

---

1. *Banag gompa* : dans le dialecte des *dokpas* du Tibet septentrional signifie un monastère qui, au lieu d'être formé par des constructions en pierres, est composé de tentes.

entière, mais le cimetière, mon but, n'était pas loin de ma tente, il ne fallait pas même une heure pour s'y rendre.

Comme j'approchais, j'entendis, soudain, un son étrange, à la fois rauque et perçant, qui semblait déchirer l'atmosphère de quiétude silencieuse dans laquelle reposaient les solitudes endormies. Il se répéta plusieurs fois, puis le battement rythmique d'un *damarou* (tambourin) suivit.

Ce langage était clair pour moi. Quelqu'un, sans nul doute, un des disciples de Rabdjoms, m'avait devancée et célébrait *tcheud* près des débris du cadavre.

La configuration du terrain me permit d'atteindre, sans être aperçue, une fissure de la montagne et de m'y dissimuler dans l'ombre. De ma cachette, je distinguais parfaitement le célébrant. C'était le *trapa* émacié à qui j'avais offert des médicaments. Sur sa robe habituelle, il avait jeté un *zen* et, bien que ce dernier fût aussi loqueteux que le reste de son costume, ses plis communiquaient à la haute et mince figure du jeune moine une singulière et impressionnante noblesse.

Quand j'arrivai, ce dernier récitait le *mantra* de la Prajnâparamita.

O sagesse qui est allée, allée;
Allée dans l'au-delà et au-delà de l'au-delà: swahâ!...

Puis le *dong, dong* monotone du damarou au son grave s'espaça et insensiblement cessa. L'ascète paraissait plongé dans la méditation.

Après un moment il se leva, se drappa plus étroitement dans son zen, et le *kangling* haut élevé dans la main gauche, le *damarou* battant un staccatto agressif, il se tint debout dans une attitude de défi, comme faisant face à un ennemi invisible.

— Moi, le *naldjorpa*, sans peur, s'écriat-il, je foule aux pieds le «moi», les démons et les dieux !

Puis à voix plus haute encore, il convia les saints lamas défunts, les *yidams* et les *khadomas* à se joindre à lui et il commença la danse rituelle. Chaque exclamation «je foule

148

aux pieds» était accompagnée par de véritables trépignements et les vociférations rituelles : *tsém chés tsém* qui allaient en s'enflant jusqu'à devenir assourdissantes.

Il arrangea de nouveau sa toge qui traînait sur le sol, mit de côté son *damarou* et sa trompette macabre et saisissant un piquet d'une main, une pierre de l'autre, il planta sa tente en psalmodiant.

Minuscule, faite de coton mince qui avait dû être blanc en des jours très anciens, cette tente paraissait grisâtre sous les rayons de la lune. Les syllabes *Aum — A — Houm*, découpées en étoffe bleue ornaient les trois côtés formant muraille et des volants aux cinq couleurs mystiques pendaient autour du toit. Le tout était fané, délavé et misérable.

Le squelettique célébrant paraissait inquiet. Ses regards allaient des morceaux du cadavre, épars devant lui, à l'horizon restreint où la lumière trompeuse de la lune transformait et dissolvait les formes, réduisant tout le paysage à une simple clarté blafarde.

Il hésitait visiblement et se passa deux ou trois fois la main sur le front en soupirant. A la fin, il sembla rassembler son courage. Saisissant nerveusement son *kangling*, il en tira une suite de sons bruyants qui s'accélérèrent de plus en plus, jetant aux quatre directions un appel exaspéré, puis il rentra dans sa tente.

Qu'allais-je faire ? La seconde partie du rite est accomplie sous la tente. Il ne me restais plus rien à voir ; je ne percevais qu'un murmure indistinct de psalmodie entrecoupé par ce qui semblait être des gémissements plaintifs... Mieux valait m'en aller.

Comme je me glissais avec précautions hors de ma cachette, j'entendis un grondement sourd et un animal passa rapidement devant moi. C'était un loup que je dérangeais. Le bruit fait par le *naldjorpa* l'avait tenu éloigné et, maintenant que le silence régnait de nouveau il s'était aventuré à s'approcher du festin disposé, là, pour ceux de son espèce.

Je commençais à redescendre sur le versant de la montagne lorsqu'une exclamation m'arrêta.

« Je paie mes dettes ! Repaissez-vous de moi, hurlait le *trapa*.

149

« Venez, démons affamés. Dans ce banquet, ma chair se transformera en l'objet quelconque de votre désir.

« Voici des champs fertiles, de vertes forêts, des jardins fleuris, des aliments purs ou sanglants, des vêtements, des médecins bienfaisants... Prenez, mangez[1] ! »

Le jeune exalté souffla furieusement dans son *kangling*, poussa un cri horrible et sauta sur ses pieds si brusquement que sa tête heurta le toit de la tente qui s'effondra sur lui.

Il s'agita pendant quelques instants sous la toile, puis en émergea avec la face grimaçante, effroyable d'un aliéné, hurlant convulsivement et gesticulant comme en proie à d'atroces douleurs.

Je comprenais, maintenant, ce qu'est *tcheud* pour ceux que son rituel hypnotise. Sans aucun doute ce malheureux sentait la morsure des goules qui le dévoraient vivant.

Il regardait de différents côtés et s'adressait à d'invisibles auditeurs comme s'il avait été entouré par des troupes d'êtres des autres mondes et contemplait d'épouvantables visions.

Le spectacle ne manquait pas d'intérêt, mais il m'était impossible de le regarder froidement. Ce pauvre fou se tuait avec ce sport macabre ; c'était là le secret de sa maladie et pourquoi il avait jugé mes remèdes inutiles pour son cas.

Je désirais vivement l'éveiller du cauchemar dans lequel il se débattait. Pourtant, j'hésitais, car je savais qu'intervenir était enfreindre la règle établie : ceux qui ont commencé cet entraînement doivent le poursuivre sans aide.

Comme je demeurais indécise, j'entendis le loup gronder de nouveau. Il s'était arrêté au-dessus de nous, au sommet d'un monticule, et de là, pétrifié dans l'attitude de la terreur, il regardait fixement vers la tente écroulée comme si, lui aussi, voyait des fantômes effrayants.

Je n'y pouvais tenir davantage. Je m'élançai vers lui, mais il ne m'eut pas sitôt aperçue qu'il m'appela avec des gestes véhéments.

— Viens, toi qui es affamé, criait-il, dévore ma chair, bois mon sang !...

1. Ce sont là les paroles liturgiques.

Il me prenait pour un démon !... Malgré la pitié que le malheureux m'inspirait, je fus sur le point d'éclater de rire.

— Calmez-vous, lui dis-je. Il n'y a pas de démons ici. Je suis la révérende dame-lama que vous connaissez.

Il ne parut pas m'entendre et persista à s'offrir à moi, en pâture.

Je pensai que, sous la clarté lunaire, le *zen* dans lequel j'étais enroulée me donnait, peut-être, vaguement l'air d'un fantôme.

M'en débarrassant, je le laissai tomber par terre et parlai doucement.

— Regardez-moi, reconnaissez-moi, maintenant...

Ce fut peine perdue. L'infortuné novice délirait. Il étendit les bras vers mon innocente toge qui gisait sur le sol et l'interpella comme un nouveau venu dans la troupe diabolique.

Pourquoi n'étais-je point partie sans intervenir ? Je n'avais réussi qu'à exalter un peu plus ce malheureux.

Tandis que je réfléchissais à ce que j'allais faire, le *trapa* qui marchait en chancelant trébucha sur l'un des piquets de la tente, tomba lourdement et demeura immobile comme s'il était évnoui. Je le surveillai pour voir s'il allait se relever, mais je n'osai plus m'en approcher de crainte de l'effrayer encore davantage. Après quelque temps il remua et je jugeai prudent de me retirer.

Je résolus alors d'informer le lama de ce qui se passait. Probablement son élève était coutumier de crises semblables et, très probablement aussi, Rabdjoms Gyatso ne l'ignorait pas, mais peut-être le garçon délirait-il cette nuit plus que l'ordinaire. Son maître pouvait envoyer l'autre *trapa* le chercher et lui épargner plusieurs heures de souffrance.

Je redescendis donc vers le *thang*. Pendant longtemps, tandis que je m'éloignais à grandes enjambées, je continuai à entendre, par intervalles, le son du *kangling* auquel, parfois, répondait le hurlement du loup. Puis le bruit décrût graduellement, s'éteignit enfin, et je me replongeai avec délice dans la paix silencieuse du désert.

La faible lumière d'une petite lampe d'autel, étoile minuscule dans un repli obscur de la montagne, indiquait la demeure du lama.

J'évitai la tente où son serviteur était probablement endormi et montai rapidement vers la caverne.

Rabdjoms Gyatso était assis en méditation. Sans bouger, il leva seulement les yeux lorsque je relevai le rideau et lui adressai la parole. En quelques mots, je lui dépeignis l'état dans lequel j'avais laissé son disciple.

Il sourit faiblement.

— Vous semblez connaître *tcheud,* Jétsunma[1]. En est-il vraiment ainsi ? demanda-t-il avec calme.

— Oui, dis-je. J'ai pratiqué le rite moi-même.

Il ne répondit pas.

J'attendis quelques instants, puis, comme le lama semblait avoir oublié ma présence, je tentai encore d'en appeler à sa pitié.

— Rimpotché[2], dis-je, je vous avertis sérieusement. Je possède quelques connaissances médicales, je sais que la terreur ressentie par votre disciple peut le rendre dangereusement malade ou même fou. Il paraissait vraiment se sentir dévoré vivant.

— Sans aucun doute, il l'est, répondit le lama, toujours avec la même placidité, mais il ne se doute pas qu'il se mange lui-même. Peut-être l'apprendra-t-il un jour...

Je m'apprêtais à répondre qu'avant de le savoir, le pauvre novice donnerait peut-être à d'autres l'occasion de célébrer *tcheud* devant son propre cadavre. Mais le lama sembla deviner ma pensée. Sans me laisser le temps de dire un mot, il reprit en élevant légèrement la voix :

— Vous paraissez insinuer que vous êtes familiarisée avec le « Sentier Direct »[3]. Votre guide spirituel ne vous a-t-il pas informé du danger que l'on y courait et n'avez-vous pas accepté ces trois risques : maladie, folie ou mort ?...

« Il est difficile, continua-t-il, de se libérer complètement de l'illusion, d'effacer le mirage du monde imaginaire et d'affranchir son esprit des croyances chimériques. La

---

1. Révérende dame. Terme très poli, employé en s'adressant à une femme occupant un haut rang dans l'ordre religieux lamaïste.
2. « Précieux », un terme très respectueux.
3. La Voie mystique.

connaissance correcte[1] est un précieux joyau et doit être payée un haut prix. Il existe bien des méthodes d'atteindre *tharpa*[2]. La vôtre peut être moins grossièrement brutale que celle qui convient à l'homme que vous prenez en pitié, mais je suis certain qu'elle est aussi âpre. Si elle est aisée, c'est qu'elle ne vaut rien.

« Maintenant, retournez à votre tente. Vous pourrez revenir me voir dans l'après-midi, si vous le désirez.

Il était inutile d'insister. Les idées exprimées par le lama sont courantes parmi les mystiques tibétains.

Je saluai silencieusement et regagnai mon camp.

L'après-midi suivante, je retournai voir Rabdjoms Gyatso et, durant les quelques jours que je demeurai encore à cet endroit, j'eus plusieurs conversations avec lui. Il était loin d'être un érudit, mais avait des vues profondes sur plus d'un sujet et je ne pus que me féliciter de l'avoir rencontré.

Il faut certainement se garder d'accorder trop de crédit aux nombreuses histoires effrayantes concernant *tcheud* qui sont relatées parmi les *naldjorpas*; pourtant la sensation d'être dévoré pendant la célébration du rite et le dépérissement des novices ne sont pas des faits extrêmement rares. J'ai connu deux ou trois cas de cette espèce, en dehors de celui que je viens de conter, et tout comme Rabdjoms Gyatso, les maîtres des pauvres apprentis *naldjorpas* refusaient de les rassurer en leur révélant la nature subjective de leurs sensations. D'ailleurs, comme je l'ai déjà mentionné, beaucoup de maîtres croient que ces dernières ne sont pas toujours entièrement subjectives.

Le plan dramatique de *tcheud* et son texte sont dits avoir été conçus par un certain lama Padma Rigdzin, chef de la secte du « Grand Achèvement » (Dzogstchén) qui vivait il y a environ deux cents ans.

En 1922, je me trouvais auprès de son sucesseur, ou plutôt, suivant la croyance tibétaine, auprès de ce même Padma Rigdzin, plusieurs fois mort et né à nouveau, qui

1. *Yangdag païʾ ltaba*, littéralement « vue juste ».
2. La délivrance suprême, l'illumination spirituelle.

occupait toujours le trône abbatial de Dzogstchén gompa.

Le site sauvage et désolé où se dresse le monastère, aux confins du désert septentrional, permet aisément de comprendre que l'imagination de ses moines se soit exercée sur des sujets lugubres.

L'aimable Padma Rigdzin qui fut mon hôte ne semblait pourtant pas enclin à la mélancolie. Dans son esprit, les préoccupations d'ordre commercial voisinaient avec des désirs enfantins. Il m'interrogea longuement sur l'Indo-Chine et sur la Birmanie, s'enquérant des produits que ces pays importaient et exportaient. Il tenait tout spécialement à savoir s'il pourrait en faire venir des paons qu'il désirait adjoindre à sa petite collection zoologique.

Cependant, loin des appartements somptueux où vivait le grand lama, des maisonnettes isolées abritaient des moines dont la face grave et les allures mystérieuses s'apparentaient mieux au paysage dans lequel ils se mouvaient.

Certains de ces logis, spécialement construits pour cet usage, étaient habités par des religieux observant la plus stricte réclusion et ne communiquant avec personne. Parmi eux, les uns visaient à obtenir des facultés psychiques supranormales ou des pouvoirs magiques, tandis que d'autres s'absorbaient en des contemplations mystiques qui, d'après les théories en honneur dans leur secte, devaient les conduire à l'illumination spirituelle.

Depuis très longtemps, le monastère de Dzogstchén est renommé comme centre d'enseignement des méthodes ésotériques d'entraînement psychique.

Ceux qui ont atteint le but de *tcheud* peuvent se passer de la mise en scène du rite. Celui-ci se réduit d'abord, pour eux, à une méditation silencieuse durant laquelle les différentes phases du drame sont évoquées mentalement. Bientôt, cet exercice devient inutile à son tour.

Cependant, le souvenir de leur noviciat ou d'autres raisons, connues d'eux seuls, inspirent parfois à certains *gomtchéns* le désir de se réunir pour célébrer *tcheud* ensemble ; mais, dans ce cas, cette célébration devient une sorte de fête dans laquelle le mystique se réjouit de sa libération spirituelle.

154

J'ai eu la rare chance de contempler quelques-uns de ces ascètes, Khampas de haute stature, pittoresquement vêtus de la mince jupe de coton des *réspas*[1], leur chevelure nattée tombant jusqu'à leurs pieds, dansant, sous le ciel étoilé, au sommet de notre globe, puis sombrant en d'interminables méditations quil les retenaient longtemps après l'aurore, assis les jambes croisées, le buste droit, les yeux baissés, dans une immobilité absolue, pareils à des statues de pierre.

Le spectacle était inoubliable.

Les mangeurs de « souffles vitaux ».

J'ai mentionné, au début de ce chapitre, la croyance en des démons chasseurs de « souffles vitaux ». Il en est beaucoup parlé au Tibet.

Tandis, croient les Tibétains, que certains de ces personnages diaboliques vivent en vagabonds, toujours à l'affût et ravissent eux-mêmes le « souffle » des vivants, il en est d'autres qui se sont fixés en certains endroits et qui se contentent de se faire apporter les souffles qui s'échappent des mourants. Certains individus, hommes ou femmes, se chargent de cette tâche, mais sans en avoir conscience, opérant dans un état de transe.

Se bornent-ils à ce rôle passif, n'extirpent-ils pas les « souffles » avant l'heure fatale ? Nul ne le sait, comme nul ne connaît avec certitude les « porteurs de souffles ». Eux-mêmes ignorent, en général, à quels actes ils se livrent avec leur « double » pendant leurs périodes de transe.

Un groupe célèbre de ces mangeurs de « souffles » — ou plutôt de mangeuses, car il s'agit ici de démons féminins — a élu domicile dans le monastère historique de Samyé au sud de Lhassa, près de la rive du Brahmapoutre.

J'ai visité leur antre après mon séjour à Lhassa. Le voyage est en lui-même plein d'intérêt et bien fait pour préparer l'esprit à écouter des récits fantastiques.

1. *Réspas,* ceux qui ont acquis le pouvoir de développer la chaleur interne dénommée *toumo*. Voir p.225.

Tout près de Lhassa, sur la rive gauche du Yésrou tsangpo (Brahmapoutre), l'on rencontre un Sahara en miniature dont les dunes blanches avancent de jour en jour, envahissant de plus en plus le pays. Malgré la chaîne de montagnes qui leur barre le chemin, les sables ont déjà gagné la vallée du Kyi tchou et leur fine poussière commence à s'accumuler le long des haies entourant Norbouling, le palais de campagne du dalaï-lama.

Au-delà du pittoresque monastère de Dordji-tag, l'on se trouve bientôt dans un véritable désert. D'abord, l'on aperçoit encore, de loin, serrées contre le pied des montagnes, quelques rares fermes dont les champs ont presque entièrement été recouverts par le sable, puis toutes traces d'habitations ou de cultures disparaissent. A perte de vue s'étendent les sables mamelonnés d'un blanc éblouissant. Le ciel très bleu, sans nuage, le soleil ardent, la réverbération aveuglante me donnaient presque l'impression de me retrouver au Djerid, mais si le paysage offrait quelque analogie avec le désert africain, le *goût* de l'air différait complètement. C'était toujours celui du haut Tibet avec la délicieuse légèreté que donnent trois mille mètres d'altitude.

De nombreuses légendes, les unes très anciennes, les autres presque récentes, se rapportent à cette région et en maints endroits y sont montrés des vestiges de faits miraculeux. Parmi ceux-ci, l'un des plus remarquables est un gigantesque roc debout, isolé dans le lit du fleuve. Il y a quelques siècles, ce colosse, dit-on, s'envola de l'Inde et, à travers les airs, se dirigea vers le Tibet. Quel était le but de son singulier voyage ? L'histoire ne le dit pas. Peut-être fut-il impressionné par la beauté calme de l'immense vallée, son fleuve bleu, son ciel d'azur et, saisi d'admiration, s'arrêta-t-il, reposant son énorme personne sur le sable. Quoi qu'il en soit, il termina sa course vagabonde et, depuis lors, une extase ininterrompue l'a retenu là, solitaire, son pied baigné par le courant.

J'arrivai à Samyé dans la soirée.

L'aspect du pays demeurait à peu près toujours le même, poignant et mystérieux comme celui d'un être près de sa dernière heure.

J'avais vu, dans le Gobi, ce désespoir muet peint sur la face des choses à la veille d'être englouties et le regard désespéré des fleurettes dont la corolle s'emplit de la poussière mortelle ; mais, autour de Samyé, de vagues influences occultes semblaient se mêler à l'action toute simple des forces naturelles et la tristesse inspirée par la paysage mélancolique se nuançait d'une sourde inquiétude, presque de terreur.

Samyé, oasis à demi investie, placidement abîmé dans les souvenirs de son brillant passé ou, peu-être, parvenu au détachement suprême, regarde monter autour de lui la marée fatale près de le submerger. Les hautes montagnes entourant le monastère sont déjà, presque jusqu'à leur cime, enveloppées dans un linceul de sable et, à sa porte même, des dunes naissantes, d'où émergent les têtes pitoyables d'une rangée d'arbres, occupent la place où, jadis, fut une avenue.

La gompa est ceinturée par un mur blanchi à la chaux surmonté par des quantités de *chörtens* en miniature — sans doute plusieurs milliers — placés à distance égale les uns des autres. Par-delà ceux-ci, pointent d'autres *chörtens* blancs ou verts et les toits dorés de quelques temples.

Le coup d'œil, au soleil couchant, était original et ravissant ; vaguement irréel. Perdu au milieu de ce pays mourant, le monastère évoquait l'idée de quelque cité magique, créée par un enchanteur.

De fait, Samyé fut bâti par un magicien et, d'après la légende, miraculeusement bâti.

Samyé est un des sites historiques les plus célèbres du Tibet. C'est là que vers le huitième siècle de notre ère a été érigé le premier monastère bouddhique du «Pays des Neiges»[1].

On lit dans les chroniques tibétaines que les démons du pays s'opposaient à la construction et démolissaient chaque nuit l'ouvrage fait par les maçons pendant la journée. Le fameux magicien Padmasambhâva, non seule-

1. Une tradition veut que des religieux bouddhistes venus de l'Inde aient fondé un monastère au Tibet vers l'an 11 de notre ère mais aucune preuve certaine ne la confirme

ment réussit à les empêcher de continuer leur œuvre de destruction, mais à faire d'eux ses serviteurs obéissants. Ils terminèrent eux-mêmes le monastère dans l'espace de quelques nuits.

Cette légende est peut-être la transformation fantaisiste d'un fait réel. Il suffit de voir dans les «démons» acharnés à empêcher l'érection du monastère, des sectateurs de l'ancienne religion du Tibet: les Bönpos contre qui Padmasambhâva a lutté pendant toute la durée de son séjour au Tibet et avec qui il a plutôt transigé qu'il ne les a vaincus.

Pendant longtemps, Samyé a été le siège de puissants lamas. La fondation de la secte des «bonnets jaunes», et la situation prédominante que les membres de celle-ci ont acquise en tant que clergé officiel, a graduellement diminué son importance. Cependant, d'autres lamaseries appartenant comme Samyé aux «bonnets rouges» ont mieux résisté devant leurs rivaux et la ruine complète du célèbre monastère de Padmasambhâva doit avoir d'autres causes encore. L'histoire explique celles-ci en partie, mais certains y voient, comme dans l'ensablement progressif de la région environnante, l'action de forces occultes. Quoi qu'il en puisse être, Samyé est aujourd'hui presque abandonné et le nombre des moines disséminés dans sa vaste enceinte n'excède guère une trentaine.

Beaucoup de maisons, jadis habitées par des religieux, sont maintenant occupées par des tenanciers laïques de la gompa et converties en fermes. Un plus grand nombre encore tombent en ruine ou sont réduites à des tas de décombres. Cependant, parmi cette désolation, quelques temples continuent à être bien entretenus.

Œuvre d'un magicien, Samyé est resté imprégné de l'esprit de son fondateur. L'endroit flaire la sorcellerie en ses moindres recoins et, dans l'ombre crépusculaire, les innocents animaux eux-mêmes rentrant à leurs étables, revêtent je ne sais quel air bizarre et narquois de créatures diaboliques déguisées.

De fait, le monastère abrite l'un des plus grands occultistes et oracles officiels du Tibet: le lama *Tcheukyong* dont le siège est le temple refermant l'*Ougs Khang*.

Ougs khang signifie : « Maison du souffle vital. » Les Tibétains dénomment ainsi un appartement où, croient-ils, est amené le souffle vital d'êtres venant de trépasser. Certains affirment que les « souffles » de tous les êtres qui meurent dans le monde arrivent à Samyé, tandis que de plus modestes restreignent cette fantastique procession aux « souffles » de ceux qui meurent dans la région, Lhassa y étant compris.

Une classe particulière de gens, connus pour effectuer cette besogne, se chargent de transporter les *ougs* depuis l'endroit où gît le corps qu'ils ont délaissé, jusqu'à Samyé.

Il faut comprendre que l'individu opère ce transport inconsciemment, pendant son sommeil, ou bien en état de transe, sans le secours de son corps matériel et sans quitter son logis. Il ne garde, non plus, aucun souvenir de ses voyages.

J'ajouterai, pour ceux de mes lecteurs qui pourraient être enclins à trop se moquer des Tibétains, qu'il existe de nos jours, et dans nos pays, des gens qui s'imaginent aussi voyager, certaines nuits, dans des pays lointains et qui, pourtant, de même que les porteurs de « souffles vitaux », ne conservent jamais le moindre souvenir des péripéties de ces excursions.

La communion la plus universelle n'est-elle pas celle de la superstition ?

Pourquoi les *ougs* sont apportés à Samyé est expliqué par le fait que des démons femelles dénommées *Singdongmos* (faces de lion) ont élu résidence à Samyé où elles occupent un appartement dans le temple habité par le lama-oracle et le dieu autochtone Pékar.

Cet appartement est toujours clos. Dans une de ses chambres, complètement vide, sont déposés un hachoir et un couteau rituel à lame recourbée. Munies de ces deux instruments, les *Singdongmos* hachent les « souffles ».

Hacher un « souffle » est, certes, un prodige de premier ordre, mais les Tibétains se font forts d'en prouver la réalité, à leur façon.

Hachoir et couperet demeurent une année dans le repaire des diablesses, après quoi ils en sont retirés et remplacés par des instruments neufs. Or, il est dit qu'à ce moment l'on peut constater que la lame du couteau est ébréchée et amincie et la planche entaillée et usée par l'emploi qui en a été fait.

L'*ougs khang* a donné naissance à quantité d'histoires bien propres à provoquer des cauchemars. Celles-ci dépeignent les luttes soutenues par les « souffles » emprisonnés et torturés dans l'*ougs khang* et narrent d'effroyables aventures d'évasion, au cours desquelles les « souffles » qui s'échappent courent affolés à travers le pays, poursuivis par les *Singdongmos* affamées.

Les habitants de Samyé racontent que, la nuit, l'on entend parfois dans l'*ougs khang* des gémissements, des rires, des cris, et le bruit que fait le couperet en frappant le hachoir. N'empêche qu'en dépit de ce voisinage démoniaque, les braves Tibétains, moines ou paysans, dorment très paisiblement dans ce bizarre monastère.

Pendant mon séjour à Samyé, je ne manquai pas de visiter en détail tout ce qu'il est possible de voir de l'*ougs khang*. Devant l'entrée de l'appartement se trouvaient des sacs en cuir figurant les enveloppes invisibles dans lesquelles les « souffles » sont apportés. La porte elle-même était fermée au moyen de plusieurs énormes cadenas et scellée avec le sceau du Dalaï-lama.

Cette porte doit être ouverte en principe une fois chaque année pour permettre au lama *Tcheukyong* de changer le hachoir et le couteau rituels. D'après ce qui m'a été déclaré par un des dignitaires ecclésiastiques du temple, cette règle n'est plus observée strictement et le changement des ustensiles à l'usage des *Singdongmos* s'effectue, maintenant, plus rarement.

Autrefois, aussi, il était loisible au *Tcheukyong* de se faire accompagner par un moine, lorsqu'il pénétrait dans le logis des démons. Cette latitude lui a été retirée à la suite d'un drame singulier.

Un jour, raconte-t-on, au moment où le lama *Tcheukyong*, après avoir renouvelé les objet rituels, se disposait à sortir de l'appartement des *Singdongmos* avec son intendant, ce dernier sentit que l'on saisissait son *zen* (toge) derrière lui comme pour le retenir. « *Kouchog! kouchog!*

cria-t-il, terrifié, en s'adressant au lama, quelqu'un tire mon *zen!* »

Les deux hommes se retournèrent ; ils virent la chambre vide. Continuant vers la porte, le lama en franchit le seuil et l'intendant allait le suivre, lorsqu'il tomba mort.

Depuis lors, le lama *Tcheukyong* est seul autorisé à braver les périls occultes de *l'ougs khang*. L'on suppose que l'initiation qu'il a reçue et les formules magiques dont il possède le secret le mettent à même de se garder d'eux.

Les possédés empoisonneurs.

Si les *Singdongmos* se complaisent à hacher des « souffles vitaux », certains de leurs frères de l'ordre des malfaisants se servent de « procédés » empoisonneurs inconscients pour se procurer des victimes.

D'innombrables histoires concernant ces empoisonneurs circulent par tout le Tibet et font trembler les voyageurs qui redoutent constamment de rencontrer l'un d'eux.

Cette étrange fonction de « gardien héréditaire de poison » échoit surtout à des femmes.

Quel poison ? Nul ne le sait exactement. Ce n'est aucun poison naturel, végétal ou minéral, mais peut-être une composition d'ingrédients rappelant celle des philtres du moyen âge. Ou, plus vraisemblablement, ce poison n'existe que dans l'imagination. La femme le conserve, dit-on, sous ses seins, dans un petit sachet, mais ce sachet, personne ne l'a jamais vu, même quand celle qui est supposée le porter est déshabillée. En fait, on assure qu'il est invisible et ce mystère ne fait qu'ajouter à la terreur qu'il inspire.

Lorsque le temps vient d'administrer le poison, celui ou celle qui en est le dépositaire ne peut pas se soustraire à cette obligation et agit en état de transe.

A défaut d'un passant qui s'offre à ce moment, le possédé doit verser le mauvais breuvage à un ami ou à un parent. On raconte, à voix basse, les cas terribles de mères qui ont empoisonné leur fils unique, de maris qui ont été obligés de tendre le bol de thé fatal à une femme bien-aimée, épousée la veille. Et si personne n'est à proximité de l'empoisonneur, ou si ceux à qui les aliments ou le breuvage sont proposés les refusent, le possédé est contraint d'absorber le poison lui-même.

J'ai vu un homme qui se disait être le héros d'une étrange histoire de poison.

Il était en voyage et, en cours de route, entra dans une ferme pour demander à boire.

La maîtresse de la maison lui prépara de la bière en versant de l'eau bouillante sur du grain fermenté placé dans un vase en bois[1]. Ensuite, elle monta à l'étage supérieur.

Demeuré seul, le voyageur remarqua avec étonnement que la bière bouillait à gros bouillons dans le vase de bois. Le fait de cette ébullition insolite dénote, d'après les Tibétains, la présence du poison.

Sur le feu, se trouvait le chaudron, rempli d'eau, où la femme avait puisé celle qu'elle avait versée sur le grain. Cette eau continuait de bouillir ; l'homme y plongea une grande louche de cuisine et en déversa le contenu sur la bière suspecte. Instantanément, il entendit le bruit d'une chute sur le plancher, au-dessus de sa tête. La femme qui l'avait servi était tombée morte.

Ce «poison» est une source perpétuelle d'inquiétude pour les voyageurs au Tibet. Combien de fois n'ai-je pas été chapitrée d'importance par d'excellentes gens qui m'avertissaient des dangers que je courais en acceptant l'hospitalité chez des inconnus, m'adjurant d'être prudente et d'examiner ce qu'on m'y servirait à manger ou à boire.

Certains affirment que les empoisonneurs recherchent de préférence pour victimes les membres de l'ordre religieux, la mort d'un saint lama leur étant comptée comme mérite par leur maître diabolique.

Il existe des bols faits d'un bois spécial qui passent pour être sensibles au «poison» et le révéler par l'ébullition spontanée du liquide qui y est versé. Ces bols sont, pour cette raison, vendus très cher.

1. C'est la manière des Tibétains habitant l'Himâlaya, qui consomment la bière chaude.

Quelquefois, une mère de famille est soupçonnée de détenir du «poison». Personne ne sait où elle le cache, personne n'essaie de le découvrir et de l'en débarrasser. Tous sont convaincus qu'il n'existe aucun remède, aucune défense contre ce genre de fatalité.

Ils épient les moindres gestes de la malheureuse femme, la tiennent à l'écart et, souvent, elle en vient elle-même à croire à l'existence de son «poison».

La mort du détenteur du poison ne met pas un terme au danger. Cet inépuisable poison se lègue et le légataire n'a point la possibilité de le refuser. Bon gré, mal gré, il en prend possession et il est obligé de devenir empoisonneur à son tour.

Je dois répéter, ici, que soit quand il administre le poison, soit quand il le lègue, le possédé est dit agir inconsciemment, comme un agent d'une volonté étrangère.

Le poignard enchanté

D'après les Tibétains, ce ne sont point les êtres animés seulement qui sont susceptibles d'être «possédés»; les objets insensibles aussi peuvent le devenir également.

On verra, dans un des chapitres suivants, les procédés par lesquels les magiciens croient pouvoir faire entrer volonté en eux. D'autre part, il est dit que certains objets ayant servi dans les rites magiques ne doivent être conservés dans les maisons laïques ou des moines non initiés, de crainte que les êtres dangereux qui ont été subjugués par leur moyen ne se vengent sur celui qui les possède, s'il ne connaît pas le moyen de se défendre.

Je dois à cette opinion populaire la possession de quelques pièces intéressantes. Plusieurs fois, des gens qui avaient hérité des objets de ce genre m'on instamment priée de les en débarrasser.

Un jour, l'aubaine me vint de façon assez singulière pour valoir la peine d'être rapportée. Au cours d'un voyage, je rencontrai une petite caravane de lamas et, causant avec eux, comme il est d'usage sur ces pistes où les voyageurs sont rares, j'appris qu'ils transportaient un *pourba* (poignard magique), qui était devenu une cause de calamité.

Cet instrument rituel avait appartenu au lama, leur chef, récemment décédé. Il avait commencé ses méfaits au monastère même : de trois religieux qui l'avaient touché, deux étaient morts et le troisième s'était cassé la jambe en tombant de cheval. La perche d'une des grandes bannières de bénédiction plantées dans la cour de la *gompa* s'était ensuite rompue, ce qui constituait un très mauvais présage. Effrayés, n'osant cependant détruire le *pourba,* de crainte de malheurs encore plus grands, les moines l'avaient enfermé dans une armoire, et alors des bruits s'étaient produits dans celle-ci. Finalement, ils avaient décidé d'aller déposer l'objet néfaste dans une petite caverne isolée, consacrée à une divinité, mais les pasteurs vivant sous des tentes, dans cette région, menaçaient de s'y opposer. Il rappelaient l'histoire d'un *pourba* qui — personne ne savait où ni à quelle époque — s'était, dans des conditions semblables, mis à se mouvoir, seul, à travers les airs, blessant et tuant quantité de gens et de bêtes.

Les malheureux porteurs du poignard magique, soigneusement enfermé dans une boîte et enveloppé dans des papiers sur lesquels des charmes étaient imprimés, paraissaient fort affligés. Leurs mines défaites m'empêchèrent de les railler. J'étais, aussi, curieuse de voir l'arme ensorcelée.

— Laissez-moi voir le *pourba,* dis-je, peut-être trouverai-je un moyen de vous aider.

Ils n'osaient point le retirer de sa boîte ; enfin, après de très longs pourparlers, ils me permirent de l'en sortir moi-même.

L'objet était fort ancien, fort intéressant ; seuls les très grands monastères possèdent des *pourbas* de ce genre. La convoitise s'éveillait en moi, je le voulais, mais je savais aussi que les lamas, pour rien au monde, ne l'auraient vendu. Il fallait réfléchir et trouver une idée.

— Campez avec nous ce soir, dis-je aux voyageurs, et laissez le *pourba* avec moi, j'aviserai...

Mes paroles ne leur promettaient rien, mais l'attrait d'un bon souper et d'un bavardage avec mes gens, qui les distrairaient de leurs soucis, les décidèrent.

La nuit venue, je m'éloignai du camp, portant ostensiblement le poignard, dont la présence hors de sa boîte et sans que je fusse là aurait terrorisé les crédules Tibétains.

Quand je me crus suffisamment loin, je plantai en terre l'instrument cause de tant de trouble et m'assis sur une couverture, songeant à ce que je pourrais dire aux lamas pour les persuader de me le céder.

J'étais là depuis quelques heures, lorsqu'il me sembla voir la forme d'un lama se dessiner près de l'endroit où j'avais planté le poignard magique. Je la vis s'avancer, se baisser avec précaution ; une main sortit lentement de dessous le *zen* dont le personnage, un peu indistinct dans la nuit, était enveloppé, et se tendit pour saisir le *pourba*. D'un bond, je fus debout, et plus prompte que le larron, je m'en emparai.

Ah ! ah ! Ce n'était pas moi seule qu'il tentait. Parmi ceux qui voulait s'en défaire, il se trouvait quelqu'un de moins naïf que ses compagnons qui en appréciait la valeur et souhaitait le vendre en cachette. Il me croyait endormie. Je devais, pensait-il, ne m'apercevoir de rien. Le lendemain, la disparition du poignard aurait été attribuée à une intervention occulte quelconque, et une nouvelle histoire en serait née. Il était vraiment dommage qu'un si beau plan n'eût pas réussi. Mais je la gardais, l'arme magique, je la gardais tellement serrée dans ma main fermée que mes nerfs, excités par l'aventure et provoqués par la pression de ma chair sur les aspérités du manche de cuivre ouvré, me donnaient l'impression de la sentir remuer faiblement... Et maintenant, le voleur ?... Autour de moi, la plaine enténébrée était déserte. Le malandrin, pensai-je, a dû se sauver tandis que je me baissais pour arracher le poignard du sol.

Je courus jusqu'au camp. C'était simple, celui qui manquerait ou viendrait derrière moi serait le coquin. Je trouvai tout le monde veillant et récitant des textes religieux pour se protéger contre les puissances malveillantes. J'appelai Yongden dans ma tente.

— Lequel d'entre eux s'est absenté ? lui demandai-je.

— Pas un, répondit-il, ils sont à demi morts de frayeur, j'ai dû me fâcher parce qu'ils ne s'écartaient pas assez loin des tentes pour faire certaines choses...

Bon ! j'avais eu la berlue, mais celle-ci me servirait peut-être.

— Écoutez, dis-je aux hommes, voici ce qui vient de se passer...

Franchement, je leur fis le récit de l'illusion que j'avais eue et des doutes qu'elle m'avait inspirés au sujet de leur probité.

— C'est notre grand lama, sans aucun doute, c'est lui, s'écrièrent-ils. Il voulait reprendre son poignard et peut-être vous aurait-il tuée s'il avait pu le saisir. Oh! Jétsunma, vous êtes bien vraie *gomptchénma*, bien que certains vous appellent une *philing* (étrangère). Notre *tsawaïlama* (père et chef spirituel) était un puissant magicien et pourtant il n'a pu vous reprendre son *pourba*. Gardez-le maintenant, gardez-le, il ne fera plus de mal à personne.

Il parlaient tous ensemble avec excitation, à la fois terrifiés en pensant que leur lama-magicien, bien plus redoutable depuis qu'il appartenait à un autre monde, était passé si près d'eux et ravis d'être débarrassés du poignard enchanté.

Je partageai leur joie, pour une raison différente : le *pourba* était mien. Cependant, l'honnêteté me défendait de prendre avantage de leur désarroi mental pour leur enlever.

— Réfléchissez, leur dis-je, peut-être une ombre a-t-elle causé mon illusion... je puis m'être endormie assise et avoir rêvé.

Ils ne voulurent rien entendre. Le lama était venu, je l'avais vu, il n'avait pas réussi à saisir le *pourba*, j'en devenais, de par mon pouvoir supérieur, la légitime propriétaire... J'avoue que je me laissai aisément convaincre.

Le cadavre miraculeux

Une certaine classe, assez nombreuse, de mystiques tibétains se complaît dans les rêveries et les pratiques macabres ou les cadavres jouent un grand rôle. Le vulgaire sorcier ne voit en ces rites qu'un moyen d'acquérir des pouvoirs magiques, mais d'autres, plus éclairés, y découvrent soit un enseignement ésotérique donné sous la forme de symboles et de paraboles, soit une sorte d'entraînement spirituel particulier. Il n'y a, du reste, aucun doute que l'imagination entre pour une beaucoup plus grande part que la réalité dans toutes les histoires racontées sur ce sujet.

Pour trouver un sens à ces dernières, il faut les examiner à la lumière des doctrines du tantrisme hindou et de celle des Bönpos. C'est là une étude trop spéciale et qui exige trop de place pour pouvoir être abordée dans un ouvrage tel que celui-ci. Je signalerai, pourtant, à cause de leur étrangeté, quelques faits qui m'ont été relatés.

Le suivant est de date récente. Il me fut narré à Tchérkou en 1922, peu d'années après la mort du héros de l'histoire, par un homme qui l'avait connu personnellement.

Le lama dont il s'agit était abbé de Miniagpar Ihakang, non loin de Tatchienlou; on lui donnait habituellement le nom de Tchogs tsang. Il est l'auteur d'un certain nombre de prophéties concernant les événements qui se préparent pour le Tibet, la Chine et le monde en général.

Tchogs tsang se montrait excentrique et surtout grand buveur. Il vécut longtemps auprès du chef tibétain du territoire de Tatchienlou qui porte le titre de *gyalpo* (roi).

Un jour, tout en conversant familièrement et en buvant de l'eau-de-vie avec ce dernier, le lama demanda pour femme la sœur de l'écuyer du prince. L'écuyer, qui était présent, refusa de la lui donner. Tchogs tsang entra alors dans une colère épouvantable, brisa en la jetant violemment à terre la tasse de jade contenant sa boisson et maudit l'écuyer, déclarant que pour expier son refus, il mourrait dans deux jours.

Le roi demeura incrédule. Son écuyer était jeune et en bonne santé, disait-il, rien ne présageait sa mort. « Il en sera comme je l'ai dit », affirma le lama. Et, en effet, deux jours après, l'homme trépassait.

Effrayés, le roi et les parents de la fille offrirent aussitôt celle-ci à l'irascible lama qui la refusa.

— Elle pouvait, répondit-il, m'être utile pour atteindre un but intéressant un grand nombre d'êtres. Cette raison n'existe plus et je n'ai que faire d'une femme.

Cette histoire se rapproche beaucoup de celle de

1. Voir p. 44.

Dougspa Kunlégs que j'ai rapportée dans le premier chapitre[1]. C'est un thème fréquent au Tibet.

Or donc, un soir, le lama Tchogs tsang appela soudainement son domestique. «Selle deux chevaux, lui dit-il, nous partons.»

L'homme fait remarquer à son maître que la nuit tombe et qu'il ferait mieux d'attendre au lendemain pour partir en voyage, mais ce dernier l'interrompt.

— Ne réplique pas et viens, commande-t-il.

Tous deux partent, chevauchent dans les ténèbres et arrivent dans le voisinage d'une rivière. Il mettent pied à terre et s'avancent vers la rive.

Bien que la nuit soit noire, un point sur l'eau semble éclairé par les rayons du soleil et, dans cette zone lumineuse, flotte un cadavre qui *remonte* le courant. Après quelques instants, il arrive à portée de Tchogs tsang et de son compagnon.

— Tire ton couteau, taille un morceau de chair et mange, ordonne laconiquement le lama.

Puis il ajoute :

— J'ai dans l'Inde un ami qui, chaque année, à cette date, m'envoie un repas.

Et sur ce, il commence à manger la chair du mort.

Le domestique, épouvanté, détache un morceau de chair, mais, n'osant le porter à sa bouche, il le cache dans son *ambag* (la poche formée sur la poitrine par la large robe tibétaine serrée avec une ceinture).

Tous deux repartent et rentrent au monastère au lever du jour. Alors le lama dit à son serviteur :

— Je voulais te faire partager la faveur et les fruits excellents de ce repas mystique, mais tu n'en es pas digne. C'est pourquoi tu n'as pas osé manger le morceau que tu as coupé et l'as caché sous ta robe.

Le domestique alors regretta d'avoir manqué de courage et porta la main à son *ambag* pour y prendre sa portion et la manger, mais le morceau de chair avait disparu.

Je rapprocherai de cette histoire, évidemment fantaisiste, des détails qui m'ont été donnés avec circonspection, par certains anachorètes de la secte Dzogstchén.

«Il existe, me disaient-ils, des êtres qui, ayant atteint un très haut degré de perfection spirituelle, ont transmué la substance de leur corps en une autre   nature plus subtile et possédant des qualités très différentes de la chair grossière. La plupart de nous, cependant, sont incapables de discerner le changement qui s'est opéré. Consommer une bouchée de cette chair transformée, produit l'extase et la communication de connaissances et de pouvoirs supranormaux.»

L'un d'eux ajoutait : «Il arrive que l'un de ces êtres merveilleux soit remarqué. Alors, parfois, ceux qui l'ont découvert lui demandent de les faire informer lorsqu'il sera mort, afin qu'ils puissent manger un morceau de sa chair précieuse.»

Qui sait si les aspirants à cette communion réaliste ont toujours la patience nécessaire pour attendre la mort naturelle de celui qui doit en fournir la matière et si leur fervent désir de progrès spirituel ne les pousse pas à en hâter le moment ? L'un de ceux qui me renseignait semblait presque l'affirmer, avec cette atténuation que la victime consentait volontiers au sacrifice.

Le mort qui danse

Un autre rite macabre dont parlent les sorciers *ngagspas* est désigné sous le nom de *ro-lang* (le cadavre qui se lève). Il était, disent les anciennes chroniques, couramment pratiqué par les prêtres Bönpos, au cours des funérailles, avant l'introduction du bouddhisme au Tibet.

Toutefois, le mouvement bref que le mort effectuait alors ne peut être comparé à ce qui se passe durant certains tête-à-tête d'une horreur grotesque, dépeints par les occultistes tibétains. Ces pratiques, faut-il le dire, sont entièrement étrangères au bouddhisme et même au lamaïsme officiel.

Il existe différentes sortes de *ro-langs* qu'il ne faut point confondre avec le rite de «résurrection» qui fait passer l'esprit d'un autre être dans un mort et le «ressuscite» en apparence, bien que, véritablement, ce ne soit plus lui qui anime son ancien corps.

L'un des *ro-langs* lugubres m'a été décrit comme suit

par un *ngagspa* qui affirmait l'avoir pratiqué.

Le célébrant du rite est enfermé, seul avec un cadavre, dans une chambre obscure. Il doit ranimer le mort en s'étendant sur lui, posant sa bouche sur la sienne et répétant continuellement une même formule magique, sans se laisser distraire par aucune autre pensée.

Au bout de quelques instants, le cadavre commence à se mouvoir. Il se lève et veut s'échapper. Le sorcier doit, alors. le saisir fortement entre ses bras et demeurer collé contre lui. Le mort s'agite de plus en plus, il saute, faisant des bonds prodigieux, et l'homme qui l'étreint saute avec lui sans détacher sa bouche de la sienne. A la fin, la langue du cadavre pointe au-dehors. C'est le moment critique. Avec ses dents, le sorcier doit la saisir et l'arracher. Aussitôt le cadavre retombe inerte et sa langue, soigneusement desséchée et conservée par le sorcier, devient une puissante arme magique.

Le *ngagspa* dépeignait d'une façon extrêmement vivante l'éveil progressif du cadavre, le premier regard s'allumant dans ses yeux vitreux et ses tressaillements se changeant graduellement en mouvements plus vifs, jusqu'à ce que le sorcier fût devenu incapable de le maîtriser et dût faire usage de toute sa force pour demeurer attaché à lui. Il décrivait la sensation ressentie lorsque la langue du cadavre avait émergé de sa bouche, touchant ses lèvres à lui, et qu'il avait compris que le moment terrible était arrivé où il devait vaincre sous peine d'être tué par le mort.

Cette lutte fantastique n'avait-elle pas été purement subjective ? N'était-ce pas l'effet d'une de ces visions auxquelles les mystiques tibétains sont très sujets et qu'ils cultivent aussi de propos délibéré ? Je doutais et je demandai à voir «la langue». Véritablement, le sorcier m'exhiba une chose noirâtre et racornie qui avait pu être une langue, mais cela ne suffisait pas pour m'éclairer de façon définitive sur l'origine de cette hideuse relique.

Quoi qu'il en puisse être, nombre de Tibétains croient que la pratique de *ro-lang* est parfaitement réelle.

170

Je m'improvise sorcier et terrifie un voleur « esprit fort ».

La sorcellerie tibétaine comporte, heureusement, des manifestations d'un genre moins repoussant. Je me suis plus d'une fois trouvée obligée d'en user, soit pour complaire à des hôtes aimables, soit dans mon propre intérêt. Je raconterai un de ces cas dont le souvenir m'amuse encore aujourd'hui.

Il remonte à l'époque où, après avoir été arrêtée près de Chobando et empêchée de continuer ma route vers la Salouen, je m'en retournais vers le Turkestan chinois, en traversant toute l'étendue du désert d'herbe, du sud au nord.

Ma petite caravane comprenait six personnes : Yongden, trois domestiques — Tséring, Yéché Ouandu, Seunam — plus un soldat chinois musulman qui retournait dans son pays avec sa femme tibétaine et leur petit garçon, que je ne compte pas dans le nombre.

Un jour, Yongden, la femme et moi, nous nous étions attardés loin en arrière, cueillant des plantes ; le soleil allait se coucher, il fallait rejoindre les autres et camper. Tous les trois nous remontons à cheval et poursuivons notre route lentement, jouissant de la soirée paisible. Nous venions de nous engager dans une gorge lorsque, tout à coup, à ma gauche, dans une sorte de ravin, je distingue trois hommes, le fusil en bandoulière, qui disparaissent silencieusement derrière un repli de terrain.

Je n'ai pas besoin de me livrer à de grandes réflexions pour savoir à quoi m'en tenir sur leur compte. Aucun Tibétain, dans cette région, ne laisse passer un voyageur sans le saluer par l'exclamation polie : *Ogyé! Ogyé!*[1] et lui poser quelques questions touchant le pays d'où il vient et celui où il va. Ces individus silencieux, se cachant près du bord de la piste, guettaient l'occasion d'un coup à faire.

Sans paraître leur prêter la moindre attention, je continue mon chemin, vérifiant seulement si le revolver caché sous ma large robe est bien à portée de ma main ; puis,

1. *Ogyé* : « vous avez pris de la peine. »

171

retenant un peu mon cheval pour laisser la femme s'approcher, je murmure :

— Les avez-vous vus ?

— Oui, ce sont des brigands, répond-elle à voix basse, sans s'émouvoir, en vraie fille du Tibet, qu'une telle rencontre n'étonne pas.

Je feins de m'intéresser à une plante qui croît sur une roche et j'appelle Yongden comme pour la lui montrer. Je le questionne :

— Avez-vous vu les hommes à votre gauche ?

— Non.

— Trois hommes armés, probablement des voleurs, la femme les a vus. Ayez votre revolver prêt. Nous continuerons au pas jusqu'au tournant du sentier, là-bas, et une fois hors de vue nous trotterons bon train. Il faut rejoindre les autres en hâte. Qui sait si ces trois ne font pas partie d'une bande qui rôde par ici ?

Comme je parle cette fois en anglais, je n'ai pas à prendre de précautions ; les Tibétains ne peuvent me comprendre.

Nous avons de bonnes bêtes et avançons rapidement. Eh !... que se passe-t-il ?... Au loin, devant nous, on a tiré un coup de feu. Nous nous hâtons. Le camp apparaît, planté dans les hautes herbes, au bord d'une rivière. Tout y a l'air tranquille.

Ma première question, avant même d'être descendue de cheval, est :

— Avez-vous vu trois hommes sur votre route ?

Non, personne n'a rien remarqué.

— D'où venait cette détonation que j'ai entendue ?

Mes gens prennent un air embarrassé :

— C'est moi qui ai tué un lièvre, avoue le soldat. Nous n'avons plus de viande. Ma femme se sent faible...

Je coupe court d'un geste à l'explication. J'interdis strictement la chasse à mes hommes, mais le soldat n'est pas mon domestique... Je passe à un autre sujet.

— Nous avons vu trois hommes, dis-je, des voleurs à n'en pas douter. Il faut prendre des précautions spéciales cette nuit. Peut-être ces trois bandits ont-ils des compagnons dans les environs...

172

— Oh! en voilà deux ! s'exclame Tséring, en désignant deux individus debout sur la crête de la montagne qui domine notre camp.

Je les examine à l'aide de mes jumelles. Ce sont bien les gens que j'ai entrevus près du chemin. Où est le troisième ? Est-il allé quérir d'autres malandrins de son espèce ? Les hommes nous considèrent du haut de leur observatoire.

— Ne nous occupons pas d'eux, dis-je, nous discuterons un plan en buvant notre thé. Placez seulement les armes en évidence, mais sans paraître les étaler à dessein. Faisons-leur comprendre que, s'ils nous attaquent, nous avons de quoi leur répondre.

Le thé est prêt ; l'un des garçons plonge une louche dans le chaudron, asperge l'espace aux six points cardinaux[1] en criant : « Buvez ! ô dieux ! » Puis nos bols de bois sont remplis et, assis autour du brasier, nous discutons les mesures à prendre.

Lever le camp, nous transporter ailleurs, ne servirait à rien. Il n'existe aucun endroit où nous puissions nous réfugier, dans ces immensités vides. Si une bande nous suit, elle nous retrouvera demain ou le jour suivant, ou la semaine prochaine. Au pas lent des yaks chargés de bagages, il faut un mois pour atteindre le pays chinois et les premiers villages.

Les domestiques proposent de battre les alentours pour s'assurer que d'autres voleurs ne sont pas à proximité. Leur idée me paraît mauvaise. Les brigands pourraient profiter de leur absence pour piller le camp. Le soldat a trouvé mieux :

— Restons ici, tous ensemble, jusqu'à la nuit, dit-il, puis, quand l'obscurité empêchera les voleurs d'observer nos mouvements, deux des garçons et moi irons nous poster séparément dans les buissons, hors du camp, et l'autre homme restera à veiller près des tentes. Pendant toute la nuit, il frappera de temps en temps sur quelque chose, comme le font les veilleurs chinois. Les brigands, s'ils arrivent, croiront que nous dormons sous sa garde. Celui des

1. Les Tibétains y comprennent le zénith et le nadir.

guetteurs près de qui ils auront passé tirera dans leur dos avant qu'ils aient atteint le camp. Les deux autres accourront pour les surprendre d'un autre côté, tandis que vous trois, au camp, les attaquerez de face. Pris à l'improviste entre plusieurs feux, leur plan ayant échoué, à moins qu'ils ne soient nombreux, ils s'enfuiront probablement.

Le stratagème me parut le meilleur que pussent employer des gens dans notre situation. J'y donnai mon consentement. Nous attachâmes ensuite les animaux aussi solidement que possible, car, souvent, lorsqu'ils ne se trouvent pas en nombre suffisant et craignent d'attaquer ouvertement une caravane, les pillards tibétains tirent des salves dans la nuit pour effrayer les bêtes. Si celles-ci peuvent s'échapper, ils les pourchassent et il est rare qu'ils ne parviennent pas à en capturer quelques-unes, qu'ils emmènent rapidement et vendent au loin.

Yongden insista aussi pour construire une barricade avec les sacs et les caisses contenant nos provisions de route. Elle devait nous servir d'abri pour tirer sur nos adversaires; mais il me parut que, tout bon lettré qu'il pût être dans son pays, les connaissances de mon fils adoptif ne s'étendaient point aux choses de la guerre. De la façon dont elle était construite et placée, c'était plutôt nous qui protégions la barricade avec nos corps, au lieu qu'elle nous rendît ce service.

J'ai rarement passé une nuit aussi délicieuse que celle-là, quand nous attendions à chaque instant l'irruption des voleurs dans notre petit camp. Mais ce n'était point la perspective de cette attaque qui donnait du charme à ma veille.

Assis à l'entrée de sa tente, un bol de thé à portée de sa main, Tséring chantait, marquant la cadence par des coups de baguette appliqués sur un chaudron en bronze[1]. Il répétait des rapsodies, sans doute millénaires, du pays de Kham, célébrant les forêts, les monts aux têtes neigeuses et les exploits des héros nationaux. Brigands étaient ces preux, comme ceux dont la proximité nous forçait à veiller,

1. Ces chaudrons sont fabriqués dans l'est du Tibet et vendus dans tout le pays.

comme le chanteur lui-même qui, je le savais, avait participé à plus d'une chaude affaire, comme ils le sont tous sur cette terre de braves primitifs où la vaillance s'en tient encore à la guerre archaïque contre les caravanes.

Tséring chantait bien, d'une voix à la fois mâle et douce, où les sonorités héroïques s'alliaient à des accents mystiques. Les chansons évoquaient aussi des figures de déesses et de saints lamas, et certains couplets s'achevaient en aspirations ardentes vers l'éveil spirituel qui met un terme à la souffrance et à la crainte : *Douk méd, djigs méd Sangyais thob par chog*[2] !

Le vulgaire chaudron, lui-même, s'était mis à l'unisson de cette poésie, son métal vibrait avec des sonorités moelleuses de cloche.

Mon serviteur était infatigable, il continua jusqu'à l'aube son ensorcelant récital. Les sentinelles revinrent engourdies et se précipitèrent pour ranimer le feu et faire du thé frais. Tséring s'était tu ; le chaudron harmonieux, rendu à son rôle utilitaire, reposait, plein d'eau, parmi les flammes. Yongden dormait profondément, sa barricade lui servant d'oreiller.

Les voleurs ne nous avaient pas attaqués, mais ils étaient demeurés dans notre voisinage. Comme nous finissions de déjeuner, nous les vîmes paraître tous les trois, chacun conduisant un cheval par la bride. Mes garçons se levèrent d'un bond et coururent à eux.

— Qui êtes-vous ?... Nous vous avons vu hier. Que faites-vous par ici ?

— Nous sommes des chasseurs, répondit l'un des hommes.

— Vraiment ! Cela tombe bien ! Nous manquons de viande. Vous allez nous vendre quelque chose de votre chasse...

Cette demande embarrassa les prétendus chasseurs.

— Nous n'avons encore rien tué, déclarèrent-ils.

2. Puissé-je obtenir l'état de bouddha qui est exempt de souffrance et de crainte.

Mes domestiques savaient à quoi s'en tenir.

— Savez-vous, dit Tséring aux trois hommes, qui est la révérende dame-lama qui voyage avec une si belle tente et porte une *teuga*[1] en drap d'or ?

— Serait-elle la *Jétsune Kouchog* qui vivait à Jakyendo ?... Nous avons entendu parler d'elle.

— Oui, c'est elle-même. Vous comprenez bien qu'elle ne craint pas les brigands. Celui qui lui déroberait n'importe quoi serait découvert immédiatement. Il lui suffit de regarder dans un bol d'eau, et, tout de suite, elle y voit l'image du voleur, celle de la chose volée et l'endroit où l'un et l'autre se trouvent.

— C'est donc bien vrai. Tous les *dokpas* racontent que les *philings* ont ce pouvoir.

Tséring connaissait cette fable et s'en était adroitement servi pour effrayer les voleurs et les dissuader d'aller chercher leurs amis pour nous attaquer les jours suivants.

Une dizaine de jours plus tard, nous choisissions, pour y passer la nuit, un endroit abrité faisant face à un camp de nomades. Je me couchai avant qu'il fît tout à fait nuit, et, de ma tente, j'entendis venir de nombreux visiteurs. Ils apportaient du lait et du beurre comme présents et désiraient me voir. Yongden leur déclara que la dame-lama était occupée à ses dévotions privées, qu'il était impossible de la déranger, mais qu'elle recevrait tout le monde le lendemain matin. Il y eut des chuchotements, un des domestiques appela les *dokpas* pour servir du thé. Ils s'éloignèrent et je n'entendis plus rien de ce qui se disait.

Le lendemain, de très grand matin, Yongden demandait la permission d'entrer dans ma tente.

— Je dois, me dit-il, vous expliquer, avant que les *dokpas* ne reviennent, ce qu'ils voulaient vous demander hier soir.

« Ils prétendent qu'on leur a volé des chevaux. Les voleurs leur sont inconnus et ils désirent que vous regardiez dans un bol d'eau et leur décriviez les malfaiteurs, ainsi que l'endroit où ils ont emmené les bêtes.

---

1. *Teuga*, corsage sans manches faisant partie du costume monastique lamaïque.

176

— Que leur avez-vous dit ? demandai-je.

— Voici, répondit le lama. J'ai pensé qu'ils vous tendaient peut-être un piège. Ils peuvent ne pas être tout à fait convaincus que ce que l'on raconte au sujet des pouvoirs merveilleux des étrangers soit vrai. Peut-être n'ont-ils pas été volés et désirent-ils, au contraire, s'assurer s'ils pourraient nous piller impunément. Dans ce cas, si vous leur dites que vous voyez leur chevaux et ceux qui les leur ont dérobés, ils concluront que vous vous êtes laissée duper par eux, qu'en réalité vous ne pouvez rien voir du tout dans l'eau et qu'ils n'ont rien à craindre de vous.

« Alors, continua-t-il, je leur ai affirmé que vous êtes, en effet, capable de découvrir ce qu'ils souhaitent, mais qu'il ne suffit pas, pour accomplir ce rite, d'eau fraîchement puisée à la rivière. Il est indispensable que vous la prépariez par des dérémonies durant trois jours. J'ai ajouté qu'il est douteux que vous puissiez vous arrêter trois jours ici. Ils ont tout de suite admis la nécessité des cérémonies. Ensuite, sachant que l'idée de mettre un voleur à mort, de sang-froid, leur répugne, j'ai ajouté que dès que vous aurez découvert les malfaiteurs, vous devrez les conduire devant le juge chinois pour être exécutés. Rien ne peut s'y opposer. Le *To-ouo*[1], par la puissance de qui s'opère cette divination, les réclame comme victimes et, s'ils n'étaient point mis à mort, le *To-ouo* se vengerait sur les volés qui ont demandé son concours. Ils paraissaient terrifiés en m'écoutant et m'ont dit qu'ils préféraient chercher leurs chevaux eux-mêmes, à leur façon, et infliger une amende à ceux qui les détiennent. Mais ils vont revenir et j'ai tenu à vous informer de tout ce qui a été dit.

Les *dokpas* arrivèrent avec de nouveaux présents ; je distribuai quelques médicaments bénins à des malades et l'affaire des chevaux revint sur le tapis. Je confirmai les déclarations de mon fils adoptif, ce qui décida les pasteurs à renoncer définitivement à ma trop tragique divination.

Tséring avait voyagé jusqu'à Tatchienlou et servi des

---

1. *To-ouo*, « courroucé ». Nom d'une catégorie de divinités terribles.

Européens. A leur contact, il était devenu une sorte d'esprit fort et se plaisait à faire parade de son scepticisme devant ses naïfs compagnons. Pendant plusieurs jours, la crédulité des pauvres *dokpas* et la facilité avec laquelle ces nigauds s'étaient laissé duper fit le sujet de ses plaisanteries.

Peu après, je revis avec joie les rives du grand lac Bleu, le très saint Koukou-Nor, objet de la vénération de millions de Mongols et de Tibétains, dont j'avais fait le tour quelques années auparavant.

Un jour revenant du lac où je m'étais baignée, je remarquai Tséring qui sortait précipitamment de la tente de Yongden et paraissait cacher quelque chose dans la poche de sa robe. Il ne me vit pas arriver derrière lui et se dirigea vers la cuisine. Le même soir, le jeune lama me confiait qu'ayant été subitement appelé pour une autre besogne, tandis qu'il comptait de l'argent, il avait oublié sa bourse dans sa tente et que, lorsqu'il l'avait reprise, il y manquait trois roupies.

« Bon, dis-je en moi-même, je connais le voleur. » J'exhortai le jeune homme à être plus soigneux et je ne parlai de l'incident à personne.

Trois jours plus tard, je disposai des brins d'herbe et du riz sur ma table, j'allumai des bâtons d'encens et plaçai un bol d'eau au milieu du tout.

J'attendis l'heure où les garçons étaient couchés, certaine qu'à ce moment, chacun d'eux avait déposé sa bourse sous l'objet quelconque lui servant, ce soir-là, d'oreiller.

Je fis résonner le petit tambourin et la clochette dont les lamas se servent durant les cérémonies religieuses, puis j'appelai Tséring. Quand il fut devant moi, je soufflai sur l'eau, l'agitai légèrement avec une brindille et prononçai avec une voix d'oracle :

— Tséring, trois roupies ont disparu de la bourse du lama Yongden, je les ai vues sous votre tête lorsque vous étiez couché, allez les chercher.

L'esprit fort s'effondra et ne put trouver un mot. Devenu blême, il se prosterna trois fois à mes pieds, alla jusqu'à sa tente, y prit l'argent volé et me l'apporta.

— Noble révérende, me demanda-t-il en tremblant, est-ce que le *To-ouo* me fera mourir ?

— Non, répondis-je magnanimement, je m'entremettrai pour qu'il vous épargne.

Il se prosterna encore et se retira.

Alors, seule dans ma petite tente ouverte sur le désert silencieux, je repris le tambourin et la clochette des rites lamaïstes, et conduite par leur antique chanson, je méditai sur la puissance des croyances ancestrales dans l'esprit humain et le côté profond de la comédie que je venais de jouer.

CHAPITRE V

Disciples d'antan et leurs émules contemporains.

Les péripéties de l'admission d'un disciple par un maître mystique, les premières années de son noviciat, les épreuves qu'il subit et les circonstances dans lesquelles se produit son illumination spirituelle constituent, généralement, la matière d'un curieux roman.

Des centaines de ces merveilleuses aventures, anciennes ou récentes, rapportées par la tradition, inscrites dans les biographies des lamas célèbres, ou racontées par des témoins vivants, circulent par le Tibet. Traduite en une langue étrangère, lue en des pays de mœurs, de pensée et d'aspect physique si différents de ceux du Tibet, le charme de cette bizarre «légende dorée» lamaïste s'évapore. Mais narrée, avec la pathétique expression d'un conteur croyant, dans le clair-obscur d'une cellule monacale ou sous la voûte de roc d'une caverne-ermitage, l'âme tibétaine s'en dégage dans son originalité fruste et puissante, assoiffée d'au-delà.

Je relaterai, en premier lieu, l'histoire toute légendaire et symbolique, de la façon dont Tilopa le Bengali fut initié à la doctrine qui, après lui, a été importée au Tibet et s'y est transmise, de maître à disciple, dans la secte des Khagyud-pas dont il est l'ancêtre spirituel.

Je le note en passant, c'est dans un monastère de cette secte que le lama Yongden, mon collaborateur et fils adoptif, a commencé son noviciat à l'âge de huit ans.

Tilopa est assis, étudiant un traité philosophique, lors-qu'une vieille pauvresse apparaît derrière lui, lit ou fait semblant de lire quelques lignes par-dessus son épaule et lui demanda brusquement : « Comprends-tu ce que tu lis ? » Tilopa est indigné. Comment une vulgaire mendiante ose-t-elle lui poser une question aussi impertinente ? Mais la femme ne lui permet pas d'exprimer ses sentiments, elle crache tout droit sur le livre.

Le lecteur se lève d'un bond. Que pense cette diablesse qui se permet de cracher sur les saintes Écritures ?

Comme réponse à ses véhéments reproches, la vieille crache une seconde fois, prononce un mot que Tilopa ne comprend pas et disparaît.

Par un singulier effet, ce mot qui n'a été, pour Tilopa, qu'un son indistinct, a soudainement calmé sa colère. Une sensation pénible l'envahit, des doutes sur son savoir sur-gissent dans son esprit. Après tout, peut-être n'a-t-il pas compris la doctrine exposée dans ce traité... ni celle-là, ni aucune autre, et n'est-il qu'un stupide ignorant...

Et qu'a dit cette femme étrange ? Quelle parole a-t-elle prononcée qu'il n'a pas pu saisir ? Il veut le savoir. Il faut qu'il le sache.

Tilopa partit à la recherche de la vieille inconnue. Après de nombreuses courses longues et fatigantes, il la rencon-tra, une nuit, dans un bois solitaire (d'autres disent dans un cimetière). « Ses yeux rouges luisaient comme braise dans les ténèbres. »

Il faut comprendre que la femme était une Dâkinî. Ces fées jouent un grand rôle dans le mysticisme lamaïste, comme enseignant des doctrines secrètes à ceux qui les vénèrent ou qui, par des procédés magiques, savent les con-traindre à les leur révéler. Le titre de « mère » leur est fré-quemment donné. Elles apparaissent souvent sous la forme de femmes âgées et un de leurs signes caractéristiques est que leurs yeux sont verts ou rouges.

Au cours de l'entretien qu'elle eut avec lui, la femme donna à Tilopa le conseil de se rendre au pays des Dâkinîs pour y rencontrer leur reine. Sur la route qui y conduisait nombre de dangers, disait-elle, l'attendaient : abîmes, torrents furieux, animaux féroces, mirages trompeurs, horribles apparitions, démons affamés. S'il se laissait dominer par la peur, s'il sortait du sentier étroit comme un fil, qui serpentait à travers cette terrible région, il serait dévoré par les monstres. Si, poussé par la faim ou par la soif, il buvait à une source fraîche ou mangeait les fruits pendant, à portée de sa main, aux arbres bordant la route, s'il cédait aux jeunes beautés l'invitant à venir s'ébattre avec elles en de riants bosquets, il deviendrait hébété et incapable de trouver son chemin.

Comme viatique, la vieille lui donna une formule magique. Il devait la répéter continuellement, tenant ses pensées concentrées sur elle, ne prononçant pas un mot, aveugle et sourd à tout ce qui l'entourait.

Quelques-uns croient que Tilopa effectua réellement ce voyage fantastique. D'autres, plus au courant des perceptions et des sensations qui peuvent accompagner certains états extatiques, y voient une sorte de phénomène psychique. Enfin, d'autres encore tiennent toute la description comme purement symbolique.

Quoi qu'il en soit, d'après son histoire, Tilopa contempla les innombrables visions terribles ou enchanteresses qui lui avaient été annoncées. Il lutta sur les pentes rocheuses et dans les torrents écumants. Il grelotta parmi les neiges, il fut brûlé dans les déserts sablonneux et torrides et jamais ne relâcha sa concentration de pensée sur les mots magiques.

A la fin, il gagna les abords du château dont les murs de bronze, chauffés à blanc, répandaient une clarté aveuglante. De gigantesques monstres femelles ouvraient des bouches formidables pour le dévorer, des arbres, dont les branches tenaient des armes tranchantes, lui barraient le passage. Cependant, il entra dans le palais enchanté : de nombreuses chambres somptueuses y formaient un labyrinthe ; Tilopa trouva son chemin à travers elles et arriva à l'appartement de la reine.

Elle était là, assise sur son trône, d'une beauté divine, parée de joyaux merveilleux et elle sourit à l'héroïque voyageur lorsqu'il franchit le seuil de la chambre.

Mais lui, sans être ému par sa grâce, monta les marches

du trône et, toujours répétant la formule magique, il arracha les parures étincelantes de la fée, foula aux pieds ses guirlandes fleuries, déchira ses robes de brocart d'or et, quand elle fut nue sur son trône saccagé, il la viola.

La conquête d'une Dâkini, soit par violence, soit par magie, est un thème courant dans la littérature mystique des lamaïstes. C'est une allégorie visant la conquête de la vérité et un certain procédé psychique de développement spirituel.

Tilopa transmit sa doctrine à Narota[1] et le disciple de ce dernier: Marpa, l'introduisit au Tibet. L'éminent disciple de Marpa, le célèbre ascète-poète Milarespa la communiqua, à son tour, à son disciple Tagpo Lhadji et la lignée continue encore de nos jours.

La biographie du philosophe Narota, héritier spirituel de Tilopa, dépeint de façon amusante, mais pas aussi fantaisiste qu'on pourrait le croire, les épreuves imaginées par un maître du «Sentier direct» pour «assouplir» son disciple.

L'histoire des douze grandes et des douze petites épreuves du savant Narota est classique parmi les mystiques tibétains et ne manque pas d'être fréquemment redite aux jeunes *naldjorpas* pour leur servir d'exemple.

Un bref résumé en donnera une idée.

Narota naquit au dixième siècle, au Cachemire. Il était fils de brahmines, très lettré et passait pour expert en magie. Alors qu'il remplissait les fonctions de chapelain auprès d'un rajah, celui-ci l'ayant offensé, Narota résolut de se venger par un moyen occulte.

Il s'enferma dans un bâtiment isolé et forma un cercle magique dont le but était de causer la mort du prince. Pendant qu'il procédait aux conjurations requises, une Dâkinî apparut et lui demanda s'il se croyait capable de diriger «l'esprit» du défunt vers une sphère heureuse ou bien de le ramener dans le corps qu'il avait quitté pour ressusciter ce dernier. Le magicien dut confesser que sa science n'allait pas aussi loin. La fée le réprimanda alors sévèrement. Elle lui remontra que l'on ne devait pas détruire ce que l'on

1. Narota était son véritable nom, mais les Tibétains en on fait Naropa.

n'était pas capable de reconstituer et lui déclara que la conséquence de son action haineuse et inconsidérée, serait une renaissance dans l'un des purgatoires. Terrifié, Narota s'enquit du moyen d'éviter ce sort épouvantable. Il lui fut conseillé d'aller trouver le sage Tilopa et de le prier de l'initier à la doctrine du «Sentier direct» qui détruit les résultats des actes, quels qu'ils soient, et assure l'obtention du Nirvâna «en une seule vie». S'il réussissait à saisir le sens de cet enseignement et à en assimiler le fruit, il échapperait à une nouvelle renaissance et, par conséquent, aussi, aux tourments du purgatoire.

Narota abandonna son *kyilkhor*[1] et se hâta vers le Bengale où vivait Tilopa.

Tilopa jouissait d'une grande réputation quand Narota se mit à sa recherche. Après son initiation, dont les circonstances particulières viennent d'être relatées, il était devenu une sorte d'ascète *avadhoutâ*, tels ceux dont il est dit «qu'ils n'aiment rien, ne haïssent rien, n'ont honte de rien, ne tirent gloire de rien, sont détachés de tout, ayant rompu les liens de la famille, de la société et de la religion». Narota, tout au contraire, était un orthodoxe hindou, imbu de sa supériorité comme lettré et comme membre de la caste supérieure des brahmines. La réunion de ces deux hommes de caractères si différents allait donner lieu à ce qui nous paraît une amusante comédie, mais dut être un drame poignant pour Narota.

Sa première rencontre avec celui qui devait devenir son guide spirituel se fit dans la cour d'un monastère bouddhique. Tilopa, presque nu, assis sur le sol, mangeait des poissons frits et, au fur et à mesure, posait à côté de lui leurs arêtes dorsales. Afin de ne pas souiller sa pureté de caste, Narota allait faire un détour pour passer loin du mangeur, lorsqu'un moine, sortant de la cuisine, apostropha ce dernier en lui reprochant de venir étaler son manque de pitié pour les êtres (en consommant un repas qui avait coûté la vie à des animaux) dans l'enceinte même d'un monastère bouddhique. Ce disant, il lui ordonna de déguerpir. Tilopa ne daigna même pas lui répondre. Il fit un geste,

1. Cercle ou diagramme magique.

prononça un *mantra* et les arêtes se recouvrant de chair, redevinrent des poissons qui s'élevèrent un instant dans l'air, puis s'évanouirent. Du cruel repas, il ne demeurait aucune trace et Tilopa s'éloigna.

L'étonnement pétrifiait Narota, mais, soudain, rapide comme un éclair, une idée traversa son esprit. Ce singulier thaumaturge devait être le Tilopa qu'il cherchait. En hâte, il s'informa et les renseignements qu'il obtint s'accordant avec son intuition, il s'efforça de rejoindre le yoguin, mais celui-ci resta introuvable.

Alors, commença pour Narota une série de pérégrinations que ses biographes se sont très certainement chargés d'allonger et d'agrémenter, mais dont le fond est probablement authentique. De ville en ville, le candidat disciple poursuit l'insaisissable Tilopa. Dès qu'il a entendu dire qu'il se trouve dans un endroit, il y court; mais, invariablement, Tilopa est parti quand il arrive. Puis viennent des rencontres qui paraissent fortuites à Narota, mais sont voulues par le magicien qui multiplie les apparitions illusoires.

Un jour, il frappe à la porte d'une maison sur le bord de la route pour demander à manger. Un homme lui ouvre et lui offre du vin qu'il refuse[1]. Aussitôt le mirage se dissipe, la maison disparaît, il demeure seul sur le chemin et la voix ironique de Tilopa, invisible, ricane : « J'étais là ! »

Plus loin, un villageois lui demande de l'aider à écorcher un animal mort. C'est là, besogne accomplie seulement par les parias « intouchables » dont le contact, et même la seule approche, souille l'Hindou appartenant à une des castes pures. Le brahmine Narota s'enfuit, répugné et irrité. Et l'invisible Tilopa se moque : « J'étais là ! »

Un autre jour, encore, il voit un homme traînant par les cheveux une femme en pleurs, qui appelle au secours. Le brutal dit au voyageur : « C'est ma femme, je veux la tuer, aide-moi, ou, tout au moins, passe ton chemin. » Mais Narota est indigné, il tombe sur le misérable, l'assomme à moitié, délivre sa victime et... se retrouve une fois de plus tout seul, tandis que la même voix le nargue : « J'étais là ! »

1. C'est une souillure pour un brahmine de boire une boisson fermentée.

La suite de ses aventures continue d'une façon analogue.

Tout sorcier qu'il soit, Narota n'a jamais eu l'idée d'une telle fantasmagorie. Il se sent devenir fou ; cependant, son désir d'atteindre Tilopa et d'être accepté par lui comme disciple ne fait que croître. Il déambule au hasard à travers le pays, appelant à haute voix le magicien et, le sachant capable de revêtir n'importe quelle forme, il se prosterne aux pieds de chaque passant.

Un soir, il arrive à un cimetière ; un bûcher écroulé rougeoie dans un coin, une flamme sombre s'en échappe encore de temps en temps, montrant, parmi les tisons, des restes humains recroquevillés et noircis. Narota distingue vaguement une forme couchée sur le sol. Il regarde... un ricanement narquois répond à son inspection. Il a compris, tombe prosterné, saisissant les pieds du maître et les posant sur sa tête. Cette fois Tilopa ne disparaît point.

Pendant des années, l'ex-chapelain suit son maître sans que celui-ci veuille l'instruire en quoi que ce soit. Par contre, il éprouve son obéissance, sa confiance, en lui faisant subir toute une série d'épreuves. J'en indiquerai seulement quelques-unes.

Suivant la coutume des ascètes de l'Inde, Narota avait été mendier des aliments, et, revenant avec un bol contenant du riz et un ragoût, l'avait offert à son maître — la règle veut que le disciple ne mange que lorsque son *gourou* est rassasié. Tilopa finit toute la portion et déclara que le plat était si bon qu'il en aurait volontiers mangé davantage. Sans attendre un ordre plus explicite, Narota reprit le bol et repartit pour la maison hospitalière où il avait reçu les mets qui plaisaient à son maître. Il en trouva la porte close. Le zélé disciple ne s'embarrassa pas de ce détail ; il enfonça celle-ci, découvrit, à la cuisine, du riz et des ragoûts tenus au chaud sur le poêle et se servit de ce que Tilopa avait déclaré être à son goût. Les maîtres du logis revinrent tandis qu'il puisait dans leurs marmites et lui administrèrent une sérieuse correction.

Tout meurtri, Narota se traîna auprès de son maître qui ne lui témoigna aucune pitié.

— Dans quelle triste aventure tu as été entraîné à cause

de moi! dit-il seulement, avec un calme narquois. Ne te repens-tu pas d'être devenu mon disciple?

Toute la force que lui laissait la pitoyable condition dans laquelle il se trouvait, Narota l'employa à protester que, loin de regretter d'avoir suivi un *gourou* tel que Tilopa, il jugeait que le privilège d'être son disciple ne pouvait être payé trop cher, dût-on l'acheter au prix de sa vie.

Une autre fois, passant le long d'un égout à ciel ouvert, Tilopa dit aux disciples qui l'accompagnaient: «Qui de vous boira de cette eau si je le lui commande?»

Il faut comprendre qu'il ne s'agissait pas là de surmonter simplement un dégoût naturel, mais de contracter une impureté rituelle, chose très grave pour un Hindou appartenant à l'une des castes pures, parce qu'elle entraîne son exclusion de sa caste et en fait un paria. Cependant, tandis que les autres hésitaient, Narota, le brahmine, s'élança et avala le liquide immonde.

Plus barbare fut l'épreuve suivante:

Le maître et le disciple vivaient en ce moment dans une hutte à la lisière d'une forêt. Un jour revenant du village. Narota vit que, durant son absence, Tilopa avait taillé un certain nombre de longues aiguilles en bambou et les durcissait au feu. Étonné, il s'enquit de ce qu'il comptait en faire.

Le yoguin sourit d'une façon singulière.

— Pourrais-tu, demanda-t-il, endurer quelque souffrance si je te l'infligeais?

Narota répondit qu'il lui appartenait entièrement et qu'il pouvait faire de lui ce que bon lui semblait.

— Bien, répondit Tilopa, étends ta main.

Narota lui ayant obéi, il lui enfonça une aiguille sous chaque ongle et après les doigts de mains, il traita de même chacun des doigts de pieds. Il enferma ensuite le torturé dans la cabane, lui commanda d'attendre son retour et s'en alla tranquillement.

Plusieurs jours s'écoulèrent avant que le féroce *gourou* ne revînt. Il trouva son disciple accroupi dans la hutte, les aiguilles toujours plantées dans sa chair.

— A quoi as-tu songé pendant que tu étais seul? lui demanda Tilopa. Ne penses-tu pas, maintenant, que je suis un maître dénaturé et qu'il est préférable pour toi de me quitter ?

— J'ai songé, répondit Naropa, à la vie atroce que sera la mienne dans les purgatoires si je ne parviens pas, par votre grâce, à atteindre l'illumination dans la doctrine du « Sentier direct » et à échapper ainsi à une nouvelle renaissance[1].

Je citerai encore une des épreuves, celle-ci d'un caractère amusant, du moins pour tout autre que son héros.

Tilopa se promenant avec quelques-uns de ses disciples, rencontra un cortège nuptial, conduisant une mariée au domicile conjugal. Le yoguin demanda à ceux qui l'entouraient : « Qui de vous ira prendre cette femme et me l'amènera ? Je la désire. » Encore une fois, avant que Tilopa eût même achevé de parler. Narota courait vers la procession. Reconnaissant un brahmine, les gens de la noce le laissèrent approcher croyant qu'il voulait bénir la mariée, ce qui lui porterait bonheur. Mais quand ils virent qu'il la saisissait et cherchait à l'entraîner, tout ce qui était sous leur main, les bâtons du palanquin, les candélabres, les coffres contenant les cadeaux offerts à la nouvelle épouse, tout leur servit d'armes et le trop zélé disciple fut de nouveau roué de coups et laissé sur place inanimé.

Lorsque, revenu de son évanouissement, il eut à grand-peine rejoint Tilopa, ce dernier l'accueillit avec la question qu'il lui posait après chacune de ses épreuves : « Ne regrettes-tu pas ?... » Et, comme toujours aussi, Narota protesta que mille morts lui paraissaient peu de chose pour acheter le privilège d'être son disciple.

Par la suite, il se jeta du haut d'un toit, traversa un brasier et accomplit divers autres exercices extraordinaires qui mirent plus d'une fois sa vie en danger.

Narota finit par recevoir la récompense de ses longues souffrances, mais non point sous la forme d'initiation et d'enseignements réguliers.

Si nous en croyons la tradition, Tilopa paraît avoir

1. Il faut bien se garder de considérer ces théories et ces pratiques comme conformes au bouddhisme original et orthodoxe. Elles en sont, au contraire, fort éloignées.

employé, à cette occasion, une méthode bizarre, un peu semblable à celle dont se servaient certains maîtres chinois de la secte Ts'an.

Il est hors de doute que, bien que rien ne lui ait été enseigné de façon directe, pendant son noviciat agité, Narota avait néanmoins saisi nombre des théories professées par son maître. Toutefois, la façon dont l'illumination lui vint est relatée comme suit :

Il était assis près d'un feu, en plein air, avec son *gourou*, lorsque, sans prononcer une parole, ce dernier se déchaussa et, avec l'un de ses souliers, lui donna un violent coup sur la figure. Narota « vit trente-six chandelles » et en même temps, le sens profond du « Sentier direct » illumina son esprit.

Narota eut de nombreux disciples à qui, suivant la tradition, il épargna les épreuves, se refusant à leur infliger des souffrances dont il connaissait la cruauté pour les avoir endurées lui-même.

Après avoir brillé comme philosophe, il consacra de nombreuses années (douze années consécutives, dit-on) à la contemplation continuelle et atteignit « le parfait succès »[1], c'est-à-dire la condition de bouddha.

A un âge très avancé, il se retira dans l'Himâlaya pour y vivre en ermite.

Narota est surtout connu, au Tibet, comme le *gourou* de Marpa qui, lui-même, fut celui du célèbre ascète-poète Milarespa dont le nom, l'histoire et les chants religieux, sont toujours très populaires parmi les Tibétains.

Si Narota fut doux envers ses disciples, il n'en alla pas ainsi de Marpa. Il tortura, pendant des années, l'infortuné Milarespa, lui commandant de construire, sans aide, une maison qu'il lui fit démolir et rebâtir à plusieurs reprises.

Milarespa devait seul déterrer les pierres servant à la construction et les transporter sur son dos. Le frottement de celles-ci finit par produire d'affreuses plaies qui ne tardèrent pas à s'infecter. Le père spirituel du travailleur ne parut pas s'apercevoir de son martyre et lorsque sa femme qui chérissait Milarespa comme un fils, lui eut, avec

1. *Mtchog gi ngos grub.*

larmes, reproché sa cruauté, il conseilla à son infortuné disciple de mettre une pièce de feutre sur son dos et de la percer de trous pour isoler les plaies. Un procédé employé, au Tibet, pour les bêtes de somme.

La maison bâtie par Milarespa existe encore au pays de Lhobrag (Tibet méridional).

Les Tibétains ne doutent point que tous les traits des récits de ce genre ne soient absolument authentiques. Si nous ne pouvons rivaliser de foi avec eux, il faut, cependant, nous garder de considérer comme de pures inventions toutes les aventures étranges des novices *naldjorpas* ou de croire qu'il s'agit, là, de faits anciens impossibles à revoir aujourd'hui.

La mentalité des Tibétains n'a pas changé depuis l'époque de Marpa[1]. Chez maints lamas, j'ai retrouvé exacte, jusque dans ses moindres détails, la copie de son intérieur et de ses mœurs, tels que les livres les dépeignent.

Le jeune moine en quête d'un *gourou* est, lui aussi, resté, sinon absolument animé de la foi et du zèle d'un Narota ou d'un Milarespa qui ont toujours été des exceptions, du moins prêt à bien des sacrifices et s'attendant à voir bien des prodiges, et le même roman singulier se répète chaque jour, aux quatre coins du « Pays des Neiges ».

Déjà influencé par les craintes, les angoisses qui l'ont assailli pendant le temps où il a médité sa résolution, et par le voyage, parfois très long, effectué à travers les solitudes, le candidat aux initiations arrive dans un état d'esprit spécial à l'ermitage du maître qu'il a choisi. L'aspect souvent sauvage ou lugubre du site où celui-ci a fixé sa résidence, la réputation de magicien qui lui est faite, impressionnent encore plus profondément le jeune homme, et l'on ne peut douter qu'il ne soit éminemment préparé à voir des miracles surgir à chacun de ses pas.

Depuis ce jour et tant que durera son entraînement mental et spirituel, il vivra dans une fantasmagorie continuelle. Autour de lui, le ciel et la terre danseront la plus extravagante des sarabandes ; dieux et démons le poursuivront de visions d'abord effroyables, puis ironiques et déconcer-

1. Onzième siècle.

191

tantes, lorsqu'il aura vaincu la peur. La succession affolante des événements invraisemblables continuera pendant des années : dix ans, vingt ans, peut-être. Elle martyrisera le disciple jusqu'à sa mort, à moins qu'un jour il ne s'éveille ayant compris ce qu'il devait comprendre et ne s'en aille, paisiblement, se prosterner devans son terrible maître, prenant congé de lui sans lui demander de nouvelle leçon.

Entre plusieurs autres qui m'ont été racontées par leurs héros eux-mêmes, je relaterai comme très typiquement tibétaine, et parce que je connais les lieux où elle s'est passée, l'histoire d'un de ces noviciats agités :

Yéchés Gyatzo était déjà demeuré à plusieurs reprises enfermé en *tshams*. Il cherchait la solution d'une question qui le tourmentait. Qu'est-ce que l'esprit ? se demandait-il. Il s'efforçait de fixer, de saisir l'esprit pour l'examiner, l'analyser et la chose, fugitive « comme l'eau qu'un enfant essaie de retenir dans sa main fermée », lui échappait toujours. Son guide spirituel, un des lamas du monastère auquel il appartenait, lui conseilla d'aller trouver un anachorète qu'il lui désigna et de solliciter son admission parmi ses disciples.

Le voyage n'était pas extrêmement long : trois semaines seulement, cela compte peu au Tibet ; mais la piste menant vers l'ermitage traversait de grands espaces déserts et des cols dépassant 5 000 mètres d'altitude. Yéchés Gyatzo partit, chargé de quelques livres et de provisions comprenant un sac de *tsampa,* un morceau de beurre et un peu de thé. C'était au second mois de l'année[1], une épaisse couche de neige couvrait les sommets et le pèlerin put, tout le long de la route, contempler ces terrifiants paysages glacés des hautes cimes qui semblent appartenir à un autre monde.

Un soir, au coucher du soleil, il atteignit la demeure du *gomtchén ;* une vaste caverne devant laquelle s'étendait une petite terrasse enclose par un mur en pierres sèches. A quelque distance au-dessous des huttes abritaient quatre ou cinq disciples admis à séjourner temporairement auprès du lama. Les demeures des anachorètes occupaient les gradins

1. Le nouvel an tibétain tombe au début de février.

supérieurs d'un cirque de montagne formé par des rocs noirâtres et se miraient de haut dans un petit lac couleur d'émeraude.

Je suis arrivée là, à cette même heure crépusculaire et je puis comprendre l'impression ressentie par l'aspirant à la sagesse occulte en s'arrêtant dans ce lieu désolé.

Il se fit annoncer au maître qui ne le reçut pas. Ceci est habituel ; Yéchés ne s'étonna point et partagea la cellule de l'un des disciples.

Une semaine environ se passa. Timidement, il fit rappeler à l'ermite qu'il souhaitait le voir. La réponse revint catégorique : le *gomtchén* lui enjoignit de quitter la place à l'instant même et de retourner chez lui.

Supplications jetées dans l'espace vers l'aire du lama, prosternations au pied du rocher, rien n'y fit, Yéchés dut s'en aller.

Le même soir, une tempête de grêle balaya un plateau aride qu'il traversait, il vit distinctement des fantômes gigantesques qui le menaçaient, perdit son chemin dans l'obscurité et erra toute la nuit à l'aventure. J'abrège. Les jours qui suivirent se passèrent misérablement, le temps resta affreux, le voyageur n'avait plus de vivres, il faillit se noyer en traversant un torrent et se retrouva à sa *gompa* exténué, malade, désespéré.

Pourtant, la foi qu'il avait conçue, d'intuition, en la haute science spirituelle de l'ermite, demeurait intacte. Trois mois plus tard, il se remettait en route, essuyait de nouveau des tempêtes qu'il ne manquait pas de croire déchaînées par le lama pour éprouver sa persévérance, ou bien provoquées par les esprits malfaisants qui voulaient l'empêcher de s'instruire dans la doctrine mystique.

Renvoyé de nouveau, il fit encore deux fois le voyage l'année suivante, et la seconde fois, il fut enfin admis en présence du maître.

— Vous êtes fou, mon garçon, lui dit en substance ce dernier. Pourquoi vous acharner ainsi ? Je ne veux point de nouveaux disciples. D'ailleurs, j'ai été renseigné sur votre compte. Vous avez déjà étudié la philosophie et fait de longues retraites. Que voulez-vous d'un vieux bonhomme comme moi ?

«Si vous tenez à vous instruire dans la doctrine secrète, allez trouver le lama X... de Lhassa. C'est un savant docteur, il connaît toutes les Écritures et est pleinement initié dans les traditions ésotériques. Voilà le maître qu'il faut à un jeune savant comme vous.»

Yéchés savait que cette façon de parler est habituelle à tout maître qui souhaite mesurer le degré de confiance que le candidat disciple place en lui. De plus, il avait la foi.

Il fut donc tenace et finit par l'emporter.

Un autre moine que j'ai connu, avait obéi, en se rendant chez un maître, à des motifs d'ordre beaucoup moins philosophiques, et si je cite son cas, c'est par contraste avec le précédent et pour montrer un autre aspect de la mentalité des Tibétains.

Karma Dordji était issu d'une famille pauvre et de basse condition. Tout enfant, dans le monastère où ses parents l'avaient placé, il s'était vu en butte aux moqueries et au mépris des autres moinillons appartenant à une classe sociale supérieure à la sienne. Ces vexations avaient changé de caractère lorsqu'il était devenu plus âgé, mais nombre de ses collègues lui faisaient toujours sentir, même par leur silence, l'infériorité de son origine. Karma Dordji était fier et doué d'une rare force de volonté. Il me raconta qu'il n'était encore qu'un garçonnet quand il avait juré qu'il s'élèverait au-dessus de ceux qui l'humiliaient.

Sa naissance et sa condition de moine ne lui laissaient qu'un moyen de parvenir à son but. Il lui fallait devenir un grand ascète, un magicien, un de ceux qui subjuguent les démons et s'en font un cortège de serviteurs. Ainsi pourrait-il voir, tremblant devant son pouvoir, ceux dont il souhaitait se venger.

Dans ces dispositions rien moins que pieuses, il alla trouver le supérieur du monastère et le pria de lui accorder un congé de deux années, parce qu'il désirait se retirer dans la forêt pour méditer. Une permission de ce genre n'est jamais refusée. Dordji grimpa haut sur la montagne, trouva un endroit convenable près d'une source et s'y construisit une hutte. Tout de suite, pour mieux imiter les ascètes versés dans l'art de développer la chaleur interne, il rejeta tous vêtements et laissa pousser sa chevelure. Les rares personnes qui, à longs intervalles, vinrent lui apporter des vivres, le trouvèrent assis, immobile, nu, même en plein hiver, paraissant abîmé dans la contemplation.

On commençait à parler de lui, mais il était encore bien loin de la célébrité qu'il souhaitait. Il comprit que son ermitage et sa nudité ne suffiraient pas à la lui procurer. Il redescendit donc vers son monastère et, cette fois, sollicita la permission de quitter le pays pour chercher un *gourou* dans une autre région. On ne fit rien pour le retenir.

Ses pérégrinations furent beaucoup plus extraordinaires que celles d'Yéchés Gyatzo, car ce dernier savait du moins où il allait, tandis que Karma Dordji l'ignorait.

N'arrivant pas à découvrir un magicien qui lui parût mériter sa pleine confiance, il résolut d'y parvenir par des moyens occultes. Karma Dordji croyait fermement aux déités et aux démons, il savait par cœur l'histoire de Mila-respa qui fit écrouler une maison sur ses ennemis et s'en rappelait beaucoup d'autres analogues où les « Grands terribles » apportent, au milieu du *kyilkhor* formé par le magicien, les têtes sanglantes qu'il a réclamées.

Dordji connaissait quelque peu l'art des *kyilkhors*. Il en construisit un avec des pierres, au fond d'une gorge étroite, et commença ses conjurations à l'effet d'être dirigé, par les déités redoutables, vers l'un des maîtres qu'elles servent. Dans le cours de la septième nuit, un grondement formidable se fit entendre. Le torrent qui coulait dans la gorge s'enfla soudainement. Une trombe d'eau, due peut-être à la rupture d'une poche d'eau ou à une pluie diluvienne survenue plus haut sur les montagnes, balaya le goulet où se trouvait le jeune moine et il fut emporté avec son *kyilkhor* et son menu bagage. Roulé parmi les rochers, il eut la chance extraordinaire de ne pas se noyer et échoua, au sortir du défilé, dans une immense vallée. Quand le jour vint, il aperçut devant lui un *riteu* blotti à l'abri d'une muraille rocheuse, sur un éperon de montagne.

La maisonnette, badigeonnée à la chaux, apparaissait blanche rosée et toute lumineuse sous les rayons du soleil levant. Le rescapé crut voir s'en échapper des jets de lumière qui venaient se poser sur son front. Là, certainement, vivait le maître qu'il avait tant cherché. L'intervention des déités répondant à ses invocations ne faisait pas de doute. Alors que son intention était de remonter la gorge pour traverser la chaîne de montagnes, elles l'avaient — de façon un peu rude, il est vrai — dirigé en bas, vers la vallée, en vue de ce *riteu*.

Agréablement flatté par cette conviction, Karma Dordji ne donna même pas une pensée à la perte de ses vivres et de ses vêtements entraînés par le flot et, tout nu, ainsi qu'il s'était mis pour imiter Hérouka[1], tandis qu'il officiait près de son *kyilkhor*, il marcha vers l'ermitage.

Comme il y arrivait, un disciple de l'anachorète en descendait pour puiser de l'eau. Il s'en fallut de peu qu'à la vue de l'étrange apparition qui surgissait devant lui, il ne laissât choir le récipient qu'il portait. Le climat du Tibet diffère grandement de celui de l'Inde et si, dans cette dernière contrée, les ascètes ou pseudo-ascètes, non vêtus, sont légion et n'étonnent personne, il n'en va pas de même au «Pays des Neiges». Seuls, quelques rares *naldjorpas* adoptent cette tenue et, vivant hors de tous chemins, dans les replis des hautes chaînes de montagne, ils sont rarement aperçus.

— Qui demeure dans ce *riteu*? s'informa Karma Dordji.

— Mon maître, le lama Tobsgyais, répondit le moine.

L'aspirant magicien n'en demanda pas davantage. De quoi se serait-il informé? Il savait tout d'avance; les déités l'avaient dirigé vers le maître qu'il lui fallait.

— Va dire au lama que les *Tcheu-Kyong*[2] lui ont amené un disciple, prononça emphatiquement l'homme nu.

Tout ahuri, le jeune porteur d'eau alla avertir son maître et celui-ci commanda d'introduire le visiteur.

Après s'être prosterné avec dévotion, Karma Dordji recommença à s'annoncer comme disciple amené par les déités «aux pieds mêmes du maître».

---

1. Un personnage du panthéon lamaïste, représenté sous les traits d'un ascète nu.

2. «Protecteurs de la religion.» Des déités ou des démons qui, d'après les lamaïstes, se sont engagés par serment à défendre la doctrine bouddhique contre ses ennemis.

Le lama Tobsgyais était un lettré. Petit-fils d'un fonctionnaire chinois marié à une Tibétaine, il tenait sans doute de cet ancêtre une tendance à l'agnosticisme aimable. Probablement s'était-il retiré au désert plutôt par un goût aristocratique de la solitude et par désir de n'être pas dérangé dans ses études que pour tout autre motif. C'est, du moins, ainsi qu'il m'est apparu, d'après le portrait que m'en a tracé Karma Dordji. Lui-même avait été renseigné par les moines qui servaient le lama, car, comme on le verra, ses rapports avec ce dernier furent brefs.

L'ermitage de Kouchog Tobsgyais répondait, quant à sa situation, aux règles énoncées dans les anciennes Écritures bouddhiques : «Pas trop près du village, pas trop loin du village.» De ses fenêtres, l'anachorète voyait une vaste vallée déserte et, en franchissant la montagne contre laquelle s'appuyait sa demeure, l'on trouvait un village, sur le versant opposé, à moins d'une demi-journée de marche.

L'intérieur de l'ermitage était d'une simplicité ascétique mais comprenait une bibliothèque très bien fournie ; et quelques beaux *thangkas*[1] pendus aux murs indiquaient que l'ermite n'était ni pauvre, ni ignorant en fait d'art.

Karma Dordji, gaillard de haute stature, vêtu seulement de sa longue chevelure tressée en une natte qui, encore allongée par des crins de yak, lui battait les talons, devait étrangement contraster avec le lettré mince et raffiné qu'il m'a dépeint.

Ce dernier lui laissa raconter l'histoire du *kyilkhor* et de la crue «miraculeuse» du torrent et, comme Dordji répétait une fois de plus qu'il avait été amené à «ses pieds», il se borna à lui faire observer que l'endroit où les eaux l'avaient déposé se trouvait passablement éloigné de sa retraite. Puis il s'enquit de la raison pour laquelle l'apprenti sorcier voyageait déshabillé.

Quand Dordji, plein de lui-même, lui eut parlé d'Hérouka et des deux années qu'il avait passées sans vêtements dans la forêt, le lama le considéra un instant, puis, appelant un de ses serviteurs, il lui dit simplement :

1. Tableaux peints sur étoffe, qui peuvent se rouler, comme les kakémonos japonais.

— Conduisez ce pauvre homme à la cuisine, faites-le asseoir près du feu et qu'il boive du thé très chaud. Tâchez aussi de trouver une vieille robe en peau de mouton et donnez-la-lui. Il a eu froid pendant plusieurs années.

Et, sur ce, il le congédia.

Karma Dordji éprouva certainement du plaisir à endosser la houppelande de fourrure qu'on lui donna, toute loqueteuse qu'elle fût. Le grand feu et le thé généreusement beurré le réconfortèrent agréablement après son bain nocturne. Mais ce plaisir, tout physique, était gâté par la mortification de sa vanité. Le lama ne l'avait pas accueilli comme il aurait dû le faire pour un disciple qui lui arrivait « miraculeusement ». Cependant il comptait bien, après s'être restauré, faire comprendre à l'ermite qui il était et ce qu'il souhaitait. Mais Tobsgyais ne l'invita pas à reparaître devant lui et parut l'avoir complètement oublié. Sans doute avait-il donné des ordres à son égard, car on le nourrissait bien et sa place restait marquée auprès du feu.

Les jours passaient, Dordji devenait impatient ; la cuisine, toute confortable qu'elle fût, finit par lui paraître une prison. Il eût voulu au moins travailler, puiser de l'eau ou ramasser du combustible, mais les disciples du lama ne le lui permirent point. Le maître avait donné ordre qu'il se chauffât et qu'il mangeât, sans rien ajouter.

Karma Dordji devenait de plus en plus honteux d'être traité comme un chien ou un chat familier, que l'on soigne et dont on n'exige rien. Dans les premiers temps de son séjour, il avait plusieurs fois demandé à ses compagnons de le rappeler au souvenir de leur maître, mais ceux-ci s'étaient toujours excusés, répondant qu'ils ne pouvaient pas se le permettre et que si Rimpotché[1] désirait le voir il le ferait appeler. Il n'osa plus, ensuite, renouveler sa requête. Sa seule consolation fut de guetter l'apparition du lama qui s'asseyait, parfois, à un petit balcon devant sa chambre, ou bien de prêter l'oreille lorsque celui-ci, à de longs intervalles, expliquait un livre philosophique à ses disciples ou à quelque visiteur. A part ces rares lueurs dans son exis-

1. *Rimpotché* : « précieux ». Une appellation très honorifique que l'on emploie soit en s'adressant à un lama de haut rang, soit en parlant de lui.

tence, les heures s'écoulaient, pour lui, lentes et vides, tandis qu'il revivait encore et encore, dans sa pensée, les diverses circonstances qui l'avaient conduit où il était.

Un peu plus d'une année se passa de la sorte. Dordji broyait du noir. Il eût supporté vaillamment les plus rudes épreuves que le lama eût pu lui imposer, mais cet oubli complet le confondait. Il en venait à imaginer que Kouchog Tobsgyais, par son pouvoir magique, avait deviné sa basse origine — bien qu'il se fût gardé de la lui avouer — et qu'il le méprisait, lui faisant, par pure pitié, l'aumône de son hospitalité. Cette idée, qui s'ancrait de plus en plus dans son esprit, le torturait.

Toujours convaincu qu'un miracle l'avait conduit près de ce lama et qu'il n'existait aucun autre maître, pour lui, au monde, il ne songeait point à recommencer ses recherches, mais la pensée du suicide traversait parfois son esprit.

Karma Dordji était près de sombrer dans le désespoir lorsque l'anachorète reçut la visite d'un de ses neveux. Ce dernier était un lama *tulkou*, abbé d'un monastère, et voyageait avec une suite nombreuse. Rutilant en ses robes de brocart jaune, coiffé d'un scintillant chapeau de bois doré semblable au toit pointu d'une pagode, le lama, entouré de son cortège, s'arrêta dans la plaine, au pied de l'ermitage. De belles tentes furent dressées et, après s'être rafraîchi avec le thé que l'ermite lui envoya dans une énorme théière en argent, le *tulkou* monta à la maisonnette de son parent.

Pendant les jours qui suivirent, ayant remarqué l'étrange figure de Karma Dordji avec sa souquenille en peau de mouton et ses cheveux qui touchaient le sol, il l'interpella, lui demandant ce qu'il faisait toujours assis près du foyer. Dordji saisit cette occasion comme une nouvelle faveur des déités qui, enfin, tournaient de nouveau leurs regards vers lui et se présenta avec tous ses titres comprenant sa retraite dans la forêt, le *kyilkhor* dans la montagne, la crue du torrent, la découverte de l'ermitage, les rayons de lumière qui, partant de ce dernier, s'étaient posés sur sa tête, et termina par l'oubli dans lequel le lama le laissait, en priant le *tulkou* d'intercéder en sa faveur.

D'après ce qui ressortait du récit que j'ai entendu, le *tulkou* devait être d'une humeur à peu près semblable à celle de son oncle et peu enclin à dramatiser les choses. Il regarda avec étonnement l'herculéen Karma Dordji et lui demanda ce qu'il souhaitait que le lama lui enseignât.

Trouvant, enfin, quelqu'un qui s'intéressait à lui, l'aspirant sorcier reprit de l'assurance. Il voulait, répondit-il, acquérir des pouvoirs magiques, voler à travers les airs et faire trembler la terre ; mais il se garda soigneusement de mentionner la raison qui lui faisait désirer d'accomplir ces miracles.

Le *tulkou* s'amusait, sans doute, de plus en plus. Il promit néanmoins de parler à son oncle en faveur du quémandeur. Puis, pendant les deux semaines que se prolongea sa visite, il ne lui accorda plus un regard.

Le lama avait pris congé de son oncle et allait redescendre vers la plaine où sa suite l'attendait. Du seuil de l'ermitage, l'on voyait les domestiques tenant par la bride les beaux chevaux caparaçonnés de drap rouge et jaune, dont les selles et le harnachement orné d'argent poli luisaient sous le clair soleil matinal. Karma Dordji regardait machinalement le spectacle, songeant que celui qui devait intercéder pour lui ne lui avait transmis aucune réponse de l'ermite et, maintenant qu'il s'en allait, tout espoir l'abandonnait.

Il s'apprêtait à saluer le *tulkou* par les prosternations d'usage, lorsque celui-ci lui dit laconiquement :

— Suivez-moi.

Karma Dordji fut quelque peu étonné. On ne lui avait jamais demandé de rendre aucun service. Que pouvait vouloir le lama ? Les tentes et les bagages, empaquetés par les domestiques, étaient partis au lever du jour avec la caravane des bêtes de somme. Nul travail ne semblait à faire. Probablement, il s'agissait de porter à l'ermitage un objet que le lama avait oublié de remettre à son oncle.

Arrivé au pied de la montagne, le *tulkou* se tourna vers lui.

— J'ai, dit-il, fait part à Kouchog Rimpotché de votre désir d'acquérir les pouvoirs magiques que vous m'avez mentionnés. Il m'a répondu qu'il ne possédait pas, auprès de lui, la collection des ouvrages que vous devrez étudier à ce sujet. Celle-ci existe dans mon monastère et Rimpotché m'a commandé de vous emmener avec moi pour que vous puissiez commencer votre instruction. Il y a un cheval pour vous. Vous ferez route avec mes *trapas*.

Sur ce, il lui tourna le dos et rejoignit le petit groupe des dignitaires de son monastère qui l'avaient accompagné dans son voyage.

Tous s'inclinèrent dans la direction de l'ermitage pour saluer respectueusement le lama Tobsgyais, puis sautèrent en selle et s'éloignèrent au grand trot.

Karma Dordji restait cloué sur place ; un domestique le poussa, lui mettant la bride d'un cheval entre les mains... Il se trouva sur le dos de la bête et trottant bon train avec les gens du lama, sans s'être rendu compte de ce qui lui arrivait.

Le voyage se passa sans incident. Le *tulkou* n'accordait aucun attention à Dordji qui partageait la tente et les repas de ses serviteurs cléricaux[1].

Le monastère du *tulkou* était loin d'être immense comme le sont certaines *gompas* du Tibet, mais tout petit qu'il fût son apparence était des plus confortables et la réalité ne démentait point l'apparence.

Le quatrième jour après son arrivée, un *trapa* vint avertir Karma Dordji que le *tulkou* avait fait porter dans un *tshams-khang* la collection des ouvrages que Kouchog Tobsgyais lui recommandait d'étudier soigneusement pour parvenir au but qu'il poursuivait. Il ajoutait que, durant sa réclusion, des vivres lui seraient régulièrement envoyés du monastère.

Dordji suivit son guide et se vit conduire à une petite distance de la *gompa*, dans une maisonnette agréablement située. Sa fenêtre commandait une jolie vue du monastère avec ses toits dorés et, au-delà, on apercevait une vallée encadrée par des pentes boisées. Posés sur des étagères, à côté d'un petit autel, se trouvaient un trentaine d'énormes

1. Les serviteurs d'un lama sont eux-mêmes des moines. Les laïques ne sont pas admis à résider dans les monastères.

volumes soigneusement enveloppés et serrés par des lanières entre des planchettes sculptées.

Le futur magicien se sentit rempli d'aise. Enfin, l'on commençait à le traiter avec quelque considération.

Avant de le laisser, le *trapa* lui dit encore que le *tulkou* ne lui prescrivait point un *tshams* rigoureux. Il demeurait libre de régler sa vie comme il l'entendait, d'aller puiser de l'eau au ruisseau voisin et de se promener si bon lui semblait. Ceci dit, il le quitta après lui avoir montré les provisions de bouche et de combustible déposées dans le *tshams-khang*.

Karma Dordji se plongea dans la lecture. Il apprit par cœur quantité de formules magiques et s'exerça à les répéter en attendant de pouvoir, à la fin de sa période d'étude, en demander l'intonation exacte à son *gourou*, le lama Tobsgyais, qu'il comptait bien revoir. Il bâtit quantité de *kyilkhors* d'après les instructions contenues dans les livres, usant plus de farine et de beurre à fabriquer des gâteaux rituels *(tormas)* de toutes les formes, qu'il n'en consommait pour sa nourriture. Il se livrait aussi à nombre de méditations indiquées dans ses livres.

Durant environ dix-huit mois, son ardeur ne se ralentit point. Il ne sortait que pour aller puiser de l'eau, n'adressait jamais la parole aux *trapas* qui venaient, deux fois par mois, renouveler ses provisions et ne s'approchait jamais de sa fenêtre pour jeter un regard au-dehors. Puis, peu à peu, des pensées qui ne lui étaient jamais venues auparavant, s'infiltrèrent dans ses méditations. Certaines phrases des livres, certains dessins des diagrammes lui parurent receler une nouvelle signification. Il s'arrêta devant sa fenêtre ouverte, regardant les allées et venues des moines. Enfin, il sortit, parcourut la montagne, considérant longuement les plantes, les cailloux, les nuages errant dans le ciel, l'eau toujours fuyante du ruisseau, le jeu de la lumière et des ombres. Durant de longues heures, il restait assis, les yeux fixés sur les villages dispersés dans la vallée, observant les travailleurs dans les champs, les animaux passant chargés sur les routes, et ceux qui vagabondaient à travers les pâturages.

Chaque soir, après avoir allumé la petite lampe de l'autel, il demeurait en méditation, mais il ne cherchait plus, maintenant, à suivre les pratiques énumérées dans les livres, à évoquer les déités sous leurs divers aspects. Tard dans la nuit et parfois jusqu'à l'aube, il demeurait immobile, mort à toutes sensations, à toutes pensées, se voyant comme au bord d'un rivage et regardant s'avancer la marée montante d'un impalpable océan de blancheur lumineuse, prêt à le submerger.

Des mois se passèrent encore, puis, un jour, une nuit, il ne pouvait dire quand, Karma Dordji sentit que son corps se soulevait au-dessus du coussin sur lequel il était assis. Sans changer sa posture de méditation, les jambes croisées, il franchit la porte et, flottant dans l'air, parcourut l'espace. Enfin, il arriva dans son pays, devant son monastère. C'était le matin, les *trapas* sortaient de l'assemblée. Il reconnut nombre d'entre eux : des dignitaires, des *tulkous*, d'anciens condisciples. Il leur trouvait la mine lasse, préoccupée et chagrine, et les examinait avec un intérêt curieux. Comme ils lui apparaissaient petits de la hauteur où il planait ! Comme ils allaient être étonnés, effrayés, lorsqu'il allait se montrer à eux ! Et comme tous se prosterneraient devant lui, le magicien qui avait conquis les pouvoirs supranormaux !

Et puis cette idée même le faisait sourire de pitié ; la fatigue lui venait à considérer ces pygmées, il ne l'intéressaient plus. Il songeait à la béatitude qui accompagne la montée de l'étrange océan de calme lumière dont aucune vague ne ride la surface. Il ne se montrerait pas à eux. Que lui importaient leurs pensées et que lui importaient les siennes propres : leur mépris ancien et le plaisir de la revanche...

Il se mouvait de nouveau dans l'air pour quitter la place... Alors, soudain, les bâtiments du monastère tremblèrent, se disloquèrent. Les montagnes environnantes s'agitèrent confusément ; leurs cimes s'écroulèrent tandis que d'autres surgissaient. Le soleil traversa l'espace comme un bolide, semblant tomber du firmament. Un autre soleil apparut, trouant le ciel. Et le rythme de la fantasmagorie s'accélérant sans cesse, Dordji ne discerna plus qu'une sorte de torrent furieux dont les flots écumants étaient faits de tous les êtres et de toutes les choses du monde.

Ces visions ne sont pas rares chez les mystiques tibétains. Il ne faut point les confondre avec des rêves. Le sujet n'est point endormi et, souvent, malgré les pérégrinations qu'il accomplit, les sensations qu'il éprouve et les tableaux qu'il perçoit, il conserve la conscience assez nette de l'endroit où il est et de sa personnalité. Maintes fois, aussi, quand les visions se produisent, lorsque la personne, en état de transe, se trouve dans un lieu où elle est exposée à être dérangée, elle éprouve de la crainte à ce sujet et souhaite, très consciemment, que nul ne survienne, ne lui parle, ne l'appelle, ne frappe à sa porte, etc. Bien qu'elle soit, parfois, dans l'impossibilité de parler ou de se mouvoir, elle entend et se rend compte de ce qui se passe autour d'elle. Le bruit, les allées et venues des gens, lui causent des sensations pénibles, et s'ils la tirent de l'état psychique particulier dans lequel elle se trouve, ou si, pour une raison quelconque, elle doit s'en sortir elle-même en accomplissant un grand effort, l'ébranlement nerveux qui s'ensuit lui cause, généralement, d'abord un choc douloureux, puis un malaise qui persiste longtemps.

C'est pour éviter cette commotion et les effets fâcheux que sa répétition peut avoir sur la santé, que des règles ont été édictées concernant la façon de terminer une période de méditation, même ordinaire, si elle a été quelque peu prolongée. Il convient, par exemple, de tourner la tête lentement de droite à gauche, de se masser le front pendant un instant, de s'étirer les bras en joignant les mains derrière le dos et en rejetant le corps en arrière, etc. Chacun choisit l'exercice qui lui convient le mieux.

Chez les membres de la secte Zen, au Japon, où les religieux méditent ensemble dans une salle commune, un surveillant exercé à discerner les symptômes de la lassitude soulage ceux qui en souffrent et ranime leur énergie en leur assenant un fort coup de bâton sur une épaule. Tous ceux qui en ont fait l'expérience s'accordent à dire que la sensation éprouvée est une agréable détente des nerfs.

Karma Dordji, revenu de son singulier voyage, regarda

autour de lui. Sa cellule, avec les livres rangés sur leurs rayons, l'autel et le foyer, était telle que la veille et telle qu'il l'avait toujours vue depuis près de trois années qu'il l'habitait. Il se leva et alla regarder par la fenêtre. Le monastère, la vallée et les bois couvrant les versants des montagnes, avaient leur aspect habituel. Rien n'avait changé et, pourtant, tout était différent. Très calme, Karma alluma du feu, puis, quand le bois flamba, il coupa, avec un couteau, sa longue chevelure de *naldjorpa* et la jeta dans les flammes. Il fit ensuite du thé, but et mangea, posément, rassembla quelques provisions, les chargea sur son dos et sortit, fermant soigneusement la porte du *tshams-khang* derrière lui.

Arrivé au monastère, il se rendit à la demeure du *tulkou,* et rencontrant un domestique dans la cour d'entrée, il le pria d'informer son maître de son départ et de le remercier, en son nom, de la bonté qu'il lui avait témoignée. Puis il s'éloigna.

Il avait déjà franchi une certaine distance lorsqu'il s'entendit appeler. Un des jeunes moines de famille noble, appartenant à la maison ecclésiastique du lama, courait derrière lui.

— Kouchog Rimpotché vous demande, lui dit-il.

Karma Dordji retourna sur ses pas.

— Vous nous quittez, lui demanda poliment le lama. Où allez-vous ?

— Remercier mon *gourou,* répondit Karma.

Le *tulkou* resta un instant silencieux, puis, d'une voix attristée :

— Mon oncle révéré est parti au-delà de la souffrance[1], il y a plus de six mois, dit-il.

Karma Dordji ne prononça pas une parole.

— Si vous désirez vous rendre à son *riteu,* je vous donnerai un cheval, continua le lama, ce sera mon cadeau d'adieu à l'hôte qui me quitte. Vous trouverez au *riteu* un disciple de Rimpotché qui y demeure maintenant.

1. *Nya-nien les des song:* Une expression révérentielle qui signifient qu'un saint lama est mort et revient à dire qu'il a atteint le *nirvâna.*

Karma Dordji remercia et n'accepta rien. Quelques jours plus tard, il revit la maisonnette blanche d'où la lumière lui avait paru jaillir et se poser sur sa tête. Il pénétra dans la chambre où il n'était entré qu'une seule fois, le jour de son arrivée, se prosterna longuement devant le siège où le lama s'asseyait et passa la nuit en méditation.

Le matin, il prit congé du nouvel ermite et celui-ci lui remit un *zen* ayant appartenu au défunt qui avait recommandé de le lui donner lorsqu'il sortirait de son *tshamskhang*.

Depuis ce temps, Karma Dordji mena une existence vagabonde, quelque peu pareille à celle du célèbre ascète Milarespa, qu'il admirait, du reste, et vénérait profondément. Lorsque je le rencontrai, il était déjà âgé, mais ne paraissait pas songer à choisir un endroit pour y fixer sa résidence.

Il s'en faut de beaucoup que les débuts de tous les anachorètes tibétains soient aussi singuliers que ceux de Karma Dordji. Les circonstances de son noviciat sont même très particulières et c'est pour cette raison que je les ai relatées aussi longuement. Néanmoins, l'entraînement spirituel de tous les disciples des *gomtchéns* comporte, presque toujours, des détails curieux. Maintes histoires m'ont été racontées à ce sujet et ma propre expérience, souvent pas mal rude, du rôle de disciple au «Pays des Neiges» me porte à croire qu'un bon nombre d'entre elles sont parfaitement véridiques.

CHAPITRE VI

Sports psychiques. — Les coureurs loung-gom-pas.
*— Comment l'on se réchauffe sans feu, parmi les
neiges. — Messages « à travers l'air ».*

Par le terme collectif *loung-gom* les Tibétains désignent
de très nombreuses pratiques, visant des buts divers, les
uns spirituels[1], les autres physiques, qui combinent la concentration d'esprit avec différentes gymnastiques de la respiration. Cependant, le nom de *loung-gom* est plus spécialement appliqué à un genre d'entraînement mi-psychique,
mi-physique, destiné à faire acquérir à celui qui le pratique
une légèreté et une célérité supranormales. Le *loung-gom-
pa* est un athlète capable de parcourir, avec une rapidité
extraordinaire, des distances considérables, sans se susten-
ter, ni prendre de repos.

Les Tibétains parlent beaucoup de ces *loung-gom-pas*,
et des exemples de voyages effectués pédestrement, à une
allure anormalement vive, sont mentionnés dans nombre
d'anciennes traditions.

Nous lisons dans l'autobiographie de Milarespa que
chez le lama qui lui enseigna la magie noire résidait un
moine qui courait plus vite qu'un cheval.

Milarespa se vante d'être lui-même parvenu, après son
entraînement, à accomplir, en quelques jours, un parcours

1. Voir p.263.

qui, auparavant, lui avait demandé plus d'un mois. L'habile régulation de « l'air interne » est, dit-il, la cause de cette faculté spéciale.

Il est, toutefois, à remarquer que l'exploit requis du *loung-gom-pa* se rapporte plus à une miraculeuse endurance qu'à une rapidité momentanée de sa course. Il ne s'agit pas pour lui de fournir à toute vitesse une course de 12 à 15 kilomètres, comme dans nos épreuves sportives, mais, comme il vient d'être dit, de couvrir, sans arrêt, des distances de plusieurs centaines de kilomètres, en soutenant une allure de *marche* excessivement vive.

En plus des informations que j'ai recueillies sur les méthodes d'entraînement employées pour atteindre ce but, j'ai eu l'occasion de jeter un coup d'œil sur quelques *loung-gom-pas*. Cependant, bien qu'un bon nombre de moines s'efforcent de pratiquer les exercices de *loung-gom*, il est certain que très peu obtiennent le résultat qu'ils souhaitent et les véritables *loung-gom-pas* doivent être fort rares.

Ma première rencontre avec un *loung-gom-pa* eut lieu dans le désert d'herbe au nord du Tibet.

Vers la fin de l'après-midi, nous chevauchions en flânant à travers un vaste plateau, lorsque je remarquai, très loin devant nous, un peu sur notre gauche, une minuscule tache noire que mes jumelles me montrèrent comme étant un homme. Je fus très surprise. Les rencontres ne sont pas fréquentes dans cette région, depuis dix jours nous n'avions pas vu un être humain. De plus, des gens à pied et seuls ne s'aventurent guère dans ces immenses solitudes. Qui pouvait être ce voyageur ?

Un de mes domestiques émit l'opinion que l'homme avait peut-être fait partie d'une caravane de marchands qui, attaquée par des brigands, s'était débandée. Il pouvait avoir fui pour sauver sa vie et se trouver, maintenant, perdu dans le désert.

La chose était possible et, si tel était le cas, j'emmènerais le rescapé avec moi jusqu'à un camp de *dokpas* ou à n'importe quel endroit se trouvant sur ma route où il désirerait se rendre.

Comme je continuais à l'observer avec mes jumelles, je

m'aperçus que sa démarche était singulière et qu'il avançait étrangement vite. Bien qu'à l'œil nu mes gens ne pussent guère distinguer qu'un point noir se mouvant sur l'herbe, il ne se passa pas très longtemps avant qu'ils ne remarquassent aussi la vitesse surprenante avec laquelle ce point se déplaçait. Je leur passai les jumelles et l'un d'eux ayant regardé pendant quelques minutes murmura : *Lama loung-gom-pa tchig da* (on dirait un lama *loung-gom-pa*).

Les mots *loung-gom-pa* éveillèrent immédiatement mon intérêt. Il ne m'était encore jamais arrivé de voir un expert *loung-gom-pa* accomplissant une de ces prodigieuses randonnées dont il est tant parlé au Tibet. Cette heureuse chance allait-elle m'échoir ?

L'homme continuait à approcher et la rapidité de son allure devenait de plus en plus évidente. Que devais-je faire s'il était un véritable *loung-gom-pa* ? Je désirais l'observer de près, causer avec lui, lui poser des questions, et, aussi, le photographier... e désirais beaucoup de choses.

Mais dès les premiers mots que je prononçai à ce sujet, le domestique qui avait, le premier, reconnu la démarche du *loung-gom-pa*, s'écria :

« Révérende dame, vous n'allez pas arrêter le lama, ni lui parler, n'est-ce pas ? Il en mourrait certainement. Lorsqu'ils voyagent, ces lamas ne doivent point interrompre leur méditation. Le dieu qui est en eux s'échappe s'ils cessent de répéter les formules magiques et, en les quittant avant le temps convenable, il les secoue si violemment qu'il les tue. »

L'avertissement exprimé de cette façon paraissait absurde, néanmoins, il n'était pas complètement à négliger. D'après ce que je savais de la technique du procédé, l'homme marchait dans un état de transe. Par conséquent, il était probable que, bien qu'il n'en dût pas mourir, il éprouverait un choc nerveux pénible s'il était brusquement tiré de cet état particulier. Jusqu'à quel point ce choc pouvait-il être dangereux, je n'en savais rien et ne voulais pas faire du lama l'objet d'une expérience, peut-être cruelle, dont je ne pouvais mesurer les suites. Une autre raison m'empêchait aussi de satisfaire ma curiosité.

Les Tibétains m'avaient acceptée comme une dame-lama. Ils savaient que j'étais bouddhiste et ne pouvaient deviner la différence existant entre ma conception purement philosophique du bouddhisme et le bouddhisme lamaïste. Ainsi, pour jouir de la confiance et du respect que m'attirait l'habit religieux que je portais[1], j'étais forcée d'observer les coutumes tibétaines et, plus spécialement encore, les coutumes religieuses.

Cette contrainte constituait pour moi un obstacle sérieux au point de vue des quelques observations scientifiques que j'aurais pu faire, mais elle était le prix dont il me fallait payer mon admission sur un terrain encore bien plus jalousement gardé que ne l'est le territoire du Tibet.

Une fois de plus, je dus réprimer mon désir de me livrer à une enquête et me contenter de la vue du singulier voyageur.

Il était arrivé à une petite distance de nous. Je pouvais distinguer nettement sa face impassible et ses yeux largement ouverts qui semblaient contempler fixement un point situé quelque part, haut, dans l'espace vide. Le lama ne courait point. Il paraissait s'enlever de terre à chacun de ses pas et avancer par bonds, comme s'il avait été doué de l'élasticité d'une balle. Il était vêtu de la robe et de la toge monastiques usuelles, toutes deux passablement râpées. Sa main gauche s'agrippait à un pli de la toge et demeurait à moitié cachée par l'étoffe. Sa main droite tenait un *pourba*[2]. En marchant, il remuait légèrement le bras droit, rythmant son pas comme si le *pourba*, dont la pointe se trouvait fort éloignée du sol, eût été véritablement en contact avec lui et qu'il s'y fût appuyé comme sur une canne.

Mes domestiques étaient descendus de cheval et se prosternèrent la face contre terre lorsque le lama passa devant nous ; mais lui continua son chemin sans paraître remarquer notre présence.

Je crus avoir suffisamment témoigné mon respect aux coutumes du pays en m'abstenant d'arrêter le voyageur. Je commençais déjà à regretter ma discrétion et tenais à

1. En ayant, d'ailleurs, légitimement le droit. Je ne me serais pas permis ce genre de déguisement.
2. Un poignard rituel.

observer plus longuement le *lôung-gom-pa*. J'ordonnai donc aux garçons de remonter en hâte sur leurs bêtes et de suivre le lama, qui était déjà loin. Sans chercher à le rejoindre, nous ne laissâmes pas s'augmenter la distance existant entre nous, et, à l'aide de nos jumelles, mon fils et moi nous le tînmes en vue.

Nous ne voyions plus sa figure, mais nous pouvions toujours remarquer la régularité étonnante de ses pas élastiques se succédant, aussi mesurés que les oscillations d'un pendule. Nous le suivîmes ainsi sur une distance d'environ trois kilomètres, puis le *loung-gom-pa* quitta la piste, grimpa le long versant raide et disparut dans les replis de la chaîne de montagnes qui bordait le plateau. Des cavaliers ne pouvaient le suivre sur ces pentes, notre observation prit fin et nous rebroussâmes chemin pour reprendre notre direction.

Je me demandai si le lama avait, ou non, été conscient qu'il était suivi. Bien que nous fussions demeurés assez loin derrière lui, n'importe qui, se trouvant dans un état normal, eût entendu le bruit fait par nos chevaux, mais je l'ai dit, le *loung-gom-pa* semblait être en transe et, à cause de cette circonstance particulière, je ne pouvais deviner s'il avait fait semblant de ne pas nous voir et avait escaladé la montagne pour échapper à notre curiosité ou si, réellement, il ignorait qu'il était suivi et avait changé de direction parce que tel était son chemin.

Quatre jours après cette rencontre, nous arrivâmes, dans la matinée, au territoire dénommé Thébgyai, où sont dispersés plusieurs camps de pasteurs. Je ne manquai pas de raconter à ces *dokpas* comment nous avions croisé un *loung-gom-pa* en arrivant à la piste qui conduit à leurs pâturages. Quelques hommes l'avaient aperçu, alors qu'ils rassemblaient leurs troupeaux, au coucher du soleil, la veille du jour où nous l'avions vu nous-mêmes.

Ce renseignement me permit de faire un calcul approximatif. En tenant compte du nombre d'heures pendant lesquelles nous avions voyagé au trot habituel de nos bêtes, déduisant le temps pendant lequel nous étions demeurés campés, j'arrivai à la conclusion que pour atteindre à l'endroit où nous l'avions trouvé vers la fin de l'après-midi, le *loung-gom-pa*, après avoir passé près des *dokpas*, devait avoir marché toute la nuit et le lendemain, sans s'arrêter, à une vitesse à peu près égale à celle avec laquelle nous l'avions vu avancer. C'était la continuité de cette rapidité qui était merveilleuse, car marcher pendant vingt-quatre heures consécutives est loin d'être considéré comme un record par les montagnards du Tibet.

Lama Yongden et moi avons, plusieurs fois, effectué des étapes de dix-neuf à vingt heures, sans aucun arrêt et sans manger ni boire, pendant notre voyage de la Chine à Lhassa. L'une de celles-ci comprenait le passage du haut col de Deo, avec de la neige jusqu'aux genoux. Mais, bien entendu, notre marche lente ne pouvait, en aucune façon, être comparée à celle de ce *loung-gom-pa* ailé.

Ce dernier n'était, du reste, point parti de Thébgyai. D'où venait-il quand les *dokpas* l'avaient entrevu et quelle distance devait-il encore parcourir lorsqu'il avait quitté la piste et disparu dans la montagne ? Il m'était impossible de rien conjecturer à ce sujet. Les *dokpas* croyaient qu'il pouvait venir de Tsang, certains monastères de cette province s'étant fait, depuis des siècles, une spécialité d'entraîner des marcheurs *loung-gom-pas*. Toutefois, plusieurs pistes s'entrecroisent sur le territoire de Thébgyai et comme les pasteurs n'avaient point parlé au lama, ils demeuraient, comme moi, réduits à des suppositions.

Se livrer à des investigations méthodiques était presque impossible dans ce désert. Elles auraient demandé plusieurs mois, sans avoir aucune certitude de les voir aboutir à un résultat satisfaisant. Je ne pouvais donc pas songer à les entreprendre.

Puisque je viens de mentionner les monastères de Tsang et leur réputation comme centre d'entraînement de *loung-gom* visant la célérité, il sera peut-être intéressant de relater brièvement les circonstances auxquelles, d'après les anciennes traditions, cet entraînement doit son origine.

Les héros de la légende sont deux éminents lamas : Youngtön Dordji Pal et l'historien Boutön[1].

Le premier, Youngtön Dordji Pal — né vers 1284 est con-

1. Écrit Buston.

sidéré comme la septième «renaissance» de Soubhouti, un disciple de Bouddha historique. Cette lignée de «renaissances» se continua plus tard par les Trachi-lamas dont l'actuel est la seizième «renaissance» de Soubhouti, en même temps qu'un *tulkou* d'Eupagméd. Youngtön Dordji Pal était un magicien célèbre dont le pouvoir s'exerçait surtout à subjuguer les déités terribles. On lui donne comme maître un lama mystique nommé Tzurwang Sengé, sur lequel rien ne semble connu, si ce n'est par des traditions fantastiques. Youngtön Dordji Pal vécut pendant quelque temps à la cour de l'empereur de Chine et mourut âgé de quatre-vingt-douze ans.

Boutön naquit à Tjo Phoug dans les environs de Jigatzé en 1288. Il est l'auteur de plusieurs importants ouvrages d'histoire et classa les écritures bouddhiques, traduites du sanscrit, pour en former le grand recueil appelé *Khagyour*.

Or, le magicien Youngtön avait décidé de célébrer un rite solennel pour subjuguer Chindjé, le dieu de la mort. Ce rite doit être accompli tous les douze ans; si l'on y manquait, le dieu, croit-on, dévorerait chaque jour un être vivant. Le résultat attendu de la cérémonie magique est d'amener Chindjé sous le pouvoir du lama et de le forcer à s'engager par un serment à ne tuer aucun être pour sa nourriture. Des offrandes lui sont présentées, d'abord pendant le rite, et, ensuite, quotidiennement, en remplacement des vies qu'il épargne.

Boutön apprit ce que Youngtön préparait, et désirant savoir si son ami possédait réellement le pouvoir de subjuguer le terrible dieu, il se rendit chez lui accompagné par trois autres savants lamas.

Lorsqu'ils arrivèrent ils constatèrent que Chindjé avait déjà répondu à l'appel du magicien. Sa forme effroyable était, dit l'histoire, «immense comme le ciel».

Youngtön annonça à ses visiteurs qu'ils venaient juste au moment précis où ils pourraient prouver l'étendue de leurs sentiments compatissants. Il avait, continua-t-il, évoqué le dieu pour le bien de tous les êtres, il restait à l'apaiser au moyen d'offrandes, et il suggéra que l'un des lamas ferait bien de s'offrir comme victime. Les trois compagnons de Boutön déclinèrent cette invitation, et, sous divers prétextes, prirent hâtivement congé.

Boutön étant demeuré seul avec son ami déclara que si la réussite du rite exigeait vraiment le sacrifice d'une vie humaine, il était prêt à entrer volontairement dans la bouche monstrueuse que Chindjé tenait ouverte.

A cette offre généreuse, le magicien répliqua qu'il trouverait le moyen d'obtenir le fruit du rite sans que Boutön eût à perdre sa vie. Il désirait seulement lui confier, à lui et à sa lignée de successeurs, la charge de célébrer la cérémonie tous les douze ans. Boutön s'étant engagé à le faire, Yougtön créa d'innombrables fantômes (*tulpas*) de colombes et les jeta dans la bouche de Chindjé.

Depuis ce temps les lamas, tenus pour être les réincarnations de Boutön, ont régulièrement célébré, au monastère de Chalu, le rite visant à propitier le dieu de la mort. Il semble qu'avec le temps, des compagnons ont été adjoints à ce dernier, car les lamas de Chalu parlent maintenant de «nombreux démons» qui sont mandés à cette occasion.

C'est pour aller les inviter, en différentes régions, qu'un messager est requis. Celui-ci est dénommé *mahékétang* (le buffalo qui appelle). Le buffalo est la monture de Chindjé. Cet animal est réputé pour son intrépidité et ose appeler les mauvais esprits. Du moins, telle est l'explication donnée à Chalu.

Le messager est, alternativement, élu parmi les moines de Nyang töd kyid phug et ceux de Samding.

Les religieux qui aspirent à remplir ce rôle doivent s'exercer d'abord dans l'un ou l'autre de ces deux monastères. L'entraînement consiste en exercices de respiration et de gymnastique spéciale pratiqués dans un *tshams khang*, complètement obscur, pendant une période de stricte claustration qui dure trois ans, trois mois, trois semaines et trois jours.

Parmi ces exercices, il en est un qui a conquis la faveur de très nombreux soi-disant mystiques d'une intellectualité généralement médiocre. Non seulement des membres de l'ordre religieux, mais des laïques hommes et femmes, font des «retraites» prolongées pour s'y adonner. Voici en quoi il consiste:

L'étudiant s'assied, les jambes croisées, sur un épais et large coussin. Il aspire l'air lentement et longuement, comme s'il tendait à se gonfler. Alors, retenant son souffle, il doit sauter, tout en conservant les jambes croisées — sans se servir de ses mains pour prendre un point d'appui — et retomber sans avoir changé de position. Certains lamas arrivent à sauter, ainsi, à une très grande hauteur.

D'après les Tibétains, celui qui persévère assidûment dans ce genre d'entraînement pendant plusieurs années, devient capable de « s'asseoir sur un épi sans un faire courber la tige, ou de se poser au sommet d'un tas de grains d'orge sans déplacer un seul de ceux-ci ». En fait, le véritable but recherché est la lévitation.

Une épreuve curieuse a été imaginée. Celui qui s'en tire avec succès est considéré comme capable d'accomplir les actes singuliers indiqués ci-dessus ou, du moins, comme n'en étant pas éloigné. Pour cette épreuve, l'on creuse une fosse dont la hauteur est égale à celle du candidat. Sur celle-ci l'on bâtit une sorte de coupole, percée à son sommet par une étroite ouverture. La hauteur du toit, à sa partie supérieure, est égale à la profondeur de la fosse. De sorte que si l'homme mesure 1 m 70 la distance entre le fond de la fosse et le sommet de la coupole est de 3 m 40. Le candidat assis, les jambes croisées, au fond de ce tombeau, doit en sortir d'un bond par l'ouverture du toit.

J'ai entendu des Tibétains de Kham affirmer qu'ils avaient été témoins de faits de ce genre, dans leur pays, toutefois, ceux que j'ai moi-même vus sauter, ne m'ont point paru capables d'un tel exploit.

Quand aux aspirants « Buffalo qui appelle », les renseignements que j'ai recueillis sur les lieux où ils subissent l'épreuve finale consacrant leur succès, représentent celle-ci de façon différente.

Après leur claustration de plus de trois années dans les ténèbres, ceux des moines qui se jugent en état de se présenter au concours, se rendent à Chalu (près de Jigatzé). Là, ils sont emmurés dans un de ces édicules que je viens de décrire. Toutefois, à Chalu, l'ouverture est pratiquée dans un des côtés de la cellule et non dans son toit. Le candidat ne bondit pas, non plus, hors de sa tombe ; un escabeau lui est laissé pour qu'il puisse se hausser hors de la fosse où il est demeuré assis pendant sept jours. Il doit, ensuite, sortir par l'ouverture dont les dimensions sont calculées d'après la distance existant entre le pouce et le doigt majeur du candidat, lorsqu'il les tient largement écartés, soit environs 20 centimètres dans chaque sens. Celui qui y réussit est qualifié pour devenir *mahékétang*.

L'on éprouve quelque difficulté à comprendre comment l'acquisition d'une agilité et d'une célérité toutes particulières peut résulter d'un entraînement qui tient un homme immobile pendant des années dans les ténèbres, mais il faut se dire que le moyen visé n'a rien de commun avec le développement physique. Toutefois, il existe aussi d'autres méthodes comprenant des exercices plus rationnels, à notre point de vue, parmi lesquels des marches prolongées.

Le second *loung-gom-pa* que j'entrevis ne me fournit point l'occasion de l'observer en cours de marche.

Nous voyagions en forêt, dans la région occupée par des tribus tibétaines indépendantes, à l'extrémité occidentale du Szetchouan. Tout à coup, à un détour du sentier, Yongden et moi qui cheminions à pied, devançant notre petite caravane, aperçûmes un homme nu portant des chaînes de fer enroulées autour du corps.

Il était assis sur un rocher et paraissait si absorbé dans ses pensées qu'il ne nous avait pas entendus approcher. Nous nous arrêtâmes étonnés, mais, probablement, un indice quelconque avertit l'étrange individu de notre présence. Il tourna la tête, nous vit, se leva d'un bond et, plus preste qu'un chevreuil, se jeta à travers les fourrés où il disparut. Pendant quelques instants, nous entendîmes le bruit rapidement décroissant du cliquetis des chaînes que la rapidité de sa course faisait s'entrechoquer, puis le silence se fit.

— C'est un *loung-gom-pa*, me dit alors Yongden. J'en ai déjà vu un de ce genre. Ils portent ces chaînes pour s'alourdir, car la pratique de *loung-gom* a rendu leur corps si léger qu'ils risquent de flotter dans l'air.

Ma troisième rencontre avec un *loung-gom-pa* eut lieu dans la région de Ga, au pays de Kham. L'homme apparut sous l'aspect familier et banal d'un *ardjopa*, un pauvre pèlerin portant un baluchon sur son dos. Des milliers de ses pareils errent par tous les chemins du Tibet, de sorte que nous n'accordâmes aucune attention à ce membre isolé d'une si large tribu.

Ces piétons nécessiteux ont l'habitude de s'attacher à n'importe quelle caravane de marchands ou quel groupe de voyageurs aisés qu'ils rencontrent sur leur route et de les suivre tant que leur itinéraire s'accorde à peu près avec le leur propre. Ils marchent avec les domestiques à côté des bêtes de somme et, si celles-ci, légèrement chargées, trottent avec les cavaliers, le pauvre hère, qui est laissé en arrière, chemine tant qu'il a rejoint les voyageurs à leur camp du soir. Généralement, cela ne lui est pas difficile. Lorsqu'ils effectuent de longs voyages, les Tibétains ne font que de courtes étapes, se mettant en route au lever du jour et s'arrêtant vers midi pour que leurs bêtes puissent paître et se reposer pendant tout l'après-midi.

La peine que l'*ardjopa* prend en se hâtant pour suivre des cavaliers et les menus services qu'il rend en aidant les domestiques, sont récompensés par le souper quotidien et, de temps en temps, des bols de thé avec de la *tsampa* dont on lui fait l'aumône.

Suivant cette coutume, le pèlerin que nous avions rencontré se joignit à nous. J'appris de lui qu'il avait demeuré à Pabong gompa dans le pays du Kham et se rendait dans la province de Tsang. Un long voyage qui, fait à pied, en s'arrêtant pour mendier dans les villages, pouvait demander trois ou quatre mois. Les courses de cette sorte n'effraient nullement les Tibétains.

Notre compagnon avait déjà passé quelques jours avec nous, lorsque, à cause de certains raccommodages de bâts, nous ne fûmes prêts à partir que vers midi.

Jugeant que les mules portant les bagages arriveraient tard de l'autre côté d'une chaîne de montagnes que nous devions franchir, je partis en tête avec mon fils et un domestique, afin de chercher avant le soir près d'un ruisseau une place herbeuse où nous pourrions camper.

Lorsque le maître voyage avant les bagages, le serviteur qui l'accompagne emporte toujours avec lui un ustensile pour faire du thé et quelques provisions, de sorte que le voyageur puisse prendre son repas sans attendre l'arrivée des tentes et des sacs contenant les vivres. Mon domestique n'avait eu garde de manquer à cet excellent usage. Je mentionne ce détail, en apparence insignifiant, parce qu'il fut la cause qui amena la découverte du *loung-gom-pa*.

La distance à parcourir pour arriver au col se trouva être plus grande que je ne l'avais estimé. Je compris que les mules chargées n'arriveraient jamais au sommet de la montagne avant la tombée de la nuit et on ne pouvait songer à les laisser descendre dans l'obscurité, sur l'autre versant. Ayant découvert près d'un ruisselet un endroit offrant assez d'herbe pour permettre aux bêtes de se rassasier, je m'y arrêtai.

Nous avions déjà bu du thé et étions occupés à ramasser de la bouse sèche[1] pour entretenir le feu, lorsque j'aperçus loin, au-dessous de nous, l'*ardjopa* qui montait le sentier menant au col. Malgré la raideur de la pente, il avançait avec une prodigieuse rapidité et lorsqu'il fut plus rapproché, je remarquai la ressemblance de sa démarche légère et élastique avec celle du lama *loung-gom-pa* que j'avais observé près de Thébgyai.

Lorsqu'il nous eut rejoints, l'homme demeura pendant quelques instants immobile, regardant fixement devant lui. Il n'était pas du tout essoufflé, mais paraissait à demi inconscient et incapable de parler ou d'agir. Cependant, peu à peu, la transe se dissipa et il revint à son état normal.

Répondant à mes questions, il avoua qu'il avait commencé à s'entraîner d'après la méthode de *loung-gom*, sous la direction d'un *gomtchén* qui vivait près du monastère de Pabong.

Son maître ayant quitté le pays, il voulait aller continuer son étude à Chalu.

Il ne me dit rien de plus et parut triste tout le restant de la soirée. Le lendemain, il confessa à Yongden qu'il était entré involontairement en état de transe à cause d'une préoccupation des plus vulgaires.

---

1. L'on sait que dans les parties du Tibet où il n'existe pas de forêts, le combustible habituel est la bouse du bétail. Dans les régions fréquentées par les pasteurs, les voyageurs ramassent celle laissée par les troupeaux, pour alimenter le feu de leur camp.

Tandis qu'il marchait avec les garçons qui conduisaient les mules, il était devenu impatient. Ils avançaient trop lentement, pensait-il, et, sans nul doute, pendant qu'ils traînaient en route, nous faisions griller la viande qu'il avait vu emporter par le domestique qui nous accompagnait.

Lorsque les trois autres hommes et lui-même nous rejoindraient, ils auraient tout juste le temps de planter les tentes, de déharnacher les bêtes et de leur donner du grain avant que la nuit tombe. Il serait trop tard, alors, pour préparer à souper et il faudrait se contenter de boire quelques bols de thé avec de la *tsampa*.

Cette idée s'empara si complètement de son esprit, qu'elle provoqua une sorte de vision. Il voyait le feu, la viande sur les cendres rouges et, plongé dans cette ardente contemplation, il avait perdu conscience de ce qui l'entourait. Poussé par le désir de partager notre grillade, il avait accéléré sa marche, et, ce faisant, son pas s'était, mécaniquement, mis au rythme qu'il pratiquait dans ses exercices d'entraînement. L'association habituelle de cette façon de marcher avec la formule mystique que son maître lui avait enseignée, avait causé la récitation mentale de celle-ci. Cette dernière l'avait amené à régler sa respiration d'après la manière prescrite, les mots de la formule en marquant la mesure, et la transe s'en était suivie, la concentration de pensée sur la viande grillée subsistant toujours et conduisant le phénomène.

Le novice se sentait grandement coupable. Le mélange qu'il avait fait de basse gourmandise, de phrases mystiques et d'exercices de *loung-gom* lui paraissait un véritable sacrilège.

Mon fils ne manqua point de me rapporter ces confidences. Elles m'intéressèrent et je questionnai l'*ardjopa* au sujet des exercices de *loung-gom* que son maître lui avait fait pratiquer. Il répugnait à répondre et se montrait très réticent, pourtant, je réussis à obtenir certains renseignements qui confirmaient ce que j'avais déjà appris d'autre part.

Son maître lui avait dit que le crépuscule et les nuits constituent des conditions favorables qui aident le marcheur. Il l'avait aussi engagé à s'entraîner en regardant fixement le ciel étoilé.

Je suppose que, comme il est d'usage parmi les mystiques du Tibet, le novice avait prêté serment de tenir secret ce que son maître lui enseignait et que mes questions le gênaient

Le troisième jour après la course dont il nous avait donné le spectacle inattendu, lorsque nous nous éveillâmes, au lever du jour, l'*ardjopa* ne se trouvait plus dans la tente de mes domestiques. Il s'était enfui pendant la nuit, ayant peut-être encore eu recours à la pratique de *loung-gom* pour hâter sa marche mais, cette fois, pour un motif plus respectable que celui de manger un bon morceau.

D'après les renseignements que j'ai obtenus de différentes sources, la pratique de cette espèce particulière de *loung-gom* peut-être rapidement esquissée comme suit :

Le premier pas avant de commencer son étude est, comme toujours, de recevoir l'initiation appropriée. Il faut ensuite s'exercer pendant plusieurs années, et sous la direction d'un maître expérimenté, à de nombreuses variétés de gymnastiques respiratoires. C'est seulement quand le disciple s'y montre suffisamment avancé qu'il lui est permis d'entreprendre les marches elles-mêmes.

Une nouvelle initiation lui est conférée à ce moment et son *gourou* lui apprend une formule mystique. Le novice concentre ses pensées sur la répétition mentale et cadencée de cette formule qui rythme le jeu de la respiration pendant la marche, les pas s'effectuant en mesure, avec les syllabes de la formule.

Le marcheur ne doit ni parler, ni penser à aucune chose, ni regarder de droite à gauche. Il lui faut tenir les yeux fixés sur un unique objet, éloigné, et ne jamais permettre à son attention d'en être détournée par quoi que ce soit.

Lorsque l'état de transe a été atteint, bien qu'une grande part de la conscience normale se trouve abolie, celle-ci demeure assez active pour faire éviter au marcheur les obstacles qui peuvent exister sur son chemin et le maintenir dans la direction de son but. Cependant, ces deux choses se produisent mécaniquement sans provoquer aucune réflexion dans l'individu en transe.

Les grands espaces déserts, le terrain plat et, comme temps, le crépuscule, sont considérés comme des conditions favorables.

Même lorsque l'on a fourni une longue étape dans la journée et que l'on est fatigué, la transe est souvent obtenue facilement vers le coucher du soleil. La fatigue cesse alors d'être ressentie et le voyageur peut continuer à parcourir un grand nombre de kilomètres.

Les premières heures du jour sont également favorables, mais dans une moindre mesure.

Le milieu du jour, le commencement de l'après-midi, les vallées étroites et tortueuses, les régions boisées, le terrain accidenté sont autant de conditions défavorables et, seuls, les *loung-gom-pas* de premier ordre sont jugés capables de surmonter les influences défavorables qui en émanent.

Nous pouvons déduire de ces explications que les Tibétains considèrent l'uniformité du paysage et l'absence, à proximité, d'objets particulièrement frappants, comme aidant la production de la transe. Il est évident qu'un plateau désert présente moins d'occasions de détourner l'esprit de la formule et du va-et-vient du souffle qu'une gorge obstruée par des rocs et des buissons, un torrent bruyant, etc. Quant à la régularité des enjambées, elle est difficile à maintenir en terrain accidenté.

Toute restreinte qu'elle soit, l'expérience personnelle que j'ai en cette matière me permet d'ajouter que si les grands espaces déserts sont les endroits où la transe est le plus aisément produite, une forêt de hauts arbres au tronc droit, exempte de sous-bois broussailleux et traversée par un sentier à peu près plat, lui est également favorable. Peut-être l'uniformité du paysage en est-elle la cause. Toutefois, ma remarque n'a que la valeur d'une observation personnelle effectuée dans les forêts du Poyul, alors que j'y effectuais des marches prolongées en me rendant à Lhassa.

N'importe quelle nuit claire est jugée bonne pour l'entraînement des débutants, mais plus spécialement les nuits étoilées. Les maîtres conseillent souvent de tenir les yeux fixés sur une même étoile; ceci paraît apparenté aux procédés hypnotiques. Il m'a été raconté que certains novices s'arrêtent brusquement lorsque l'étoile qu'ils regardaient leur devient invisible, soit qu'elle descende sous l'horizon, qu'elle s'élève et passe au-dessus de leur tête, qu'elle soit masquée par une montagne ou que leur route change de direction.

D'autres, au contraire, ne remarquent pas sa disparition, parce que, lorsque l'étoile cesse d'être visible, ils en ont déjà formé une image subjective qui demeure fixe devant eux.

Quelques initiés aux sciences secrètes affirment qu'après de longues années de pratique, il advient que lorsqu'il a déjà parcouru une certaine distance, les pieds du *loung-gòm-pa* cessent de toucher le sol et qu'il glisse dans l'espace avec une rapidité prodigieuse.

C'est probablement pour se donner l'air d'avoir atteint ce degré de légèreté que certains se lestent avec des chaînes.

Laissant à part ce qui semble être de l'exagération, il résulte de mon expérience très limitée de cette pratique et de ce que j'ai appris des lamas dignes de confiance, que l'on parvient à ne plus sentir le poids de son corps. Une sorte d'anesthésie amortit aussi les sensations causées par les heurts contre les pierres et les autres obstacles que l'on peut rencontrer, et l'on marche pendant des heures, avec une vitesse inaccoutumée, éprouvant cette agréable griserie bien connue des automobilistes qui font de la vitesse.

Les Tibétains établissent une distinction très marquée entre les marches volontairement accomplies par les *loung-gom-pas* et celles effectuées par les *pawos* et les *pamos*, médiums possédés qui entrent involontairement en état de transe et se mettent à marcher sans être conscients d'aucun but.

Les gens affligés de cette singulière maladie se rencontrent assez fréquemment dans l'Himâlaya. Je connais une charmante fermière dont la raison est parfaitement saine, qui se désole d'être sujette à ce genre de crises, mais n'a jamais pu s'en guérir. Il lui arrive, se trouvant chez elle avec son mari, en train de prendre son repas, de se lever brusquement, de sortir de la maison et de partir à travers les bois à une allure anormalement rapide. Rien ne l'arrête. A la saison des pluies, elle traverse les torrents grossis, s'y plongeant jusqu'au-dessus de la ceinture. Elle n'a aucune sensation, est parfaitement inconsciente. Généralement sa course la mène dans sa maison paternelle.

Elle sort alors de son état de transe, comprend ce qui lui est arrivé une fois de plus et pleure en proie à une tristesse navrante.

Les gens du pays croient que ces sortes de possédés mourraient si on les retenait de force lorsqu'ils entrent en transe et veulent marcher.

Mais leur cas, je le répète, n'a rien de commun avec celui des *loung-gom-pas*.

Les plus intelligents parmi les lamas, sans nier la réalité des phénomènes obtenus par cette catégorie de pratiques de *loung-gom*, n'y attachent aucune importance. Leur attitude, à ce sujet, rappelle celle attribuée au Bouddha dans l'histoire que voici :

Un jour, le Bouddha voyageant avec quelques-uns de ses disciples rencontra un yoguin émacié, seul, dans une hutte au milieu de la forêt.

Le Maître s'arrêta et s'enquit du temps pendant lequel l'ascète avait vécu à cet endroit pratiquant des austérités. «Vingt-cinq années, répondit le yoguin. — Et quel résultat avez-vous obtenu après de si durs efforts, demanda encore le Bouddha. — Je suis capable de traverser une rivière en marchant sur l'eau, déclara fièrement l'anachorète. — Ah! mon pauvre ami! répliqua le Sage avec commisération. Avez-vous vraiment gaspillé tant de temps pour cela, alors qu'il suffit d'une obole pour être transporté dans le bac du passeur!»

Comment l'on se réchauffe sans feu parmi les neiges.

Passer l'hiver dans une caverne située, souvent, entre 4 000 mètres et 5 000 mètres d'altitude, vêtu d'une robe mince ou même nu et ne pas périr gelé, est un problème compliqué. Nombres d'ermites tibétains l'ont pourtant résolu, et leur endurance est attribuée au fait qu'ils possèdent le moyen de stimuler la chaleur interne appelée *toumo*.

Le mot *toumo*[1] signifie chaleur, mais il n'est pas employé dans le langage courant pour désigner la chaleur ordinaire. C'est un terme technique du vocabulaire mystique, et les effets de la chaleur mystérieuse dénommée ainsi ne sont pas confinés à échauffer le corps des ascètes capables de l'engendrer.

Les adeptes des sciences secrètes tibétaines distinguent différentes sortes de *toumo*.

Toumo exotérique qui surgit spontanément pendant certaines extases et, graduellement, enveloppe le mystique dans le «doux et chaud manteau des dieux».

Toumo ésotérique qui vient d'être mentionnée et assure le confort des ermites sur les montagnes neigeuses.

Toumo mystique qui ne peut prétendre qu'à une très lointaine parenté avec l'idée de «chaleur», car elle est décrite comme faisant éprouver, dans ce monde, les «délices paradisiaques».

Dans l'enseignement secret, *toumo* est aussi le feu subtil qui réchauffe le fluide génératif et fait monter l'énergie latente en lui, le long des canaux filiformes des *tsas*[2] jusqu'au sommet de la tête, procurant au lieu de plaisir charnel des délices intellectuelles et spirituelles.

La superstition et des notions physiologiques bizarres ont donné naissance à d'extraordinaires histoires à ce sujet. Je m'aventurerai à en résumer une :

Le fameux ascète Restchoungpa, tourmenté par le désir de devenir érudit, quitta son maître Milarespa, contre la volonté de ce dernier, pour aller étudier la littérature et la philosophie à Lhassa. A cause de sa désobéissance, les choses tournèrent mal pour lui — du moins, au point de vue religieux.

Un homme riche s'enthousiasma de l'érudition et des pouvoirs magiques qu'il possédait déjà et le pressa de devenir son héritier en épousant sa fille unique. Ces faits se passaient avant la réforme de Tsong Khapa, tous les lamas étaient alors libres de se marier. La jeune fille, qui ne partageait en rien l'admiration de son père pour Restchoungpa,

---

1. Écrit : *glumo*.
2. *Tsa*, écrit *rtsa*, signifie veine, artère et nerf.

dut néanmoins accepter l'époux qu'il lui imposait, mais elle lui rendit la vie dure et le pauvre mari put bientôt se repentir d'avoir quitté son maître et d'avoir ensuite cédé à l'attraction de la richesse.

Sa douceur ne désarma pas la rancune de sa femme qui en vint un jour jusqu'à lui donner un coup de couteau. Et voici le prodige, au lieu de sang ce fut du sperme qui coula de la blessure. Par la pratique de *toumo*, me dit, avec la plus parfaite conviction, le lama qui me raconta cette histoire, le corps de Restchoungpa avait été entièrement rempli de semence de vie. Je dois à la vérité d'ajouter qu'un autre lama se gaussa de son naïf collègue et m'expliqua la chose comme suit : il est exact que par la pratique de certains genres de *toumo* l'on remplit son corps de force génératrice qui rend capable de créations psychiques, mais c'est là une énergie subtile et invisible et non une substance matérielle.

Toutefois, un petit nombre de lamas seulement, même dans les milieux mystiques, sont familiers avec toutes ces catégories de *toumo*, tandis que les effets merveilleux de la *toumo*, qui réchauffe et tient en vie les ermites hivernant parmi les neiges des hautes solitudes, sont connus de tous les Tibétains.

Il ne s'ensuit pas que la connaissance du procédé par lequel cette chaleur est produite soit également répandue ; bien au contraire, ce procédé est tenu secret par les lamas qui l'enseignent et ceux-ci ne manquent pas de déclarer que les informations acquises par ouï-dire ou la lecture de livres ne peuvent mener à aucun résultat pratique. Ce dernier exige les leçons reçues personnellement d'un maître qui est, lui-même, un expert en *toumo*.

De plus, seuls ceux qui sont qualifiés pour entreprendre l'entraînement peuvent espérer en obtenir les fruits. Les plus importantes des conditions requises sont : être déjà habile dans la pratique des différents exercices de respiration, être capable d'une intense concentration allant jusqu'à la transe où les pensées s'objectivent et avoir reçu l'initiation spéciale de *toumo* d'un lama ayant le pouvoir de le conférer.

Cette initiation est toujours précédée d'une longue période de probation.

Il m'a semblé que cette dernière avait, entre autres buts, celui de permettre au maître de s'assurer que l'aspirant est doué d'une constitution robuste. Quelle que soit ma confiance dans la méthode de *toumo*, je doute un peu qu'elle puisse être pratiquée sans danger par des gens aux poumons délicats.

Je ne sais si, en cédant à mes pressantes instances, et en écourtant cette période d'attente, le vénérable lama que je harcelais de mes requêtes tenta de se débarrasser de moi de façon définitive : il me demanda simplement de m'en aller dans un endroit désert, de m'y baigner dans une rivière glaciale puis, sans m'essuyer ni me vêtir, de passer la nuit immobile en méditation. C'était au début de l'hiver, l'altitude de l'endroit devait approcher de 3 000 mètres. Je ressentis une immense fierté de ne pas m'être enrhumée.

Par la suite, je goûtai un autre bain de ce genre, bien involontaire cette fois, en perdant pied dans le Mékong que je passais à gué, non loin de Rakchi, au nord du Tibet. Lorsque je me retrouvai sur la rive, en quelques instants, mes vêtements gelèrent sur moi... Je n'en avais pas de rechange.

L'on comprend que les Tibétains, fréquemment exposés aux accidents résultant d'un climat rigoureux, tiennent en haute estime un art qui vise à les en garantir.

Une fois initié, il faut renoncer aux habits de laine et ne jamais s'approcher du feu.

Après s'être exercé pendant quelque temps sous la direction attentive de son maître, le novice se rend dans un endroit écarté, absolument solitaire et élevé. Au Tibet, le qualificatif « élevé » n'est guère donné qu'à des lieux situés au-dessus de 4 000 mètres d'altitude.

D'après les maîtres *réspas*[1], il ne faut jamais s'exercer à la production de *toumo* à l'intérieur d'une maison, ni dans une agglomération d'habitations, parce que l'air vicié par la fumée, les odeurs et, aussi, d'autres causes occultes, y contrarient les efforts du disciple et peuvent nuire très sérieusement à sa santé.

_____

1. « Qui s'habille de coton » : ras. C'est ainsi que son dénommés ceux qui sont devenus experts en l'art de *toumo*.

Une fois installé dans un endroit convenable, l'aspirant *réspa* ne doit voir personne, sauf son *gourou* qui vient, de temps en temps, s'enquérir de son progrès, ou qu'il va, parfois, visiter dans son ermitage.

Le novice doit s'entraîner chaque jour avant l'aube et terminer l'exercice spécial relatif à *toumo* avant le lever du soleil, d'autres pratiques le réclamant, d'ordinaire, à ce moment. Ainsi, la nuit est loin d'être terminée quand il sort de sa hutte ou de sa caverne. Quelque basse que soit la température, il doit être entièrement nu ou ne porter qu'un unique vêtement de coton très mince.

Les débutants peuvent s'asseoir sur un morceau de tapis ou sur une planche.

Les disciples avancés s'assoient sur le sol nu et, à un degré supérieur de capacité, sur la neige, la glace d'un cour d'eau gelé, etc... L'exercice doit être fait à jeun, toutes boissons et, spécialement, toutes boissons chaudes, sont interdites, avant qu'il soit terminé.

Deux postures sont permises. Soit la posture habituelle de la méditation, les jambes croisées, soit assis à la façon occidentale, les mains placées chacune sur le genou correspondant, le pouce, l'index et l'auriculaire étant étendus, le majeur et l'annulaire étant ployés sous la paume de la main.

Différents exercices de respiration servent de prélude. Un de leurs buts est de rendre libre le passage de l'air dans les narines.

Ensuite, l'orgueil, la colère, la haine, la convoitise, la paresse et la stupidité sont mentalement rejetés avec l'expiration. La bénédiction des saints, l'esprit du Bouddha, les cinq sagesses, tout ce qui est noble et bon dans le monde, est attiré et assimilé avec l'inspiration.

Se recueillant pendant un certains temps, on écarte toutes les préoccupations, les réflexions et, s'étant abîmé dans un calme profond, on imagine, dans son corps, à la place du nombril, un lotus d'or, dans lequel se tient debout, brillante comme le soleil — ou étant un soleil elle-même — la syllabe *ram*. Au-dessus de celle-ci est la syllabe *ma* et, de cette dernière, sort la déesse Dordji Naldjorma.

Ces syllabes mystiques qui sont dénommées

« semences » ne doivent pas être vues comme de simples caractères d'écriture représentant symboliquement différentes choses, mais comme des êtres vivants se tenant debout et doués de la faculté de se mouvoir. Par exemple *ram* n'est pas un nom mystique du feu, mais la semence du feu.

Les Hindous attachent une grande importance à la prononciation de ces *mots-semence*. Ils croient que leur pouvoir réside dans le son qui est créateur.

Au Tibet, ces syllabes sont surtout employées comme formes schématiques des éléments, des déités, etc... Cependant, certains occultistes conviennent qu'elles peuvent être utilisées aussi en leur qualité de *semence*. Mais, d'après eux, le procédé à employer n'est pas d'émettre un son en les prononçant. Il consiste à se servir de l'image subjective de la syllabe. Ainsi *ram* étant la *semence* du feu, le magicien instruit dans cet art peut, au moyen de l'image subjective de ce mot, mettre le feu à n'importe quoi ou même produire des flammes sans combustible apparent. Telle est, du moins, leur théorie.

Dès que l'on a imaginé Dordji Naldjorma surgissant de la syllabe *ma*, il faut s'identifier avec elle. L'on contemple ensuite, la lettre *A* à la place de son nombril et la lettre *Ha*[1] au sommet de sa tête.

Des inspirations lentes et profondes agissent à la manière d'un soufflet et raniment un feu qui dormait sous la cendre. Celui-ci réside en *A*, il est de la forme d'une boule minuscule[2]. Chaque inspiration produit la sensation d'une bouffée d'air pénétrant dans le ventre au point où se trouve le nombril et active le feu.

Ensuite, chaque inspiration profonde est suivie d'une rétention du souffle dont la durée va graduellement en augmentant.

La pensée continue à suivre l'éveil du feu montant dans la veine *ouma* qui s'élève au milieu du corps.

Les Tibétains ont emprunté aux Hindous les trois veines

---

1. *Ha* est une des lettres de l'alphabet tibétain.
2. La comparaison tibétaine est : « Ronde comme une crotte de chèvre (*rima*) et de sa grosseur. »

mystiques qui jouent un grand rôle dans l'entraînement psychique des yoguins. Ces soi-disant « veines » ne sont, d'ailleurs, point considérées comme de véritables veines contenant du sang, mais comme des nerfs d'une ténuité extrême, servant de fils conducteurs à des courants d'énergie. En dehors des trois principales que les Tibétains dénomment *roma, ouma, kyangma,* il en existe quantité d'autres.

Les mystiques avancés considèrent cette sorte de « réseau » comme n'ayant aucune réalité physique. D'après eux, c'est une représentation imagée et fictive de courants de force.

L'exercice comprend dix parties ou étapes qui se succèdent sans interruption. Les visions subjectives et les sensations qui les accompagnent s'enchaînent par une série de modifications graduelles. Les inspirations, les rétentions du souffle et les expirations continuent rythmiquement et une formule mystique est répétée sans arrêt.

L'esprit doit demeurer complètement concentré sur la vision du feu et la sensation de chaleur qui s'ensuit, à l'exclusion de toutes autres pensées ou images mentales.

Les dix « étapes » peuvent être brièvement décrites comme suit :

1° La veine centrale, *ouma* est imaginée — et vue subjectivement — comme étant de la grosseur d'un fil ou d'un cheveu. Elle est remplie par la flamme ascendante et traversée par le courant d'air produit par la respiration ;

2° La veine devient de la grosseur du petit doigt ;

3° Elle devient de la grosseur du bras ;

4° Elle remplit le corps tout entier ou, plutôt, le corps est, maintenant, une sorte de tube contenant une fournaise ;

5° Le corps cesse d'être perçu. La veine, démesurément élargie, englobe l'univers tout entier et le *naldjorpa* entre dans un état d'extase où il se sent devenir une flamme battue par le vent, parmi les vagues ardentes d'un océan de feu.

Les débutants qui n'ont pas encore acquis l'habitude des méditations prolongées, effectuent ces cinq étapes plus rapidement que les disciples plus avancés qui s'attardent à chacune d'elles, plongés dans la contemplation. Cependant, le plus prompt d'entre eux emploie au moins une heure à arriver à la cinquième.

Les visions subjectives se répètent ensuite en sens inverse ;

6° La tempête s'abat, les vagues du feu deviennent moins hautes, et moins agitées, l'océan embrasé se rétrécit et est absorbé dans le corps ;

7° La veine n'est plus que de la dimension du bras ;

8° Elle est de la grosseur du petit doigt ;

9° Elle est mince comme un cheveu ;

10° Elle disparaît. Le feu cesse d'être perçu, de même que toutes autres formes ou images quelconques. Les idées concernant des objets quels qu'ils soient se dissipent également. L'esprit s'engloutit dans le « Grand Vide » où la dualité de celui qui perçoit et de l'objet perçu n'existe plus.

Cette transe dure plus ou moins longtemps suivant le degré de développement spirituel et psychique atteint par le *naldjorpa*.

Cet exercice, avec ou sans les cinq dernières étapes, peut être répété plusieurs fois durant la journée, ou à n'importe quel moment, quand on souffre du froid, mais l'entraînement proprement dit est constitué par l'exercice matinal.

Milarespa eut recours à *toumo* lorsqu'il se trouva inopinément emprisonné dans une caverne de Latchi Khang (le mont Everest) par une chute de neige et fut obligé d'y demeurer, sans vivres suffisants, jusqu'au printemps suivant.

Il a fait, de cette aventure, le sujet d'une poésie qui est célèbre au Tibet. J'en cite une partie, en traduction libre.

Dégoûté de la vie du monde
Je cherchai la solitude sur les pentes de Latchi Khang.
Le ciel et la terre, ayant tenu conseil,
M'envoyèrent la tempête comme leur messager.
Les éléments de l'air et de l'eau,
S'étant associés aux sombres nuages du sud,
Emprisonnèrent le soleil et la lune,
Soufflèrent sur les petites étoiles, les balayèrent hors du ciel
Et enveloppèrent les grandes dans un linceul de brouillard.
Il neigea, alors, continuellement pendant neuf jours et neuf nuits.

Les gros flocons étaient aussi épais que des flocons de laine,
Ils descendaient en volant comme des oiseaux.
Les petits étaient de la grosseur des pois et des graines de moutarde,
Ils descendaient en roulant et en tourbillonnant.
L'immensité des neiges dépassait toute description.
En haut, elles couvraient la crête des glaciers,
Tout en bas, les arbres de la forêt y étaient ensevelis jusqu'à leur cime.
Les monts noirs semblaient blanchis au lait de chaux.
Le gel rendait unis les lacs aux vagues mouvantes,
Et les ruisseaux aux eaux bleues étaient cachés sous la glace.
Hauteurs et vallées, nivelées, ressemblaient à une plaine.
Les hommes étaient prisonniers dans les villages,
Les animaux domestiques souffraient de la famine,
Les oiseaux et les bêtes sauvages jeûnaient.
Les souris et les rats étaient scellés sous terre comme des trésors,
Pendant ce temps de calamité,
La neige, l'ouragan hivernal, d'un côté, et mon habit léger, de l'autre,
                     se livrèrent combat sur la montagne blanche.
A mesure qu'elle tombait, la neige fondait sur moi, changée en ruisseau.
La tempête rugissante se brisait contre la mince robe de coton qui
                     enclosait une chaleur ardente.
Le combat de vie et de mort du lutteur put être vu à cet endroit.
Et, ayant remporté la victoire, j'y laissai, pour les ermites,
Un exemple démontrant la grande vertu de *toumo*.

Milarespa décrit ses impressions en poète, mais celles-ci n'ont rien de particulièrement exceptionnel. Avec cette différence — considérable évidemment — qu'il s'était trouvé dans les neiges, à l'improviste, sans provisions suffisantes et dans un endroit mal abrité, nombre d'anachorètes tibétains passent les hivers dans un décor semblable à celui qu'il dépeint.

Je ne suis pas assez follement présomptueuse pour comparer mes « villégiatures » hivernales sur les montagnes du Tibet avec les austérités d'ascètes de la trempe de Milarespa, pourtant le paysage qu'il évoque m'est très familier. Souvent — et même non loin de ce même Latchi Khang — j'ai pu le contempler du haut d'un ermitage. Bien que les vivres ne me fissent point défaut et que j'eusse assez de combustible pour allumer du feu lorsque je le désirais, je puis mesurer l'âpreté de cette vie singulière. Mais je me rappelle aussi le silence absolu, la solitude délicieuse, la paix inexprimable dans laquelle baignait ma caverne et je ne crois pas qu'il faille plaindre ceux qui passent leurs jours de cette manière. Je pense, plutôt, qu'ils sont à envier.

En dehors de l'exercice que j'ai esquissé, il en existe quelques autres visant aussi à produire *toumo*. Tous se ressemblent plus ou moins. Le procédé est toujours la combinaison de rétentions prolongées du souffle et de l'objectivation d'un feu imaginaire, qui revient à une pratique d'autosuggestion.

Les « six doctrines secrètes » enseignées par Narota comprenait une section traitant de *toumo*.

Voici un abrégé de la méthode qu'il préconisait :

S'accroupir, les jambes croisées, les mains passant sous les cuisses et se joignant.

Dans cette position : 1º faire tourner son estomac trois fois de droite à gauche et trois frois de gauche à droite ;

2º Baratter l'estomac aussi vigoureusement que l'on en est capable ;

3º Secouer le corps à la manière des chevaux rétifs et faire un petit bond en gardant les jambes croisées[1].

Ces trois exercices doivent être répétés trois fois et terminés par un grand bond, le *naldjorpa* sautant aussi haut qu'il le peut.

Je n'ai pas besoin de faire remarquer qu'il n'y a rien de merveilleux à ce que l'on ait chaud après une telle gymnastique. Cet exercice est apparenté aux pratiques de *hata yoga* des Hindous.

L'on continue en retenant le souffle jusqu'à ce que le ventre ait pris « la forme d'un pot ».

Vient ensuite l'objectivation de l'image de Dordji Naldjorma, comme dans l'exercice décrit en premier lieu.

Un soleil est imaginé dans la paume de chaque main, un autre sous la plante de chaque pied et un autre encore en dessous du nombril.

En frottant les uns contre les autres les soleils placés dans les mains et dans les pieds, le feu s'allume, touche le

1. Comparer l'exercice p. 229.

soleil qui se trouve sous le nombril, celui-ci prend feu à son tour et remplit tout le corps.

A chaque expiration, le monde est vu comme entièrement embrasé.

L'exercice finit par vingt et un grands bonds[1].

Bien qu'il existe certains points de ressemblance entre les images objectives dans les deux systèmes d'entraînement que j'ai succinctement décrits, la différence entre eux est, néanmoins, très grande, car tandis que le second comporte nombre de sauts et de gesticulations, le premier exige une immobilité complète.

Dans ces deux méthodes, comme dans toutes les autres tendant à la même fin, les inspirations, rétentions et expirations du souffle sont accomplies mécaniquement, dans l'ordre prescrit, par ceux qui sont entraînés depuis longtemps à la production de *toumo*. Elles ne rompent point la concentration de leur pensée sur le mirage du feu, ni la répétition mentale de la formule mystique qui accompagne la contemplation. Sans qu'ils aient, aussi, besoin de faire un effort d'imagination pour voir croître l'intensité du feu, la vision se poursuit d'elle-même et, ce qui est le but de l'exercice, une agréable sensation de chaleur se répand peu à peu par tout le corps.

Une sorte d'examen clôt, parfois, la période d'entraînement des étudiants en *toumo*. Par une nuit d'hiver où la lune brille, ceux qui se croient capables de subir victorieusement l'épreuve se rendent, avec leur maître, sur le bord d'un cours d'eau non gelé. Si aucune eau libre n'existe dans la région, l'on perce un trou dans la glace. La nuit choisie est une de celles où le vent souffle avec violence. Elles ne sont point rares au Tibet.

Les candidats au titre de *réspa*, complètement nus, s'assoient sur le sol, les jambes croisées. Des draps sont plongés dans l'eau glacée ; ils y gèlent et en sortent raidis. Chacun des disciples en enroule un autour de lui et doit le dégeler et le sécher sur son corps. Dès que le linge est sec, on le

1. Extrait du *tchos drug bsdus pahi zin bris,* le « Traité des six doctrines », attribué à Narota.

233

replonge dans l'eau et le candidat s'en enveloppe de nouveau. L'opération se poursuit ainsi jusqu'au lever du jour. Alors celui qui a séché le plus grand nombre de draps est proclamé le premier du concours.

Il est dit que certains parviennent à sécher jusqu'à quarante draps dans le cours d'une nuit. Il est bon de faire part de l'exagération et, aussi, de tenir compte de la grandeur des draps qui peuvent très bien, dans quelques cas, être devenus minuscules et purement symboliques. Cependant, il n'y a pas de doute que des *réspas* ne sèchent vraiment sur eux plusieurs pièces d'étoffe de la dimension d'un grand châle. J'ai pu constater le fait de *visu*.

Il faut en avoir séché au moins trois avant d'être reconnu pour un vrai *réspa* digne de porter la jupe de coton blanc, qui distingue les «licenciés ès arts de *toumo*». Du moins telle était la règle primitive, mais il est douteux qu'elle soit très strictement observée de nos jours.

Réspa signifie une personne qui se vêt de coton et il est sous-entendu qu'elle ne porte qu'un seul vêtement de coton. Toutefois, les *réspas* qui cachent des habits chauds sous leur robe légère, ne manquent pas au Tibet. Ces imposteurs peuvent être soit de vrais drôles qui, de propos délibéré, cherchent à faire des dupes en vue d'en tirer profit, ou bien des hommes qui se sont réellement entraînés à la pratique de *toumo*, mais pendant trop peu de temps pour en avoir obtenu des fruits durables.

Comme compensation, il existe des ascètes très doctes en *toumo* qui dépassent le *réspa*, rejettent sa robe de coton et vivent entièrement nus sur des montagnes solitaires, soit pendant un laps de temps, soit pendant leur vie entière.

Les Tibétains se montrent très fiers de pareils exploits et ne se font pas faute de railler les yoguins nus qu'ils rencontrent en se rendant en pèlerinage dans l'Inde. Ils ne comprennent point que, dans ce pays, la nudité symbolise le renoncement absolu et ne vise point à l'exhibition d'une endurance physique exceptionnelle.

Allant à Gâya[1] par le Népaul, avec un ami et un serviteur laïque, un de ces *super-réspas* qui s'était entraîné dans

_____

1. La ville de Gâya, dans l'Inde, près de laquelle est l'endroit où le

la région de Khang Tisé[1] rencontra, en arrivant dans les plaines de l'Inde, un *sadhou* étendu sur une natte, au soleil. Sa face et son maintien respiraient la vanité impudente ; l'ermite des solitudes glacées s'en amusa.

— Toi, mon gaillard, lui dit-il, je t'invite à venir te coucher dans ce costume, sur le bord du lac Mophang[2], tu y feras certainement une autre grimace.

L'Hindou ne put naturellement pas comprendre ce que le lama lui disait en tibétain et dut se demander pourquoi les trois voyageurs éclataient irrévérencieusement de rire devant lui.

Ceci me fut raconté par l'anachorète lui-même, que le souvenir de cette plaisanterie amusait encore dans sa vieillesse.

En résumé, au début de l'entraînement, le phénomène d'accroissement de la chaleur, ou la sensation de chaleur, ne dure que tant que l'exercice prescrit est pratiqué. Dès que la concentration d'esprit et la gymnastique respiratoire cessent, le froid se fait de nouveau graduellement sentir. Au contraire, chez ceux qui ont persévéré dans cet entraînement pendant un grand nombre d'années, la production de la chaleur devient, dit-on, une fonction naturelle qui entre d'elle-même en action lorsque la température s'abaisse.

En dehors de l'épreuve consistant à sécher des linges mouillés, il en existe plusieurs autres. L'une d'elles consiste à s'asseoir dans la neige. La quantité de celle-ci qui fond sous le *réspa* et le rayon plus ou moins étendu dans lequel elle fond autour de lui dénote le degré de la chaleur qu'il rayonne.

Il est difficile de se faire une idée absolument précise touchant l'importance des résultats de *toumo*. Néanmoins, ceux-ci paraissent bien prouvés. Des ermites vivent vraiment nus ou couverts d'un vêtement très mince pendant tout l'hiver, au milieu des neiges, à de très hautes altitudes.

Bouddha atteignit l'illumination. C'est un lieu de pèlerinage pour les bouddhistes de tous les pays.

1. Le nom tibétain des monts Kailas ou Tibet occidental.
2. Un lac salé près des monts Kailas.

Je ne suis pas la seule à les avoir vus. Des membres de l'expédition qui tenta d'atteindre le sommet du mont Everest ont aperçu, de loin, quelques-uns de ces anachorètes. Quant à moi, dans la faible mesure où j'ai expérimenté *toumo*, j'ai obtenu des résultats marquants.

Messages à travers l'air.

Les mystiques tibétains sont des gens taciturnes ; ceux d'entre eux qui acceptent des disciples font usage pour les instruire de méthodes où les discours tiennent peu de place. La description de ces curieuses méthodes est hors de mon présent sujet. Il suffira de dire ici que les disciples des ermites contemplatifs ne voient leur maître que rarement, à des intervalles dont la longueur se mesure au degré d'avancement de l'élève ou à ses besoins spirituels dont le maître est seul juge. Quelques mois ou plusieurs années s'écoulent entre ces entrevues. Cependant, en dépit de cette séparation, maître et disciples, particulièrement les plus psychiquement développés de ceux-ci, ont un moyen de communiquer entre eux lorsque les circonstances le demandent.

La télépathie est l'une des branches de la science secrète des Tibétains. Elle semble remplir dans les hautes régions du «Pays des Neiges» le rôle que la télégraphie sans fil joue depuis peu en Occident. Toutefois, tandis que dans nos pays les appareils de transmission sont à la disposition du public, l'expédition plus subtile des messages «sur le vent[1]» demeure le privilège d'une petite minorité d'initiés tibétains.

La télépathie n'est pas inconnue des Occidentaux. Plus d'une fois les sociétés s'occupant de recherches psychiques ont signalé des phénomènes télépathiques. Cependant, ceux-ci paraissent, la plupart du temps, avoir eu lieu comme par hasard, sans que l'auteur du phénomène ait été conscient de la part qu'il y prenait.

1. Le même mot *rlung*, prononcé *loung*, signifie à la fois air et vent et même, parfois, le souffle de la respiration. L'on peut aussi bien entendre *rlung gi teng la*, dans le sens de porté sur l'air, à travers l'air, etc.

Quant aux expériences qui ont été tentées pour effectuer des communications télépathiques de propos délibéré, leur résultat demeure douteux, en ce qu'elles n'ont pas pu être répétées à volonté, avec une suffisante certitude de les réussir.

Il semble en être autrement parmi les Tibétains. Ces derniers affirment que la télépathie est une science qui peut être apprise comme n'importe quelle autre science par ceux qui reçoivent l'enseignement nécessaire et se trouvent être des instruments aptes à mettre la théorie en pratique.

Différents moyens sont indiqués comme conduisant à acquérir le pouvoir de la télépathie ; cependant les adeptes tibétains des sciences secrètes sont unanimes en attribuant l'origine du phénomène à une très intense concentration de pensée allant jusqu'à l'état de transe.

On remarquera que pour autant que les phénomènes de télépathie ont été étudiés en Occident, leur cause y a paru la même que celle découverte par les Tibétains.

Les maîtres mystiques déclarent que celui qui aspire à devenir habile dans l'art de la télépathie doit être à même d'exercer un contrôle parfait sur son esprit, de façon à pouvoir produire à volonté la puissante concentration de pensée sur un unique objet, d'où dépend la réussite du phénomène.

Le rôle de « récepteur » conscient, toujours prêt à vibrer au choc subtil des ondes télépathiques, est considéré comme presque aussi difficile que celui de « poste émetteur ». Tout d'abord, celui qui veut devenir « récepteur » doit avoir été « accordé » avec celui dont il attend plus spécialement des messages.

La concentration de pensée sur un unique objet, jusqu'au point où tous les autres objets disparaissent du champ de la perception consciente, est l'un des piliers de l'entraînement spirituel chez les lamaïstes. D'un autre côté, cet entraînemennt comprend aussi des exercices tendant à développer la faculté de percevoir les différents courants de forces subtiles qui sillonnent l'univers en tous sens.

S'appuyant sur ces faits, certains affirment que la télépathie aussi bien que *toumo* et d'autres talents utiles, mais non pas indispensables, sont des résultats accessoires de l'entraînement spirituel, et que, par conséquent, il est superflu d'en faire l'objet d'une étude spéciale.

D'autres voient les choses différemment. Ils conviennent que les facultés acquises par le moyen de l'entraînement spirituel permettent de pratiquer la télépathie et la plupart des arts occultes ; mais ils ajoutent que ceux qui sont incapables d'atteindre les hautes étapes du sentier mystique ou qui n'y aspirent point, peuvent légitimement s'efforcer de réussir dans n'importe laquelle de ses branches accessoires.

Les maîtres mystiques se rallient, en général, à cette opinion et nombre d'entre eux exercent leurs disciples à la télépathie.

Certains ermites contemplatifs sont parvenus à saisir les messages télépathiques de leur guide spirituel sans s'y être entraînés systématiquement. Ce fait est considéré comme un effet de la profonde vénération qu'ils lui ont vouée. Un nombre plus restreint de mystiques passent pour être, spontanément, devenus capables d'émettre des messages.

Quant à ceux qui cultivent la télépathie, les lignes principales de leur entraînement peuvent être esquissées comme suit :

En premier lieu, il est indispensable de pratiquer tous les exercices inventés pour produire la transe de concentration de pensée sur un unique objet, jusqu'au point où le sujet s'identifie à l'objet.

Il faut, également, s'exercer à la pratique complémentaire de cette concentration, c'est-à-dire « vider » l'esprit de toute activité mentale, y faire le silence et le calme complet.

Vient ensuite la distinction et l'analyse des diverses influences qui déterminent de soudaines et apparemment inexplicables sensations psychiques ou physiques, des états d'esprit particuliers : joie, mélancolie, crainte et encore les souvenirs subits de personnes, de choses ou d'événements que rien ne semble relier aux pensées ou aux actions présentes de celui en la mémoire de qui ils surgissent.

Quand l'élève s'est exercé de la sorte pendant quelques années, il est admis à méditer avec son maître.

Tous deux s'enferment alors dans une chambre silencieuse et peu éclairée et concentrent leurs pensées sur le même objet. A la fin de l'exercice, le disciple fait connaître au lama les phases de sa méditation, les différentes idées, sensations ou perceptions subjectives qui ont surgi au cours de celle-ci. Ces détails sont comparés avec ceux qui ont marqué la méditation du maître, ressemblances et divergences son notées.

Ensuite, sans avoir été informé de l'objet choisi par son maître comme sujet de contemplation, s'efforçant d'empêcher la naissance de pensées dans son esprit, faisant le vide en lui, le novice surveille l'apparition inattendue de pensées, de sentiments, de perceptions qui ne paraissent dériver d'aucune de ses propres préoccupations ou notions. De nouveau, les pensées et les images survenues pendant l'exercice sont soumises au lama qui les compare avec celles qu'il a mentalement suggérées à son disciple.

Le maître va, maintenant, donner des ordres précis à son élève, tandis que ce dernier se tiendra attentif à une petite distance de lui. Si ces ordres sont compris, le novice le montrera soit en répondant à ce qui lui a été dit, soit en accomplissant l'action qui lui a été commandée. L'entraînement continue ainsi en augmentant progressivement la distance entre le maître et son disciple. Après avoir été assis dans la même chambre, ils occuperont des chambres différentes dans le même bâtiment, ou bien le novice retournera dans sa propre hutte ou sa caverne, puis ensuite se transportera à quelques kilomètres de la résidence du lama.

Il est généralement admis, au Tibet, que les mystiques avancés sont capables de lire les pensées d'autrui lorsque bon leur semble. Le maître étant supposé posséder ce pouvoir, il s'ensuit que ses disciples ne peuvent s'exercer à lui envoyer des messages télépathiques. Il connaîtrait leur intention avant même qu'ils aient eu le temps de se recueillir pour tenter leur expérience.

Vraie ou erronée, l'opinion qu'on a de lui oblige le lama honoré du titre de *doubtchén* (ou sage-magicien) à se conduire comme possédant réellement le pouvoir qu'on lui attribue. Pour cette raison, ses disciples débutent en s'exerçant à échanger des messages télépathiques entre eux.

Deux ou plusieurs novices s'associent pour pratiquer cet

exercice sous la direction de leur lama et l'entraînement ressemble à peu de chose près à celui qui vient d'être décrit.

Les novices plus avancés éprouvent leurs progrès en envoyant des communications télépathiques inattendues, en dehors de tout exercice prévu et à un moment où le correspondant qu'ils cherchent à atteindre est très probablement occupé et ne songe nullement à recevoir un message.

Ils essaient aussi de suggérer, au moyen de la télépathie, des pensées ou des actes à des personnes avec qui ils n'ont jamais pratiqué aucun exercice. Certains tentent de suggérer des actes à des animaux.

Des années sont consacrées à ces pratiques et à différentes autres tendant au même but. Il est impossible de deviner combien de ceux qui poursuivent cet entraînement ardu en retirent des résultats réels. Ce serait, d'ailleurs, une erreur de s'imaginer ces cercles d'études occultes sous l'aspect d'écoles fréquentées par de nombreux élèves, comme le sont les collèges des grands monastères. Il n'est rien de semblable. En telle vallée isolée une demi-douzaine de disciples peuvent se trouver momentanément groupés autour de la demeure d'un ermite. C'est là, déjà, un maximum qui semble rarement atteint. Loin de là, dans un autre creux de la montagne, on rencontrera peut-être encore trois ou quatre novices dont les huttes primitives se trouveront dans un rayon d'un ou deux kilomètres autour de l'ermitage de leur maître. L'on peut comprendre, par là, que les divers exercices d'entraînement psychiques sont pratiqués par un nombre très restreint d'individus et non point par tous dans un même lieu.

Quels que puissent être les fruits que les étudiants retirent d'une préparation systématique à la pratique de la télépathie, les plus vénérables d'entre les maîtres mystiques sont loin de l'encourager. Tous les efforts faits en vue d'acquérir des pouvoirs supranormaux sont considérés par eux comme un exercice enfantin complètement dénué d'intérêt.

Il paraît prouvé que ces grands contemplatifs peuvent, à volonté, communiquer par télépathie avec leur disciples, et certains disent même avec n'importe quel être animé ; mais, comme il a déjà été indiqué à plusieurs reprises, leur pouvoir est tenu pour un résultat accessoire de leur profonde connaissance de lois psychiques et de leur perfection spirituelle.

Il est dit que lorsque, par l'illumination résultant de ces investigations mentales, l'on a cessé de considérer soimême et « autrui » comme des entités absolument distinctes et dépourvues de points de contact, la télépathie devient facile. Quelle que puisse être la part de vérité ou d'imagination existant en ces théories, j'estime plus sage de ne point les discuter.

J'ajouterai encore que les communications entre maîtres et disciples, par des moyens grossiers, tels que les lettres tombant du plafond ou que l'on trouve sous son oreiller à son réveil, sont choses inconnues des mystiques tibétains. Lorsque des questions regardant de tels faits leur sont posées, ils ont peine à croire que leur interlocuteur parle sérieusement et n'est pas un farceur irrévérencieux.

Je me rappelle la repartie amusante d'un lama de Trachilhumpo à qui je disais que certains *philings*[1] croyaient à la possibilité de communiquer de cette façon avec les esprits des morts et même, aussi, avec certains maîtres mystiques tibétains. « Et ce sont ces gens-là qui ont conquis l'Inde ! » s'écria-t-il, confondu par la naïveté de ces Anglais redoutables.

Il paraît résulter des observations que j'ai faites pendant un certain nombre d'années, que les transmissions télépathiques, comme, d'ailleurs, tous les autres phénomènes psychiques, trouvent au Tibet un milieu très favorable à leur production. Quelles sont, exactement, les conditions qui les facilitent ? Il serait téméraire de répondre à cette question d'une façon catégorique, alors que la nature même des phénomènes psychiques nous demeure encore si mystérieuse.

Peut-être certaines influences physiques dues à la haute

1. Un étranger, en général, mais les Tibétains désignent particulièrement ainsi les Anglais, les seuls étrangers de race blanche qu'ils connaissent, à part les Russes. Ils nomment ces derniers *ourosso* et non pas *philings*.

altitude du territoire doivent-elles être envisagées. Peut-être aussi le grand silence dans lequel baigne tout le pays. Cet extraordinaire silence duquel — si j'osais me permettre une si étrange expression — je dirais qu'il se fait *entendre* par-dessus les clameurs des plus furieux torrents. Il est possible aussi que la manifestation des forces psychiques soit favorisée par l'absence de grandes agglomérations humaines dont les habitants, par leur activité mentales, créent de multiples tourbillons d'énergie psychique qui brisent les ondes subtiles auxquelles sont probablement dus les phénomènes.

Quelles qu'en puissent être les causes, les transmissions télépathiques, voulues ou involontaires, semblent ne pas être très rares au Tibet.

En ce qui concerne, je suis certaine d'avoir reçu des messages télépathiques émanant de lamas avec qui j'avais été en relations. Il est même possible que le nombre de ces messages ait été plus grand que je l'imagine. Je n'ai, toutefois, retenu comme observations valables qu'un très petit nombre de cas dans lesquels, plusieurs jours ou même plusieurs mois après que la transmission avait eu lieu, le lama qui en était l'auteur s'est lui-même informé de son résultat.

En dehors des communications ayant trait à des sujets d'ordre spirituel qui peuvent être attribuées, non pas exactement à une transmission télépathique, mais à une certaine indentité dans la nature des idées d'un maître et de son disciple, je puis relater deux incidents d'un genre tout différent.

L'un de ceux-ci se produisit dans la vallée de la rivière de Dainchine, pendant mon voyage vers Lhassa. Le lama, auteur de ce qui me parut être un phénomène de télépathie bien caractérisé, appartenait au monastère de Tcheu dzong.

Yongden et moi avions passé la nuit en plein air dans un fossé naturel creusé par les eaux de nombreuses saisons des pluies et, à ce moment, à sec et durci par le gel. Faute de combustible pour faire bouillir le thé au beurre, constituant notre déjeuner habituel, nous étions partis à jeun pour fournir notre étape quotidienne. Vers midi, nous aperçûmes, assis sur le tapis de sa selle[1], près de la route, un lama d'apparence respectable qui finissait son repas. Avec lui, se trouvaient trois jeunes moines de physionomie distinguée, ayant plutôt l'air de disciples accompagnant leur maître que celui de vulgaires domestiques. Autour du groupe quatre chevaux entravés s'efforçaient de brouter quelques brins d'herbe desséchée.

Les voyageurs avaient apporté un fagot de bois et allumé du feu, une théière fumait encore sur la cendre rouge.

Comme il convenait à des pèlerins mendiants[2], nous saluâmes très poliment le lama. Probablement le désir que la vue de la théière faisait naître en nous se lisait sur notre visage. Le lama murmura : « *Nyingdjé*[3] » et, tout haut, nous invita à nous asseoir et à présenter nos bols[4] pour recevoir du thé et de la *tsampa*.

Un des jeunes *trapas* versa le restant du thé dans nos bols, plaça un petit sac de *tsampa* près de nous et s'en alla aider ses compagnons à seller et à recharger les bêtes pour le départ. Alors, un des chevaux s'effraya soudainement et s'enfuit. C'est là un incident bien commun ; un des moines prit une corde et partit pour reprendre l'animal.

Le lama n'était point bavard, il suivit des yeux, sans mot dire, le cheval qui gambadait à travers les champs dénudés. Nous continuions à manger en silence. En regardant autour de moi, j'aperçus un pot en bois ayant contenu du lait caillé. Je devinai que le lama avait obtenu celui-ci d'une ferme que je voyais à quelque distance de la route. Je murmurai à l'oreille de Yongden :

— Quand le lama sera parti, nous irons mendier du lait caillé à la ferme.

1. Les Tibétains montent à cheval sur des selles de bois rembourrées. Un tapis de forme spéciale est placé sur la selle.
2. Ce voyage fut effectué sous un déguisement. Voir *Voyage d'une Parisienne à Lhassa*.
3. Une exclamation courante exprimant la pitié compatissante, qui peut se traduire à peu près par : « Quelle pitié ! » « Combien triste ! » « Les pauvres gens ! »
4. Les voyageurs pauvres portent toujours un bol de bois dans la poche que forme, sur leur poitrine, leur large robe serrée par une ceinture.

J'avais parlé extrêmement bas, cependant le lama parut avoir saisi mes paroles. Il me considéra longuement, avec un regard scrutateur, répéta *sotto voce*: «*Nyingdjé!*» puis détourna la tête.

Le cheval n'avait pas couru loin, mais il semblait en humeur de jouer. Le *trapa* eut de la peine à l'approcher. A la fin, il se laissa jeter la corde autour du cou et suivit docilement le jeune moine.

Le lama restait toujours immobile, les yeux attachés sur l'homme qui revenait vers nous. Soudain, ce dernier s'arrêta, demeura quelques instants sur place, dans une attitude attentive, puis conduisit sa bête auprès d'un rocher où il l'attacha. Alors, il retourna sur ses pas et, quittant la route, se dirigea du côté de la ferme. Peu après je le vis revenir près du cheval en portant «quelque chose» dont je ne discernais pas bien la nature.

Quand il fut près de nous, ce «quelque chose» se trouva être un pot de bois, plein de lait caillé. Il ne le posa pas devant son maître, mais le garda en main en interrogeant le lama du regard comme pour dire: «Était-ce bien cela que vous demandiez? Que dois-je faire maintenant de ce pot?»

A ces questions silencieuses, le lama répondit en inclinant la tête affirmativement et commandant au *trapa* de me donner le lait caillé.

Le second fait que je vais relater ne se produisit pas au Tibet proprement dit, mais dans le territoire frontière qui fait partie des provinces chinoises du Kansou et du Szetchouan.

A la lisière de l'immense forêt qui s'étend entre Tangan et le col du Kunka, six voyageurs s'étaient joints à ma petite troupe. Cette région est connue comme étant hantée par de hardis pillards tibétains, et ceux qui doivent la traverser recherchent les occasions de former un groupe aussi nombreux et aussi bien armé que possible.

Cinq de mes nouveaux compagnons étaient des marchands chinois et le sixième un *ngagspa* bönpo: une sorte de géant dont les longs cheveux enveloppés dans un morceau d'étoffe rouge formaient un énorme turban.

Toujours à l'affût de renseignements sur les doctrines et les pratiques religieuses, j'invitai le voyageur solitaire à partager mes repas, espérant le faire bavarder sur des sujets qui m'intéressaient. J'appris ainsi qu'il se rendait auprès de son maître, un magicien bönpo qui accomplissait un grand *doubtob* (rite magique) sur une montagne des environs. Le but du rite était de subjuguer un démon qui s'acharnait à causer du mal à une des petites tribus du pays.

Après de nombreux préambules diplomatiques, j'exprimai le désir de rendre visite au magicien, mais son disciple déclara, immédiatement, la chose impossible. Son maître ne devait absolument pas être dérangé pendant le mois lunaire, tout entier, que durerait la célébration du rite.

Je compris qu'il était inutile d'insister, mais je projetai de suivre le *ngagspa*, lorsqu'il prendrait congé de nous, après la traversée du çol. Arrivant ainsi à l'improviste auprès du magicien, je pourrais peut-être jeter un coup d'œil sur son cercle magique et ses autres accessoires rituels.

Le plan m'ayant paru bon, je recommandai à mes domestiques de surveiller le *ngagspa* de près, afin qu'il ne puisse pas nous quitter furtivement.

Très probablement, les domestiques parlèrent trop haut entre eux de ce que j'avais imaginé. Le *ngagspa* connut le tour que je me proposais de jouer à son *gourou* et m'avertit qu'il était inutile de le tenter.

Je répliquai que je n'avais aucune mauvaise intention et souhaitais simplement m'entretenir amicalement avec le magicien pour m'instruire. J'ordonnai aussi à mes hommes de garder encore plus étroitement notre compagnon de route.

Ce dernier s'aperçut forcément qu'il était devenu un prisonnier, mais comme il comprenait aussi qu'aucun mal ne lui serait fait et qu'il était bien nourri — une chose que les Tibétains apprécient grandement — il prit son aventure avec bonne humeur.

— Ne craignez pas que je m'évade, me dit-il, vous pouvez me faire ligoter, si tel est votre désir. Je n'ai pas besoin de vous devancer pour informer mon maître de votre arrivée. Il en est déjà prévenu. *Gnais loung gi téng la lén tang tsar* (je lui ai envoyé un message sur le vent).

Les *ngagspas* sont volontiers fanfarons et se vantent de posséder tant de pouvoirs extraordinaires que je ne prêtai pas plus d'attention aux paroles de celui-ci que je n'en accordais, habituellement, à celles de ses confrères en magie noire.

Cette fois, néanmoins, j'eus tort.

Après avoir franchi le col, nous entrâmes dans une région d'alpages. Les brigands n'étaient plus tant à craindre sur ces vastes plateaux n'offrant aucun endroit propice à une embuscade.

Les marchands chinois qui, jour et nuit, n'avaient pas quitté mes gens d'un pas, dans la forêt, recouvrèrent leur assurance et s'éloignèrent en pressant l'allure de leurs mules. J'entendais toujours suivre le *ngagspa* qui allait s'écarter de la route, lorsqu'une troupe d'une demi-douzaine de cavaliers émergea d'une ondulation de terrain et accourut à toute vitesse dans ma direction.

Arrivés auprès de moi, ils mirent pied à terre, me saluèrent, m'offrirent des *khadags*[1] et quelques pièces de beurre. Ces démonstrations polies étant terminées, un homme âgé me dit que le grand magicien bönpo les avait envoyés pour me prier de renoncer à mon intention de me rendre près de lui. Il ne devait voir personne et nul, excepté un de ses disciples initiés, ne pouvait être admis à s'approcher de l'endroit où il avait érigé son cercle magique.

Je dus renoncer à mon plan. Il semblait que le *ngagspa* avait véritablement averti son maître en lui envoyant «un message sur le vent».

Persister n'eût abouti à rien. Si, malgré la preuve que le disciple m'avait donnée de ses facultés peu communes, je doutais encore que le pouvoir occulte de son maître fût suffisant pour m'empêcher d'arriver jusqu'à lui, je ne pouvais pas tenir pour non-existants les robustes montagnards bien armés qui m'entouraient. Il se montraient fort respectueux et, certainement, n'entretenaient aucun sentiment hostile à mon égard, mais leur attitude pouvait changer, si mon obs-

---

1. Des écharpes que les Tibétains offrent comme témoignage de politesse, en toutes occasions.

tination menaçait de compromettre le succès d'un rite qui intéressait leur tribu tout entière.

Je donnai donc un *khadag* et quelque argent au *ngagspa* pour être offert à son maître. Je félicitai les Tibétains de l'heureuse chance qu'ils avaient de posséder, parmi eux, un magicien de premier ordre et nous nous séparâmes amicalement.

La télépathie visuelle paraît aussi exister au Tibet. Si nous devions croire les histoires de lamas célèbres, telles qu'elles sont racontées par les Tibétains, nous trouverions en elles nombre d'exemples de ce genre de phénomènes. Mais vérité et fiction sont si étroitement mêlées dans ces biographies traditionnelles que l'on se sent plutôt incliné au doute qu'à la foi touchant les incidents anormaux qui y sont relatés.

Il existe cependant des gens qui, de nos jours, affirment avoir eu des visions transmises par une sorte de procédé télépathique.

Celles-ci sont tout à fait différentes des rêves. Parfois, la vision survient pendant la période consacrée à la méditation, mais d'autres fois aussi, quand celui qui la perçoit est occupé de n'importe quelle manière.

Un lama *tsipa* (un mathématicien-astrologue) m'a raconté qu'un jour, tandis qu'il prenait son repas, il vit un *gyud* lama (gradué d'une école de rituel magique) de ses amis, avec qui il ne s'était pas trouvé depuis plusieurs années. Ce lama était debout devant la porte de sa maison avec un jeune *trapa* qui portait un baluchon sur son dos comme prêt à partir en voyage. Le jeune homme se prosterna aux pieds du lama pour prendre congé et ce dernier lui dit quelques mots en souriant et indiqua du doigt la direction du nord. Le *trapa* se tourna alors de ce côté et, de nouveau, se prosterna trois fois. En se relevant, il rejeta sur son épaule son *zen* qui avait glissé pendant ses prosternations répétées et le *tsipa* remarqua qu'un des bouts du manteau était déchiré. Ensuite, la vision s'effaça.

Quelques semaines plus tard, le même jeune homme arriva, envoyé par le *gyud* lama qui désirait que son ami lui enseignât différents calculs astrologiques.

Le *trapa* raconta qu'au moment où il quittait son lama, après s'être prosterné devant lui, ce dernier lui avait dit : « Puisque vous allez maintenant vers un nouveau maître, il est bon que vous le saluiez aussi » et, du doigt il avait montré le nord, la demeure du *tsipa* se trouvant située dans cette direction.

Le *tsipa* vit également, au *zen* de son élève, la large déchirure qu'il avait remarquée dans sa vision.

Je demandai si le *gyud* lama avait eu l'intention de faire savoir à son ami qu'il lui envoyait un élève, mais le *tsipa* ne put me répondre. L'incident était récent et depuis qu'il avait eu lieu, il n'avait pas eu l'occasion de communiquer avec son ami.

Je dois dire que les Tibétains montrent, en général, très peu d'empressement à faire une enquête au sujet d'un phénomène psychique et cette attitude de leur part n'est pas le moindre des obstacles que l'investigateur rencontre chez eux à leur sujet. Les phénomènes psychiques sont considérés au Tibet comme des faits, certainement peu communs, mais pas assez extraordinaires pour susciter, chez ceux qui en sont témoins ou les entendent relater, le désir impérieux de les examiner d'une façon critique. En réalité, ils ne bouleversent pas dans leur esprit, comme dans celui des Occidentaux, des notions arrêtées touchant des lois naturelles et ce qui est *possible* et ce qui est *impossible*.

La majorité des Tibétains — lettrés comme ignorants — admettent implicitement que tout est possible à celui qui sait comment s'y prendre et, par conséquent, les prodiges dont il sont les témoins n'éveillent en eux qu'un sentiment d'admiration pour l'homme habile qui est capable de les produire.

CHAPITRE VII

Théories mystiques et entraînement spirituel.

D'une façon générale, le monde religieux tibétain se par-
tage en deux grandes divisions. La première comprend
ceux qui préconisent l'observation des préceptes moraux et
des règles monastiques comme moyen de salut ; la seconde
englobe tous ceux qui préfèrent une méthode purement
intellectuelle, affranchissant celui qui la suit de toutes lois
quelles qu'elles soient.

Il s'en faut qu'une cloison parfaitement étanche sépare
les adhérents de ces deux systèmes. Bien rares sont les religieux attachés au premier de ceux-ci qui ne reconnaissent
pas que la vie vertueuse et la discipline des observances
monastiques, tout excellentes et, en bien des cas, indispensables qu'elles soient, ne constituent pourtant qu'une
simple préparation à une voie supérieure. Quant aux partisans du second système, tous, sans exception, croient pleinement aux effets bienfaisants d'une stricte fidélité aux lois
morales et à celles édictées pour les membres de l'ordre religieux. De plus, tous aussi sont unanimes à déclarer que la
première des deux méthodes est la plus recommandable
pour la majorité des individus. Une conduite pure, la pratique des bonnes œuvres — tout spécialement celle de la
charité, — le détachement des intérêts matériels, la tranquillité d'esprit, vers lesquels la vie monastique tend à incliner
le moine, doivent le conduire lentement, mais sûrement, à
l'illumination qui est le salut.

L'autre méthode, celle qu'ils dénomment le «chemin direct», est considérée comme aventureuse au suprême degré. C'est comme si, disent les maîtres qui l'enseignent, au lieu de suivre le sentier qui circule autour d'une montagne, s'élevant graduellement vers son sommet, l'on tentait d'atteindre ce dernier en ligne droite, en escaladant les rocs à pic et traversant les abîmes sur un fil tendu au-dessus d'eux. Un équilibriste hors ligne, doué d'une vigueur exceptionnelle et absolument réfractaire au vertige, peut seul espérer accomplir cette prouesse sportive. Encore les plus aptes peuvent-ils craindre une défaillance soudaine et, alors, c'est la chute, la dégringolade terrible dans laquelle l'alpiniste présomptueux se brise les os. Par cette image, les Tibétains entendent une chute spirituelle effroyable amenant aux pires degrés de la perversité et de l'égarement et réduisant à la condition d'être démoniaque.

Tels sont les enseignements des deux écoles ainsi que les expriment les lettrés et les mystiques. Mais, érudits et penseurs forment, au Tibet comme ailleurs, une infime minorité et, tandis que parmi les partisans de la «règle» l'on rencontre nombre d'individus menant une vie végétative dans les monastères, sous le couvert de la liberté complète s'abritent une foule de gens fort peu propres à hanter aucune cime, mais auxquels on ne peut refuser le titre d'êtres éminemment pittoresques. Toute la gamme des sorciers, devins, nécromants, occultistes et magiciens, des plus misérables à ceux qui occupent les plus hautes situations sociales, se rencontre parmi eux et rien n'est plus divertissant que les interprétations originales concernant «l'affranchissement intégral» nées dans ces cerveaux bizarres.

Le clergé officiel, c'est-à-dire les moines de la secte des Geloug-pas, communément dénommés «les bonnets jaunes», fondée par le réformateur Tsong Khapa, se prononce pour la méthode des règles.

Parmi les sectes non réformées ou semi-réformées dites «bonnets rouges», la majorité des religieux réguliers appartenant à des monastères — surtout à ceux des Sakya-pas et des Khagyud-pas — donnent aussi, de jours, la préférence à la voie prudente des observances. Il n'en a pas toujours été ainsi, car les fondateurs des Khagyud-pas : le lama Marpa et, surtout, le célèbre ascète-poète Milarespa, étaient nettement des adeptes de la «voie directe».

Quant aux Sakya-pas, qui débutèrent vers la même époque, ils furent à leur origine des mages, et les sciences occultes étaient spécialement cultivées dans leurs monastères. Elles le sont encore, mais la philosophie leur fait, à présent, une grande concurrence parmi l'élite des religieux.

Toutefois, les véritables adeptes du «chemin direct» se rencontrent surtout hors des monastères. Ce sont eux qui peuplent les *tsham khangs*[1] et vivent en anachorètes dans les déserts et sur les hautes cimes neigeuses.

Les motifs auxquels obéissent ceux qui se tournent vers ce sentier réputé dangereux sont d'ordres différents :

Certains espèrent y trouver la réponse à des problèmes philosophiques que les livres résolvent mal ou trop incomplètement à leur gré. D'autres rêvent de pouvoirs magiques. Quelques-uns pressent que, par-delà toutes les doctrines, il existe une connaissance plus complète, que d'autres aspects de l'existence peuvent être découverts par celui qui a développé des organes de perception plus parfaits que nos sens ordinaires, et ils veulent tenter de les acquérir. Il en est qui ont compris que toutes les bonnes œuvres du monde sont impuissantes à libérer de la prison du monde et du «moi» et cherchent le secret du nirvâna.

Enfin, un petit nombre de curieux, à demi sceptiques, sont poussés par le désir d'expérimenter ce qu'il peut y avoir de vrai dans les histoires singulières chuchotées au sujets de certains phénomènes produits par les grands *naldjorpas*.

Tous ces aspirants à des buts qui leur demeurent souvent imprécis sont, pour la grande majorité, des membres de l'ordre religieux. Cette qualité n'est cependant pas indispensable. Les ordinations monastiques comptent peu ou point chez les sectateurs des doctrines mystiques ; pour eux, les initiations ont seules de la valeur.

Une différence notable existe entre le simple moine et le candidat aux initiations. Le premier, amené au monastère

1. *Tsham-khang*, maisonnette spécialement construite pour l'usage d'un reclus.

par ses parents à l'âge de huit ou dix ans, y est souvent demeuré plutôt par l'effet de l'habitude que par celui d'une réelle vocation. Le second a presque toujours dépassé sa vingtième année et obéit à une impulsion personnelle lorsque, mal satisfait par la vie monastique ordinaire, il sollicite son admission comme disciple d'un maître de la voie mystique. Ces débuts différents laissent une empreinte visible sur la carrière des deux types de religieux tibétains.

Le choix d'un tuteur spirituel, d'un *gourou*, comme disent les Hindous, est chose des plus sérieuses, car de ce choix dépend la direction que recevra la vie du jeune aspirant à la science secrète. Certains, pour avoir frappé à une porte qu'ils auraient dû éviter, se sont vus entraînés dans des aventures auxquelles ils n'avaient point rêvé.

Si le jeune moine se contente de solliciter la direction spirituelle d'un lama habitant un monastère ou une demeure privée un peu à l'écart et qui n'est ni un anachorète ni un «extrémiste» du «chemin direct», son noviciat n'aura probablement rien de tragique.

Durant une période plus ou moins longue de probation, son maître tâtera l'étoffe dont il est fait. Il se peut qu'il se contente par la suite de lui expliquer certains livres philosophiques, de lui indiquer le sens de quelques diagrammes symboliques (*kyilkhors*) en lui enseignant les méditations méthodiques auxquelles ils servent de base.

Si le lama le juge capable de s'avancer plus loin, il lui indiquera le programme du développement spirituel. Les Tibétains résument celui-ci en trois mots qui en indiquent les étapes :

Tawa : regarder, examiner ;

Gompa : réfléchir, méditer ;

Tchyeupa[1] : qui est la consommation et le fruit des deux pratiques précédentes.

Une autre énumération, moins courante, répète la même idée en termes légèrement différents :

Teune : rechercher la signification, la raison d'être des choses ;

Lab : étudier celles-ci dans leurs détails ;

1. Orthographe tibétaine respectivement *ltawa, sgompa, spyoda.*

Gom : réfléchir, méditer sur ce que l'on a découvert ;
Togs[1] : comprendre.

Afin que son élève puisse se livrer en toute tranquillité
aux méditations et aux autres exercices que comporte ce
programme, il est presque certain que le lama lui ordon-
nera de s'enfermer en tsham[2].

Comme cette pratique joue un rôle important dans la vie
religieuse des Tibétains, quelques détails à son sujet sont
indispensables. Tout d'abord, il convient d'indiquer que
beaucoup de gens ont recours à ce genre de retraites pour
des motifs d'ordre beaucoup moins intellectuel que ceux
énumérés ci-dessus. On pourra en juger par ce qui suit :

Le mot *tsham* signifie barrière, frontière, ligne de démar-
cation. En style religieux, *tsham* veut dire s'isoler, s'entourer d'une barrière qui ne doit pas être franchie. Cette barrière est de diverses natures. En ce qui concerne les grands
mystiques, elle passe même pour être purement psychique
sans qu'aucun obstacle matériel ait besoin d'être élevé
autour d'eux.

Il existe plusieurs sortes de *tsham*, chacune de celles-ci
comprend un certain nombre de variétés. En procédant
depuis le degré de réclusion le plus adouci vers le plus
sévère, nous rencontrons les formes suivantes :

Un lama, ou même un laïque pieux, s'enferme dans sa
chambre ou son appartement privé. Il ne sort point, ou ne
sort que pour accomplir un acte de piété — par exemple
faire une ou plusieurs fois le tour d'un édifice religieux.

Suivant la règle qu'il a adoptée, il est loisible au *tsham-
pa* de s'entretenir brièvement avec les membres de sa
famille (s'il est laïque ou lama marié), avec ses domestiques et quelques rares visiteurs auxquels il se montre et
qu'il a le droit de voir.

Ou bien il ne doit voir que les personnes qui le servent
et, s'il admet un visiteur, ce dernier, se tenant en dehors de
la pièce occupée par le *tsham-pa*, lui parle à travers un
rideau, sans le voir ni être vu par lui.

1. Orthographe tibétaine, respectivement *don, bslabs, sgom, rtogs.*
3. Écrit *ntshams.*

En progressant vers une réclusion plus sévère, nous trouvons le *tsham-pa*, qui ne voit qu'une seule personne attachée à son service. Celui qui cesse de prononcer la moindre parole et écrit les ordres qu'il veut donner à son serviteur. Celui qui renonce à voir le paysage environnant ou quoi que ce soit, sauf le ciel, et couvre sa fenêtre en partie. Celui qui la couvre entièrement, de façon à ne plus même voir le ciel, tout en laissant pénétrer la lumière du jour à travers le rideau ou le papier tendu sur l'ouverture. Celui qui ne voit plus personne. Dans ce cas, son repas ou ce dont il peut avoir besoin est déposé dans une pièce attenante à celle où il se tient habituellement. Un signal est donné par le serviteur en se retirant, le *tsham-pa* entre ensuite, il mange ou prend l'objet qu'il a demandé, puis indique par un nouveau signal qu'il est rentré dans sa chambre. Ou bien encore il emporte les aliments pour les manger dans l'endroit qui lui est réservé. Dans cette catégorie, tantôt le *tsham-pa* donne ses ordres au moyen de notes écrites, tantôt il se l'interdit et, alors, quelle que puisse être la chose qui lui est nécessaire, il ne peut la réclamer. Si même l'on oubliait de lui apporter sa nourriture, il devrait se résoudre au jeûne.

Le *tsham* que l'on pratique dans sa propre demeure ne se prolonge généralement pas extrêmement longtemps, surtout si la règle en est sévère. Une année paraît être la longueur maximum de ces retraites. La plupart du temps, il ne s'agit que de trois mois, un mois, ou même parfois, quelques jours seulement. Les laïques, notamment, s'enferment rarement pendant plus d'un mois

Les réclusions plus sérieuses ne s'accommodent pas de la demeure habituelle du *tsham-pa* où, malgré tout, le bruit et le mouvement des gens occupés à des besognes profanes traversent la « barrière » trop mince de sa porte close.

Les monastères construisent des maisonnettes spécialement destinées à cet usage. Il en est de différents modèles. Parfois, le reclus peut jouir à travers ses fenêtres de la vue du paysage, tandis que d'autres logis sont entourés de murs qui masquent toute vue. Une petite cour est ainsi formée et le *tsham-pa* peut se promener et s'asseoir à l'air libre, sans rien apercevoir de l'extérieur ni être vu de personne.

Souvent, dans ce genre de demeure, le serviteur du *tsham-pa* habite dans la cuisine de la maisonnette, voit son maître et lui parle. En d'autres cas, il vit à part dans une hutte, ne voit point le reclus et ne lui parle jamais. Un double guichet est alors pratiqué dans le mur du *tsham-khang* et c'est à travers celui-ci que le *tsham-pa* reçoit sa nourriture. Généralement, elle se borne à un seul repas par jour, mais du thé est servi plusieurs fois.

Les religieux sont les seuls à se servir de ces demeures spéciales et, fréquemment, y séjournent pendant plusieurs années consécutives. Trois ans et trois mois est une période classique. Beaucoup renouvellent ces périodes plusieurs fois au cours de leur vie et certains s'enferment même en *tsham* jusqu'à leur mort.

Il existe un degré de sévérité encore plus marqué que celui qui vient d'être décrit. C'est l'isolement dans l'obscurité complète.

Méditer dans les ténèbres est une pratique connue dans l'Inde et dans la plupart des pays bouddhistes. Les Birmans construisent à cet effet des chambres spéciales — j'en ai vu de différents modèles pendant mon séjour dans les monts Saghain — mais les religieux n'y séjournent que pendant quelques heures. Au Tibet, au contraire, il existe des gens qui passent plusieurs années dans les ténèbres et même qui se murent pour la vie dans ces sortes de tombeaux.

Certains de ces *tsham-khangs* spéciaux sont simplement très sombres et l'aération s'y fait de façon naturelle, mais quand la nuit absolue est souhaitée, l'on choisit souvent une caverne ou bien l'on bâtit une habitation souterraine où l'air est amené par des cheminées construites de telle façon qu'elles ne laissent point pénétrer la lumière.

Lorsque la réclusion doit prendre fin, le *tsham-pa* réhabitue graduellement ses yeux à la lumière. Plus sa réclusion a été prolongée, plus lentement aussi le jour est-il admis dans sa demeure. Plusieurs mois peuvent être consacrés à cette opération qui, d'ordinaire — mais pas nécessairement — est faite par le reclus lui-même. Un trou de la grandeur d'une tête d'épingle est tout d'abord percé dans la paroi du *tsham-khang* et ce trou est peu à peu élargi jusqu'à former une petite fenêtre.

Le nom *tsham-khang* s'applique plus spécialement aux maisonnettes construites dans le voisinage des monastères ; lorsqu'elles sont isolées sur les montagnes, dans des endroits reculés, elles portent le nom de *riteu*. Pour peu que l'on circule au Tibet en dehors des routes fréquentées, l'on découvre assez souvent de petites colonies de *riteu-pas* dont les minuscules demeures s'essaiment parmi la forêt ou s'accrochent à des versants rocheux. Le *riteu* n'est jamais bâti au fond d'une vallée, il se perche toujours haut, sur le flanc des montagnes et le choix de son emplacement est soumis à des règles particulières. Deux vers tibétains dépeignent les grandes lignes de la situation qu'il doit occuper :

Gyab rii tag,
Dune rii tso.

(Derrière, le rocher de la montagne ; devant, le lac de la montagne.)

C'est-à-dire qu'il doit s'adosser à un versant de la montagne et dominer un lac ou, tout au moins, un cours d'eau. Il convient aussi que, de l'ermitage, l'on puisse contempler librement le lever et le coucher du soleil. D'autres règles sont encore à observer, selon le but poursuivi par l'ermite.

Les *riteus* formés par l'agglomération d'un certain nombre de logis ascétiques sont habités par des religieux s'adonnant à la contemplation, ou bien suivant un entraînement spirituel exigeant une tranquillité encore plus grande que celle offerte par les monastères. Très souvent, ces moines ne vivent pas en reclus. Ils vont puiser de l'eau à la source ou au ruisseau le plus proche, ramassent du combustible, se promènent autour de leur ermitage ou s'asseoient au-dehors pour méditer. La solitude en certains lieux est telle qu'ils n'ont plus guère de raisons pour se cloîtrer.

Il s'en faut que tous les *riteu-pas* soient des adeptes de la «voie directe», mais presque tous sont, à un degré quelconque, des mystiques ou des occultistes. L'on rencontre cependant, parmi eux, quelques lettrés qui se sont retirés au désert pour lire, étudier ou pour écrire un livre.

Quant aux *naldjorpas* convaincus, à ceux qui escaladent les pentes escarpées du «chemin direct» ou trônent sur les sommets du mysticisme tibétain, ils ne se groupent jamais, vivent dans des cavernes vaguement aménagées en façon de logis et d'accès difficile, et les plus sauvages des solitudes semblent à peine capables de satisfaire leur soif d'isolement.

Une idée courante en Occident est que l'homme ne peut pas s'accommoder de la réclusion et de la solitude complète car elles déterminent en se prolongeant trop longtemps de graves troubles cérébraux qui conduisent à l'hébétement et à la folie.

Cette opinion est probablement fondée, en ce qui concerne les catégories d'individus sur lesquels les effets de l'isolement prolongé ont été étudiés : gardiens de phares, naufragés ou voyageurs égarés dans des régions désertes, prisonniers soumis au régime de la cellule, etc. Toutefois, les observations faites à leur sujet ne peuvent en aucune façon s'appliquer aux ermites du Tibet. Ceux-ci émergent de leur séquestration volontaire, parfaitement sains d'esprit. On peut discuter les théories qu'il ont conçues au cours de leurs longues méditations, mais il est impossible de contester leur lucidité.

Le fait n'a du reste, rien de miraculeux. Ces gens sont préparés à l'isolement. Avant de s'enfermer dans leur *tsham-khang* ou de s'en aller vers leur ermitage, ils ont emmagasiné dans leur esprit une quantité de pensées qui leur tiennent lieu de compagnie. De plus, leur période de retraite, si longue qu'elle puisse être, ne se passe pas dans l'inaction. Les heures qu'ils ont cessé de compter, ignorant même parfois la division du temps en jour et en nuit, sont remplies par des exercices divers, un travail méthodique d'entraînement spirituel, la recherche de certaines connaissances occultes, ou bien encore la méditation sur des problèmes philosophiques. En somme, pris par leurs investigations, leurs introspections qui souvent les passionnent, ces hommes sont loin d'être désœuvrés et ne s'aperçoivent que très peu de leur isolement.

Je n'ai jamais entendu un seul ermite, ou *tsham-pa*, dire qu'il avait, même au début de sa retraite, souffert du manque de compagnie humaine, et généralement ceux qui ont goûté de cette existence ne peuvent guère se réhabituer à vivre dans les endroits habités et à entretenir des relations sociales.

Quoi qu'on en puisse penser, en dehors même de toute idée religieuse ou d'ordre analogue, la vie d'ermite est loin d'être dépourvue de charme. Le sentiment éprouvé lorsqu'on clôt la porte de son *tsham-khang*, ou bien quand, du haut de son ermitage, on regarde la première neige tomber dans la vallée, en pensant qu'elle va bloquer pendant des mois toute voie d'accès jusqu'à lui, est d'une douceur presque voluptueuse. Mais il faut en avoir fait soi-même l'expérience pour comprendre l'attrait de ce genre d'existence sur nombre d'Orientaux.

Les pratiques auxquelles les reclus s'adonnent dans le secret de leurs *tsham-khangs* sont très diverses. Nul ne pourrait en dresser une liste complète, car il en existe un nombre considérable et, probablement, personne au monde ne les connaît toutes. L'on trouve çà et là dans la littérature mystique tibétaine, des descriptions plus ou moins étendues de certaines d'entre elles, mais ces descriptions sont, la plupart du temps, volontairement récentes sur les points les plus susceptibles de nous intéresser, c'est-à-dire la signification et le but de ces pratiques. Il est indispensable, pour être valablement renseigné, d'entendre les explications données par des maîtres en possession de l'enseignement oral traditionnel. Il faut, surtout, ne pas se contenter d'en interroger un seul, car les interprétations varient grandement, non seulement selon les sectes, mais d'un maître à l'autre.

Les pratiques recommandées aux débutants, dans la voie mystique, sont, pour une large part, empruntées au tantrisme[1] hindou, importé au Tibet par les missionnaires des sectes bouddhiques, tantriques, *Ngags kyi thégpa* et *Dordji thégpa*. Cependant, d'autres éléments s'y découvrent et l'esprit qui enveloppe le système paraît, en fait, dif-

---

1. La forme de religion qui succéda, dans l'Inde, au védisme.

fèrent de celui qui émane du tantrisme tel que l'état encore très rudimentaire de nos connaissances à son sujet nous permet de l'entrevoir.

J'ai entendu un lama lettré soutenir que les théories hardies concernant la liberté intellectuelle absolue et l'affranchissement de toute règle, quelle qu'elle soit, professées par les adeptes les plus avancés de la «voie directe», sont l'écho affaibli d'un enseignement existant de temps immémorial dans l'Asie centrale et l'Asie septentrionale. Ce lama croyait fermement que les doctrines enseignées, au cours des hautes initiations, par les plus «extrémistes» des adeptes de la «voie directe», s'accordent parfaitement avec celles du Bouddha et que celui-ci les a nettement préconisées dans certains passages de ses discours. Toutefois, ajoutait-il, le Bouddha a aussi compris que la majorité des hommes fait mieux de s'en tenir à l'observation de règles calculées pour parer aux mauvais effets de son ignorance et la guider dans des chemins où nulle catastrophe morale n'est à redouter. Pour cette raison, il a édicté des codes d'observances à l'usage des laïques et du commun des moines.

Ce lama paraissait douter fortement que le Bouddha fût véritablement de race aryenne et lui supposait des ancêtres parmi les Jaunes. Quant à son successeur, le futur Bouddha Maitreya, il était convaincu qu'il sortirait de l'Asie septentrionale.

Comment ces idées lui étaient-elles venues ? Je n'ai pas été capable de m'en rendre compte clairement. La discussion n'est guère possible avec les mystiques orientaux. Quand ils ont répondu : «J'ai vu cela dans mes méditations», il n'y a plus rien à tirer d'eux. Toutefois, ce lettré, qui avait pas mal voyagé, prétendait que certains lamas mongols partagent son opinion au sujet du Bouddha et de son successeur attendu.

Tous ceux qui se cloîtrent dans les *tsham-khangs* ne sont pas, est-il besoin de le dire, d'une intelligence supérieure ni ne s'y livrent à des méditations transcendantes. Beaucoup se bornent à répéter des milliers, voire des millions de fois, une même formule, la plupart du temps un *mantra* sanscrit, dont ils ne comprennent point le sens. D'autres fois, cependant, le reclus récite un texte tibétain, mais, souvent, sa signification lui est aussi voilée que si elle était énoncée dans une langue étrangère.

Une des formules les plus populaires est celle dénommée *kyabdo*[1] (aller vers le refuge). Je crois bien l'avoir, pour ma part, psalmodiée un million de fois, alors que je parcourais le Tibet déguisée en pèlerine pauvre. Je l'avais choisie comme étant très connue et n'attirant pas l'attention. Elle me permettait, en paraissant absorbée par un pieux exercice, d'éviter maintes conversations ennuyeuses et embarrassantes concernant le pays d'où je venais, le but de mon voyage et autres sujets dangereux pour mon incognito. D'ailleurs, le sens en est loin d'être vulgaire. La voici :

Je prends refuge dans tous les refuges purs,
O vous, pères et mères (ancêtres) qui errez dans la ronde des renaissances successives, revêtant les formes différentes des six sortes d'êtres animés.
Afin d'atteindre l'état de Bouddha délivré de crainte et de souffrance,
Que vos pensées se tournent vers l'illumination (la connaissance).

Une forme très connue de *tsham* consiste à s'enfermer dans une hutte quelconque, ou même dans sa propre chambre, pour répéter ces mots cent mille fois, en accomplissant un nombre égal de prosternations.

Les Tibétains en connaissent deux sortes. L'une appelée *tchags tsal* ressemble, à peu de chose près, au « kotou » des Chinois, avec cette différence qu'avant de s'agenouiller, l'on élève les bras au-dessus de la tête en tenant les mains jointes à la manière hindoue et les ramenant à la hauteur de la taille, marquant trois temps d'arrêt qui ont une signification symbolique. Généralement le geste est fait rapidement et ne permet pas de remarquer ces arrêts. C'est de cette façon que l'on salue — toujours par trois fois — les statues dans les temples, les grands lamas, les livres et les édifices sacrés.

La seconde, appelée *kyang tchags*, est accomplie à la manière de l'Inde, le corps entièrement allongé sur le sol. Elle est réservée pour certains actes de très grande dévotion. C'est ce *kyang tchags* qu'il faut effectuer en récitant

1. Écrit *skyabs hgro*.

la formule mentionnée ci-dessus. Comme le rite exige que l'on heurte avec le front le plancher ou le sol nu, — suivant les conditions de l'endroit où l'on se trouve, — la chair se meurtrit, une enflure considérable, et parfois même une plaie, se forme. Celles-ci doivent présenter un aspect particulier que savent reconnaître les experts en la matière et qui dénote si le fruit du *kyabdo* a, ou non, été obtenu.

Si nous passons de ces pieux benêts à une catégorie de *tsham-pas* qui se croit très au-dessus d'eux nous voyons ces derniers s'entraîner aux exercices de respiration selon le système du yoga. Ceux-ci consistent à prendre certaines postures tandis que l'on pratique diverses façon d'aspiration, de rétention du souffle et d'expiration.

Souvent les *tsham-pas* s'exercent ainsi complètement nus et l'inspection de la forme prise par le ventre pendant la rétention du souffle, est un des indices qui permettent de juger du degré d'habileté déjà acquis par l'étudiant.

En plus des résultats physiques qu'ils lui attribuent et dont quelques-uns ont été décrits dans un chapitre précédent, les Tibétains assurent que par la maîtrise de la respiration l'on triomphe des passions, de la colère comme des désirs charnels, on acquiert la sérénité, on dispose l'esprit à la méditation, on éveille l'énergie spirituelle.

« Le souffle est la monture et l'esprit le cavalier », répètent les mystiques du Tibet, et il importe qu'une monture soit docile. Mais le souffle dirige aussi l'activité du corps et influence celle de l'esprit, d'où s'ensuivent deux méthodes : la plus aisée, celle qui assagit l'esprit en réglant la respiration, et l'autre, plus ardue, consistant à régler la respiration en faisant le calme dans l'esprit.

Aux exercices respiratoires répétés plusieurs fois par jour, le reclus joint souvent la méditation-contemplation, à l'aide des *kyilkhors*[1] (cercles).

Un *kyilkhor* est une sorte de diagramme dessiné sur papier ou sur étoffe, ou bien gravé sur métal, pierre ou bois. Certains *kyilkhors* sont aussi construits à l'aide de drapeaux minuscules, de lampes, de bâtons d'encens, de *tormas*, de récipients contenant des choses diverses, etc.,

1. Orthographe tibétaine.

qui forment un monde en miniature. Toutefois, les personnages qui y figurent et les accessoires entourant ceux-ci n'apparaissent généralement pas sous leur aspect réel. Déités ou lamas y sont figurés par une petite pyramide de pâte nommée *torma*.

Les *kyilkhors* sont aussi dessinés sur des planches ou sur le sol à l'aide de poudres de couleur.

Une des quatres écoles dispensant l'enseignement supérieur dans les grands monastères (l'école de *Gyud*) instruit les moines en l'art de tracer les divers *kyilkhors* dont il existe un nombre considérable de variétés. J'en ai vu chez les Sakya-pas qui mesuraient au moins trois mètres de diamètre. Ils étaient dessinés avec des poudres de couleur, maintenues par de minces baguettes qui permettaient de les amonceler en des couches d'épaisseur différente, formant ainsi un dessin rappelant les cartes en relief. Ces énormes roues étaient entourées de murailles faites en bois ou en carton colorié, simulant des remparts pourvus de portes. Des lampes d'autel et de petites bannières y étaient posées aux places requises.

Les *trapas* qui souhaitent devenir maîtres en cette sorte d'architecture passent des années à en étudier les règles. La moindre erreur dans le tracé, les couleurs employées, la place des personnages ou des accessoires qui les entourent peut, d'après les lamas, entraîner des conséquences terribles, car le *kyilkhor* est un instrument magique, une arme qui blesse celui qui la manie maladroitement.

Il faut encore ajouter que nul ne doit construire ou dessiner un *kyilkhor* s'il n'a pas reçu l'initiation spéciale qui lui en confère le droit, et chaque variété de *kyilkhor* exige une initiation correspondante. Le *kyilkhor* érigé par un non-initié demeure une chose morte, impossible à animer et sans pouvoir. Quant à la connaissance de la signification symbolique des *kyilkhors* et à l'art de s'en servir, ils n'appartiennent qu'à une minorité de lamas ayant été admis aux initiations majeures.

Sans qu'il y ait besoin de s'étendre à ce sujet on comprendra que les *kyilkhors* aux formes compliquées et ceux de grandes dimensions n'ont pas accès dans les *tshamkhangs*. Constructions ou dessins y sont extrêmement simplifiés ; d'ailleurs, les *kyilkhors* secrets des mystiques diffèrent de ceux que l'on voit dans les *gompas*.

Au début de son éducation spirituelle, le novice recevra, probablement, de son lama les instructions nécessaires à l'établissement d'un diagramme destiné à servir de ce que les Tibétains appellent *tén*, c'est-à-dire un support, un objet sur lequel l'attention se repose, se fixe.

Au milieu du *kyilkhor* sera figuré un personnage central : une déité ou un bodhisatva ; le monde qu'il est censé habiter et les habitants de ce dernier seront imaginés autour de lui et matériellement représentés par quelques figures ou autres symboles qui faciliteront la contention.

L'étudiant doit arriver à percevoir nettement ces diverses images. D'abord, il s'aidera des descriptions, lues dans les livres, sur l'aspect de la déité, son costume, son attitude, l'apparence de sa demeure, le site où elle s'élève, etc. Puis, peu à peu, l'image se formera d'elle-même, lorsque le *tsham-pa* s'assoira en face du *kyilkhor*, sans qu'il ait besoin de se remémorer ces détails.

Arrivés là, beaucoup d'étudiants s'arrêtent, satisfaits d'eux-mêmes et leur maître ne fait jamais aucun effort pour les retenir et leur démontrer qu'ils ont à peine tourné la première page de l'A B C du mysticisme.

L'étudiant qui persévère va, maintenant, animer ce *kyilkhor* qui, jusque-là, n'a été qu'une chose inerte, un simple aide-mémoire.

Les Hindous donnent la vie aux diagrammes magiques, comme aux statues des déités, avant de leur rendre un culte. Ce rite s'appelle *prâna-pratishthâ*, il a pour but de transmettre, par le moyen d'effluves psychiques, l'énergie de l'adorateur à l'objet inanimé. La vie infusée dans ce dernier est entretenue par le culte journalier qui lui est rendu. En fait, il se nourrit de la concentration de pensée à laquelle il donne lieu. Si cet aliment d'ordre subtil vient à lui manquer, l'âme vivante placée en lui dépérit et meurt d'inanition et l'objet redevient matière inerte. C'est là une des raisons pour lesquelles les Hindous jugent coupable de cesser d'accomplir les rites quotidiens devant les effigies qui ont été animées, à moins que celles-ci n'aient reçu qu'une vie limitée à la durée d'une cérémonie particulière, à l'issue de laquelle elles sont considérées comme mortes et précipitées, en grande pompe, dans une rivière sainte.

Les mystiques tibétains animent leurs *kyilkhors* par une méthode analogue, mais leur but n'est pas d'en faire un objet d'adoration et la représentation matérielle du *kyilkhor* est écartée après un certain temps de pratique, celui-ci devenant une pure image mentale.

L'un des exercices le plus généralement pratiqués — a-vec ou sans l'aide d'un *kyilkhor* matériel — à cette période de l'entraînement est le suivant :

La forme d'une déité est évoquée. Elle est tout d'abord contemplée seule, puis de son corps surgissent d'autres formes, tantôt identiques à la sienne, tantôt différentes de celles-ci. Ces personnages sont souvent quatre, mais dans certaines méditations, leur nombre monte à des centaines ou, plutôt, ils deviennent innombrables.

Lorsque ces diverses déités ont apparu très nettement, entourant la figure centrale, peu à peu, une à une, elles se résorbent en elle. Celle-ci demeure de nouveau seule, puis commence à s'effacer. Les pieds disparaissent les premiers et ainsi, lentement et graduellement, tout le corps, la tête enfin s'évanouit et il ne reste de toute la féerie qu'un point. Celui-ci peut être sombre, coloré ou lumineux, et les maîtres mystiques trouvent dans cette particularité un indice révélant le degré du progrès spirituel de leurs disciples. Finalement, ce point s'approche de l'étudiant en méditation et est absorbé en lui. Ici aussi, il y a lieu de noter la partie du corps par laquelle il semble entrer.

Une période de méditation suit cet exercice, puis le point est émis hors du *naldjorpa* et la même observation que ci-dessus doit être faite. Certains maîtres indiquent à leurs élèves l'endroit où le point doit opérer sa jonction avec leur corps et en sortir. Cet endroit est généralement entre les deux sourcils. D'autres, au contraire, leur conseillent de ne pas chercher à diriger la marche de cette illusion et de l'observer simplement. Ou bien ils préconisent l'une ou l'autre de ces méthodes suivant les sujets qu'ils guident.

Le point, une fois émis, s'éloignera, deviendra une tête, puis un corps entier d'où surgiront d'autres personnages qui se réabsorberont en lui et la fantasmagorie se déroulera comme devant, pour recommencer autant de fois que le mystique le jugera utile.

En d'autres exercices, c'est un lotus qui apparaîtra. Il s'ouvrira pétale par pétale et, sur chacun d'eux, se tient assis un bodhisatva. Une figure centrale occupe le cœur de la fleur. Après s'être épanouie, celle-ci se referme et chaque pétale en se reployant lance un trait de lumière qui va se perdre dans le cœur du lotus. Enfin, quand ce dernier se ferme à son tour, la lumière qui en jaillit pénètre dans le religieux en méditation. Il existe de nombreuses variétés de cet exercice.

Une autre pratique encore consiste à imaginer nombre de déités placées dans toutes les parties du corps, assises sur les épaules, sur les bras, etc.

Maints aspirants aux cimes mystiques se complaisent dans cette étape, et y restent, s'amusant avec leurs visions, au lieu de continuer leur route. Décrites sèchement comme je viens de le faire, ces visions ne peuvent que sembler baroques, mais elles finissent par devenir un jeu attachant par la diversité imprévue des combinaisons qu'elles arrivent à présenter après un certain temps d'entraînement.

Elles procurent ainsi au reclus, cloîtré dans son *tshamkhang*, des spectacles bien supérieurs à ceux des féeries représentées dans nos théâtres. Celui-là même qui en connaît la nature illusoire peut y trouver du charme et quant à l'homme qui croit à la réalité des divers acteurs, il n'y a rien d'étonnant à ce qu'il demeure plongé dans le ravissement.

Toutefois, ce n'est point pour récréer les ermites que ces exercices ont été inventés. Leur véritable but est d'amener le religieux à comprendre que le monde et tous les phénomènes qui nous apparaissent ne sont que mirages issus de notre imagination.

Ils émergent de l'esprit
Et dans l'esprit ils s'engloutissent,

comme le chante le poète-ascète Milaréspa.

En somme, c'est là l'enseignement fondamental des mystiques du Tibet.

Avant de poursuivre notre étude, il est bon de jeter un regard sur ceux des reclus qui poursuivent l'obtention de pouvoirs magiques. D'une façon générale, on peut les classer en deux grandes catégories.

L'une, la plus nombreuse, englobe tous ceux qui souhaitent subjuguer des êtres puissants, déités ou démons, et les contraindre à leur obéir. Ces apprentis sorciers croient, bien entendu, que les personnalités des autres mondes, dont ils veulent employer le pouvoir pour servir leurs désirs, sont tout à fait distinctes de la leur propre.

C'est parmi les *ngags-pas*, les hommes des « paroles secrètes », qu'il faut étudier leurs différents types, presque toujours d'un pittoresque achevé. C'est parmi ces derniers aussi que l'on peut, le plus fréquemment, observer certains phénomènes psychiques dont ceux qui en sont, inconsciemment, la cause deviennent parfois des dupes tragiques.

Les simples *tsham-pas* dont nous nous occupons ici s'aventurent rarement très loin dans la voie de la magie. Leur ambition se borne souvent à devenir un « lama qui fait tomber ou arrête à son gré la pluie et la grêle ». Cette profession comporte de fortes redevances annuelles payées par les paysans pour la protection de leurs récoltes et, en plus, un casuel appréciable. Pour cette raison, beaucoup y rêvent, s'y entraînent et la pratiquent. Cependant, un petit nombre de moines seulement y deviennent vraiment célèbres et jouissent par son exercice d'une brillante prospérité[1].

Ceux des *tsham-pas* qui, pour un motif quelconque, souhaitent le pouvoir d'assujettir des êtres d'un autre monde, s'y exercent le plus souvent par la méthode des *kyilkhors* — bien qu'il en existe d'autres. Ils doivent apprendre à amener ces personnages dans la construction ou le dessin, aimantés à cet effet par des procédés magiques, et à les y retenir prisonniers. Quand ils y ont réussi, il s'agit d'arracher au captif, en échange de sa

---

1. Les lamas appartenant à la secte des *sakya-pas* sont considérés comme les plus habiles dans cet art de commander à la pluie et à la grêle et en détiennent presque le monopole.

liberté, la promesse de son obéissance et de son concours dans l'œuvre que l'on veut accomplir.

Nos sorciers, au moyen âge — et probablement les sorciers de tous les pays — ont usé de procédés analogues et devaient, tout comme ceux du Tibet, connaître les fureurs des êtres pris à leurs pièges, les luttes qu'ils devaient soutenir contre eux et les accidents auxquels était sujet le magicien maladroit qui laissait échapper son prisonnier sans l'avoir dompté.

La seconde catégorie comprend ceux qui sont plus ou moins convaincus que, seul, leur propre pouvoir agit dans l'œuvre magique et crée les formes particulières dont il a momentanément besoin, tout comme nous fabriquons les instruments requis pour exécuter chaque genre de travail.

Les magiciens de cet ordre ne nient point l'authenticité des accidents dont leurs collègues moins éclairés sont parfois victimes et en donnent une explication d'allure presque scientifique. Quant à eux-mêmes, leurs connaissances de l'essence de cette sorcellerie ne suffisent pas, croient-ils, à les en garantir complètement.

Il y aurait mille détails à donner au sujet des *tscham-pas*, mais il faut me borner. J'indiquerai seulement encore que la coutume veut que le maître du *tsham-pa* l'installe en accomplissant certains rites dans l'endroit où s'écoulera le temps de sa réclusion. Si celle-ci est de l'espèce rigoureuse, et que le religieux doive recevoir ses aliments par un guichet, la porte de sa cellule sera close par son précepteur spirituel qui y apposera son sceau. En d'autres cas, le lama instructeur rendra de temps en temps visite à son disciple pour s'enquérir des résultats de son travail spirituel et lui donner des conseils. Enfin, si le *tsham* est d'espèce encore moins sévère, on place à la porte du reclus un drapeau sur lequel sont inscrits les noms des personnes admises à pénétrer auprès de lui, pour son service ou pour d'autres motifs connus et approuvés par le *gourou*.

Une branche desséchée est parfois plantée près du mur du *tsham-khang* où un moine s'est enfermé pour sa vie entière.

Si nous nous tournons maintenant vers le jeune religieux qui, au lieu de solliciter la direction spirituelle d'un lama membre régulier d'un monastère, s'avise de désirer celle d'un anachorète contemplatif, le tableau change d'aspect.

Les méthodes d'enseignement se font bizarres et parfois dures jusqu'à la barbarie, nous en avons vu des exemples dans les chapitres précédents.

La trilogie : examiner, méditer, comprendre, que j'ai déjà indiquée, prend une force particulière chez les véritables adeptes du «chemin direct» et l'activité intellectuelle du disciple est tout entière dirigée vers ces buts. Parfois, les moyens employés semblent extravagants ; mais en y regardant de près, l'on voit que la fin visée est parfaitement raisonnable. L'on peut croire aussi que les inventeurs de ces méthodes connaissaient à fond la mentalité de leur clientèle et les ont modelées en conséquence.

D'après Padmasambhâva, les étapes du progrès spirituel dans la « Voie directe » se succèdent comme suit :

1º Lire une grande quantité de livres sur des religions et des philosophies différentes. Ecouter les discours de beaucoup de savants et de maîtres professant des théories diverses. Expérimenter soi-même nombre de méthodes de toutes espèces ;

2º Choisir une doctrine entre toutes celles que l'on a examinées et délaisser les autres, de même que l'aigle choisit sa proie au milieu d'un troupeau ;

3º Demeurer dans une situation modeste, avoir une apparence très humble, s'effacer, ne pas chercher à être un des grands du monde. Mais derrière cette façade d'insignifiance, élever son esprit très haut et planer très au-dessus de tous les honneurs et de la gloire terrestre ;

4º Etre indifférent à tout. Agir comme le chien ou le porc qui mangent ce que l'occasion leur fournit. Ne point choisir entre les choses qui se présentent. Ne faire aucun effort pour obtenir ou pour éviter ; prendre ce qui vient, richesse ou pauvreté, louanges ou mépris. Cesser de distinguer entre vertu et vice, glorieux et honteux, bien et mal. Ne point s'affliger, se repentir, ou concevoir de regrets, quoi que l'on ait pu faire et, d'autre part, ne se féliciter ni se réjouir, ni s'enorgueillir de rien ;

5° Contempler sans s'émouvoir, avec un esprit détaché, le conflit des opinions et les divers genres d'activité des êtres. Penser : « Telle est la nature des choses, la façon d'être des individualités différentes. » Regarder le monde comme un homme sur la plus haute montagne de la région regarde, au-dessous de lui, les vallées et les cimes de moindre élévation que la sienne ;

6° La sixième étape ne peut pas se décrire, elle équivaut à la compréhension du vide[1].

Malgré ces sortes de « programmes », l'on s'efforcerait en vain d'établir une gradation régulière des multiples exercices éducatifs inventés par les « Pères du désert » tibétains. Dans la pratique, ces exercices se combinent et non seulement les différents maîtres mystiques ont chacun leur méthode particulière, mais il est rare que deux disciples du même maître soient dirigés dans la même voie.

Il nous faut prendre notre parti d'un chaos qui n'est en somme que la conséquence du chaos des tendances et des aptitudes individuelles que les partisans de la « Voie directe » se refusent à mater et à faire entrer, par force, dans un moule identique. Liberté, est la devise sur les hauts sommets du « Pays des Neiges », mais par un singulier paradoxe, les novices en font l'apprentissage par la plus stricte obéissance à leurs guides spirituels. Toutefois, l'obéissance exigée ne concerne pas que les pratiques et la façon de vivre enjointe par le maître. Nulle doctrine n'est imposée, l'esprit du disciple reste toujours libre de croire, de nier, de douter, selon qu'il s'y sent porté.

J'ai entendu un lama dire que le rôle d'un maître de la « Voie directe » consiste, en premier lieu, à diriger un défrichement. Il doit inciter son élève à se débarrasser des croyances, des idées, des habitudes acquises et des ten-

---

1. D'une façon générale on peut entendre ce « Vide » comme signifiant l'absence d'*ego*, suivant la formule tibétaine : « Les êtres animés sont dépourvus d'*ego* — toutes choses sont dépourvues d'*ego*. »

dances innées, de tout de qui a crû dans son esprit par l'effet de causes dont l'origine se perd dans la nuit des temps.

Faute de pouvoir cataloguer avec ordre les divers exercices spirituels en usage parmi les disciples des anachorètes et aussi parce qu'il est impossible à qui que ce soit de les connaître tous, nous devrons nous contenter d'en considérer quelques-uns en tâchant de discerner nous-mêmes comment chacun d'eux tend au but final qui est «l'émancipation complète».

Deux exercices sont particulièrement en honneur.

L'un consiste à considérer avec attention le mouvement perpétuel de l'esprit, sans chercher à l'entraver. L'autre, à arrêter, au contraire, son vagabondage, à le fixer pour concentrer la pensée sur un objet unique.

Tantôt l'un, tantôt l'autre de ces exercices est prescrit au novice. Parfois, exclusivement l'un d'eux, puis l'autre exclusivement aussi, parfois des périodes alternées de l'un et de l'autre. Enfin, les deux exercices peuvent être pratiqués au cours de la même journée ou même se succéder sans intervalle.

L'entraînement pour acquérir la parfaite concentration de pensée est un préliminaire indispensable à tous les genres de méditation. La raison en est trop aisée à comprendre pour qu'on doive l'expliquer. Aussi tous les novices s'y exercent-ils. Quant à l'observation du va-et-vient de l'esprit, elle n'est guère recommandée qu'aux «intellectuels».

Les exercices de concentration sont pratiqués par tous les bouddhistes. Dans les sectes des pays du sud, Ceylan, Birmanie, Siam, l'on se sert parfois de divers appareils appelés *kasinas* qui sont, soit des cercles d'argile dont la couleur peut varier, soit une surface ronde couverte d'eau, ou bien encore un feu que l'on regarde à travers un écran percé d'un trou rond. L'un ou l'autre de ces cercles est contemplé jusqu'à ce que son image soit vue aussi clairement lorsque l'on ferme les yeux que lorsqu'on les tient ouverts. Ce procédé tend uniquement à accoutumer à la concentration d'esprit et ne vise point à produire des états hypnotiques, comme certains auteurs l'on cru. Les *kasinas* ne sont, du reste, qu'un moyen parmi beaucoup d'autres. Les

Tibétains jugent complètement indifférente la nature de l'objet choisi pour s'entraîner. Celui qui attire et retient le plus facilement les pensées d'un débutant doit être préféré par lui.

Une anecdote bien connue au Tibet illustre ce fait. Un jeune homme prie un anachorète de le guider dans la voie spirituelle. Ce dernier souhaite qu'il s'entraîne, tout d'abord, à la concentration d'esprit. « A quelle occupation vous livrez-vous d'ordinaire, demande-t-il à l'aspirant *naldjorpa*. — Je garde les yaks, répond celui-ci. — Bon, dit le *gomtchén*, médite sur un yak. » Le nouveau disciple s'installe dans une caverne quelque peu aménagée en logis, comme il en est beaucoup au Tibet, dans les régions parcourues par les pasteurs, et commence son entraînement. Au bout de quelque temps, le maître se rend à l'endroit où il l'a laissé en méditation et l'appelle, lui enjoignant de venir à lui. Son élève l'entend, se lève et veut sortir de son abri. Mais sa « méditation » a atteint le but visé : il s'est identifié avec l'objet sur lequel il a dirigé ses pensées, si bien identifié même, qu'il a perdu la conscience de sa propre personnalité et il répond, tout en luttant dans l'ouverture de la grotte comme s'il était arrêté par un obstacle : « Je ne puis pas sortir, mes *cornes* m'en empêchent. » Il se sentait un yak.

Une variété des exercices de concentration consiste à choisir un paysage quelconque, par exemple un jardin. On le regarde, on l'observe dans tous ses détails. On note dans sa pensée les différentes espèces de fleurs qui s'y trouvent, la manière dont elles sont groupées, les arbres, leur hauteur respective, la forme de leurs branches, leurs différents feuillages, et, ainsi de suite, toutes les particularités que l'on peut remarquer. Lorsque l'on a formé une image très nette de ce jardin, qu'on la voit aussi clairement en fermant les yeux qu'en les laissant ouverts, on commence à éliminer mentalement, un à un, les divers détails dont l'ensemble constitue le jardin. Les fleurs perdent graduellement leurs couleurs et leurs formes, elles s'émiettent, leur poussière même disparaît. Les arbres se dépouillent de leurs feuilles, leurs branches se rétrécissent, paraissent rentrer dans le tronc qui s'amincit et devient une simple ligne de plus en plus ténue jusqu'à ce qu'elle cesse d'être visible. Il ne reste plus que le sol nu et, de celui-ci, il faut maintenant soustraire les pierres, la terre. Le sol disparaît à son tour, etc.

Par des exercices de ce genre, on arrive à éliminer l'idée du monde de la forme et de la matière, à concevoir successivement l'idée de l'espace pur et infini, puis celle de l'infinité de la conscience, pour parvenir ensuite à la sphère du Vide et à celle où n'existent ni la conscience, ni l'absence de la conscience. Ces quatres sortes de méditations sont classiques en bouddhisme, on les désigne sous le nom de méditations «sans forme».

De très nombreuses méthodes ont été élaborées pour conduire à ces états d'esprit particuliers. Tantôt ceux-ci sont le fruit d'une contemplation d'où le raisonnement est éliminé, alors que d'autres fois, au contraire, ils se produisent à la suite d'une série d'introspections minutieuses ou bien encore d'investigations et de réflexions concernant le monde extérieur. Enfin il est, disent les Tibétains, des gens qui y parviennent soudainement, sans aucune préparation, tandis qu'ils se trouvent en n'importe quel endroit et occupés de n'importe quelle manière.

Un autre exercice en usage dans l'entraînement mystique consiste à considérer un objet quelconque, à concentrer uniquement sa pensée sur lui, de telle façon que, non seulement l'on ne perçoive plus rien d'autre, mais aussi que l'on n'ait plus l'idée d'aucune autre chose. Perdant graduellement la notion de sa personnalité l'on arrive à revêtir la personnalité de l'objet contemplé, comme dans le cas cité plus haut, de l'homme qui se sentait un yak. Mais il ne faut point s'arrêter là. Lorsque l'on est *devenu* l'objet contemplé, c'est-à-dire que l'on éprouve les sensations spéciales que peuvent produire sa forme, sa dimension et ses autres particularités, il s'agit de se contempler soi-même comme un objet extérieur. Ainsi, celui qui prendra un arbre pour un objet de contemplation, oubliera sa personnalité humaine, devra *sentir* son tronc rigide, ses branches, le mouvement de celle-ci, la vie cachée de ses racines, la montée de la sève, etc., etc. Puis, *comme arbre*, devenu le sujet, il devra contempler un être humain, devenu l'objet, assis devant lui, le considérer et l'examiner en détail. Replaçant alors sa « conscience » en l'homme assis, il regardera de nouveau l'arbre, puis « comme arbre », il contemplera encore l'homme et ce mouvement alternatif de transposition du sujet et de l'objet se répétera autant de fois qu'on le voudra.

Cet exercice se pratique, à l'intérieur, au moyen d'une statuette, d'un bâton, nommé *gom ching* (bois de méditation) ou encore d'une baguette d'encens. Cette dernière, allumée dans l'obscurité complète, ou seulement dans une pièce très sombre, sert aussi à favoriser la préparation à la méditation. Cette préparation est appelée *niam par jag pa*. Elle consiste à amener l'esprit à une tranquillité parfaite, et la contemplation du minuscule point de feu formé par la baguette d'encens aide à établir ce calme.

Cette pratique est très ancienne parmi les bouddhistes. Budhagosha, dans un de ses ouvrages intitulé *Manoratha Pûranî*, parle de la religieuse Utpalavarna « fixant son esprit dans la contemplation de sa lampe et, se servant de cette contemplation comme d'un marchepied, atteignant la connaissance parfaite ».

Les personnes pratiquant la méditation de façon méthodique et régulière éprouvent souvent, après s'être assises à la place réservée à cet effet, la sensation de laisser tomber un fardeau, de se dépouiller d'un vêtement pesant et d'entrer dans une région silencieuse. C'est cette impression de délivrance et de calme que les mystiques appellent *niam par jag pa* « rendre uni », « niveler », c'est-à-dire apaiser toute agitation qui soulève des « vagues » dans l'esprit.

Un autre exercice, encore plus rarement pratiqué, consiste à déplacer sa conscience dans son corps même. Il est expliqué de la façon suivante :

Nous sentons notre conscience dans notre cœur. Nos bras nous semblent des annexes de notre corps ; nous pensons à nos pieds comme étant une partie « éloignée » de nous, en somme, comme étant « objet » pour un « sujet » placé ailleurs.

L'élève s'efforcera donc de faire sortir la « conscience-sujet » de son domicile habituel, de la transporter, par exemple, dans sa main. Il doit ensuite se *sentir* une chose ayant la forme de cinq doigts et d'une paume, située à l'extrémité d'une longue attache (le bras) qui la relie à une grosse masse mouvante (le corps).

Il lui faut éprouver l'impression que nous pourrions ressentir si, au lieu d'avoir les yeux placés dans la tête, nous les avions dans notre main et que cette main, pourvue d'yeux et siège de la pensée, se levât et s'abaissât au bout du bras pour examiner la tête et le corps, au lieu que, selon le geste habituel, nous abaissions nos yeux sur la main quand nous voulons la regarder.

Quel est le but de ces gymnastiques singulières ? La réponse que je reçus le plus fréquemment à ce sujet ne satisfera probablement personne, et pourtant elle est peut-être la seule correcte. Des lamas m'ont dit : « Ce but ne peut guère être expliqué, parce que celui qui n'a pas pu obtenir le fruit de ces exercices ne comprendrait rien aux explications données. On arrive, par cette pratique, à expérimenter d'autres états psychiques que celui qui nous est habituel, à sortir des limites factices que nous assignons au «moi», et comme conséquence, à percevoir nettement que le «moi» n'existe pas. » L'un d'eux saisit l'occasion d'une remarque que je lui fis pour s'en faire un argument au profit de ses idées. Alors qu'il parlait du «cœur siège de la pensée et de l'esprit» je lui dis, en passant, que les Occidentaux désignaient plutôt le cerveau comme tel. Mon interlocuteur rétorqua immédiatement : «Vous voyez bien qu'on peut sentir l'esprit en différents endroits. Puisque ces gens éprouvent la sensation de «penser dans leur tête» et que moi, je l'éprouve «dans mon cœur», on peut croire qu'il est tout aussi possible d'avoir l'impression de penser «dans le pied». D'ailleurs, tout cela n'est que sensations trompeuses, sans l'ombre de réalité. L'esprit n'est ni dans le cœur ni dans la tête. C'est pour apprendre cela, pour ne pas l'emprisonner dans le corps que ces pratiques sont utiles.»

Au fond, ces exercices et bien d'autres qui paraissent encore plus extravagants, visent surtout à faire table rase des notions ordinaires et routinières, à faire comprendre que d'autres peuvent leur être substituées et qu'il n'y a rien d'absolument vrai dans les idées que nous formons, d'après des sensations qu'il est possible de remplacer par d'autres.

C'est une conception d'ordre analogue qui dicte aux adeptes de la secte chinoise *ts'an*[1] des phrases énigmatiques telles que la suivante :

« Voici qu'un nuage de poussière s'élève de l'océan et le mugissement des vagues se fait enendre sur la terre. »

La doctrine de *ts'an*, a-t-il été dit, est « l'art de percevoir l'étoile polaire dans l'hémisphère austral ».

Ce que l'ermite tibétain me disait du rôle du maître présidant au « défrichement » de l'esprit de son élève, apparaît ici. A l'aide de paradoxes, il déracine en celui-ci la foi qu'il accordait aux idées, aux perceptions, aux sensations généralement reconnues pour vraies, et il ne lui permet pas de remplacer celles-ci par une nouvelle foi dans les notions paradoxales qu'il lui propose. Les unes comme les autres ne sont que « relativité » ou même que pure illusion.

Je citerai encore une question classique au Tibet, que les mystiques ermites, tout comme les philosophes habitant les monastères, posent à leurs novices :

« Un drapeau flotte au vent. Qu'est-ce qui remue ?

« Est-ce le vent ou le drapeau ? »

La réponse considérée comme correcte, est que ce ne sont ni le vent ni le drapeau qui remuent, mais l'esprit.

Les adeptes de la secte *ts'an* font remonter l'origine de cette question au sixième patriarche de cette secte. D'après la tradition, celui-ci vit deux moines qui considéraient un drapeau flottant au vent. L'un soutenait : « C'est le drapeau qui remue », et l'autre affirmait : « C'est le vent qui remue. » Alors, le maître leur expliqua que le mouvement n'appartenait véritablement, ni au vent, ni au drapeau, mais à quelque chose existant en eux-mêmes.

Ces façons de penser ont-elles été introduites au Tibet par l'Inde ou par la Chine ? Il est prudent d'ajourner notre réponse mais je rapporterai celle que me donna un lama du Kham : « Les Bönpos enseignaient cela avant que Padmasambhâva vînt au Tibet. » Des affirmations de ce genre nous ramènent vers l'hypothèse qu'il existait une doctrine

---

1. Mieux connue sous le nom de *zen-chou* qu'elle porte au Japon où elle compte un grand nombre d'adhérents parmi l'élite intellectuelle. Son nom signifie « secte de la méditation ».

philosophique au Tibet avant l'introduction du bouddhisme ; mais quel degré de créance faut-il leur accorder ?

Laissant de côté les résultats plus transcendants de l'exercice qui consiste à placer son « esprit » dans une partie quelconque de son corps, je signalerai encore qu'un accroissement notable de la chaleur se produit dans cet endroit ou, tout au moins, que l'on en éprouve la sensation.

Il est passablement difficile de contrôler ce qu'il en est réellement, parce que l'idée même de se livrer à un contrôle quelconque romprait la concentration et ferait retourner « l'esprit » à son domicile ordinaire, détruisant ainsi la cause de la chaleur. D'autre part, se livrer à un contrôle sur une autre personne est impossible. Les ermites et leurs disciples n'ont rien de la mentalité des *médiums* qui, dans les pays occidentaux, donnent des séances contre un cachet rémunérateur et admettent que l'on examine d'une façon critique les phénomènes produits par leur intermédiaire.

Le moindre des élèves d'un *gomtchén* tibétain s'étonnerait fort si on lui proposait pareille chose. J'entends sa réponse : « Je me soucie très peu que vous croyiez ou non à ces phénomènes, dirait-il, je n'ai aucune envie de vous convaincre. C'est bon pour les jongleurs de se montrer en spectacle, moi, je ne donne pas de représentations théâtrales. »

Le fait est que les Orientaux ne font pas montre de leurs connaissances mystiques, philosophiques ou psychiques. Il est extrêmement difficile d'obtenir leur confiance sur ce point. Un voyageur en quête d'observations peut fort bien recevoir l'hospitalité chez un lama, boire du thé familièrement avec lui pendant plusieurs mois et repartir croyant son hôte un parfait ignorant, alors que ce dernier eût pu, non seulement répondre à toutes ses questions, mais lui apprendre nombre d'autres choses auxquelles il n'a même pas songé.

Quoi qu'il puisse en être de la chaleur ou de la « sensation de chaleur » produite par l'exercice décrit ci-dessus, plus d'une fois, couchant sous la tente parmi la neige, elle m'a réchauffé les pieds et procuré un bon sommeil. Cependant, à moins d'y être entraîné, cette pratique exige une somme d'efforts qui la rend extrêmement fatigante.

Pour en terminer avec ce sujet, je ferai remarquer que les

termes traduits par «connaissance», «conscience», «esprit», n'ont pas exactement la même signification en tibétain qu'en français.

Les Tibétains distinguent jusqu'à onze sortes de «connaissance-conscience» et possèdent trois termes qu'il nous faut tous trois traduire par «esprit», bien que chacun d'eux ait un sens particulier.

Une pratique courante, employée pour se rendre compte du degré de concentration d'esprit pendant la méditation, consiste à placer une lampe allumée sur la tête du novice qui va méditer. Ceux qui vivent seuls la placent eux-mêmes sur leur tête. Par lampe, il faut entendre un petit récipient en cuivre, parfois en terre, ayant la forme d'une coupe montée sur un pied à large base. On emplit ces coupes de beurre fondu, après y avoir disposé une mèche. Le beurre refroidi forme une sorte de gâteau d'où émerge la mèche.

La lampe tient facilement sur la tête tant que l'on conserve une immobilité complète, mais tombe au moindre mouvement. Comme la concentration parfaite produit cette immobilité, son défaut est prouvé par la chute de la lampe.

On raconte qu'un maître ayant ainsi placé une lampe sur la tête d'un débutant revint le voir le lendemain et le trouva assis en méditation, mais sans sa lampe, qui était posée à côté de lui, vide de beurre. Répondant à la question de son maître, le novice qui n'avait que fort imparfaitement saisi le but de l'exercice, dit : «La lampe n'est point tombée, je l'ai simplement enlevée quand elle s'est éteinte d'elle-même. — Et comment auriez-vous su qu'elle était éteinte, ou même que vous aviez une lampe sur la tête, si vous aviez réellement atteint la concentration d'esprit ?» riposta le maître.

Quelquefois, un petit bol d'eau est substitué à la lampe. D'autre fois, le *lama* commande à son élève, soit à l'issue de la période de concentration, soit avant celle-ci ou à n'importe quel autre moment, de transporter d'un endroit à un autre un bol rempli d'eau jusqu'au bord. Le succès de cette épreuve consiste en ce que, pendant le trajet, pas une seule goutte d'eau ne tombe hors du vase. C'est là une façon de contrôler le degré de tranquillité de l'esprit. Le moindre mouvement se produisant dans celui-ci détermine un mouvement du corps et le bol plein à ras bord étant secoué même par un simple tressaillement des doigts, l'eau coule au-dehors. La plus ou moindre grande quantité d'eau répandue et le nombre de fois que l'accident se produit décèlent la plus ou moins grande agitation de l'esprit. Telle est du moins la théorie de cette pratique.

Celle-ci est, je crois, connue dans tout l'Orient, et les Hindous racontent quelques jolies histoires à son sujet. En voici une.

Un *gourou* avait un disciple qu'il jugeait très avancé dans la perfection spirituelle. Cependant, souhaitant qu'il pût recevoir un complément d'instruction de Janaka le royal sage de grand roman, il l'envoya à lui. Ce dernier laissa d'abord le voyageur à la porte de son palais pendant plusieurs jours sans lui permettre d'entrer et le jeune homme, bien qu'il appartînt à la noblesse, ne manifesta aucun mécontentement de ce manque d'égards.

Lorsqu'il fut, enfin, conduit vers le souverain, on lui remit un bol rempli d'eau à ras bord, en lui disant qu'il devait faire le tour de la salle du trône en le tenant à la main.

Janaka était entouré d'un faste tout oriental, l'or et les pierres précieuses rutilaient sur les murs de la pièce, les seigneurs de la cour, parés de joyaux splendides, se tenaient rangés autour de leur maître et les danseuses du palais, merveilleusement belles et très légèrement vêtues, souriaient au jeune étranger tandis qu'il passait devant elles. Cependant, ce dernier accomplit le trajet prescrit sans qu'une seule goutte d'eau ait été répandue. Rien ne l'avait ému dans le spectacle placé sous ses yeux. Janaka le renvoya à son *gourou* en disant qu'il n'avait rien à lui apprendre.

Les Tibétains connaissent la théorie des *khorlos* (roues), familière aux Hindous à qui, vraisemblablement ils l'ont empruntée, bien qu'ici encore certains Bönpos interviennent et déclarent qu'une doctrine analogue «mais non mêlée de superstition» (ces mots sont d'un Bönpo lettré) était connue de leurs ancêtres, avant l'arrivée des missionnaires du bouddhisme tantrique. Quoi qu'il en soit, l'interprétation donnée par les Tibétains diffère, en nombre de points, de celle qui est classique parmi les sectateurs du tantrisme hindou.

Les *khorlos* sont, d'après les mystiques, des centres d'énergie situés dans différentes parties du corps. Ils sont représentés par des lotus dans le nombre de pétales et la couleur varient. Le lotus lui-même est un monde qui contient des diagrammes, des déités, etc. Le tout étant, bien entendu, purement symbolique et représentant des forces diverses. Les théories concernant les *khorlos* et les pratiques auxquelles elles ont donné naissance font partie de l'enseignement oral ultra-ésotérique. Le principe général de l'entraînement dans lequel ces *khorlos* jouent un rôle est de diriger un courant d'énergie vers le lotus supérieur (le *dab tong*, lotus aux mille pétales), situé au sommet de la tête. Les divers exercices de cet entraînement tendent à faire utiliser, pour le développement de l'intelligence, des facultés spirituelles ou des pouvoirs magiques, la somme d'énergie qui, laissée à son cours naturel, produit des manifestations animales, principalement d'ordre sexuel.

Les maîtres mystiques tibétains appartenant à la secte dénommée Dzogs-tchén (grand accomplissement) ont presque le monopole des pratiques relatives aux *khorlos*.

Bien que reconnaissant une certaine utilité aux diverses pratiques sus-mentionnées et à beaucoup d'autres encore, les adeptes éclairés du «chemin direct» sont loin de leur accorder l'importance qui leur est donnée dans l'entraînement yoguique hindou.

On discerne souvent, en lisant les ouvrages traitant ces sujets ou en écoutant les explications orales qui en sont données, une sorte d'impatience chez le maître qui nous instruit. Le lama semble dire: «Oui, tout cela peut être utile à certains, à la majorité des étudiants probablement, mais comme gymnastique préparatoire seulement; le but est ailleurs, dépêchons-nous d'en finir avec l'exercice.»

L'impression que l'on reçoit ainsi est curieuse et malaisée à définir. Le domaine du mysticisme tibétain apparaît comme un champ de bataille où lutteraient les tendances de races, non seulement de mentalités différentes, mais même parfois complètement antagonistes.

Un genre d'entraînement spirituel, pour ainsi dire classique, parmi les mystiques tibétains, est le suivant :

Le maître, après avoir interrogé le jeune moine qui sollicite son admission comme disciple et s'être assuré, en le soumettant à diverses épreuves, que sa résolution est sincère et ferme, lui commande de s'enfermer en *tsham* pour méditer en prenant pour objet de sa méditation son *Yidam*, c'est-à-dire son dieu tutélaire. Si le novice n'a pas encore fait choix d'un *Yidam*, il lui en désigne un et, en général, un rite est célébré pour mettre en rapport le *Yidam* et son nouveau protégé.

Il faut que — comme il a déjà été décrit — celui qui médite concentre sa pensée sur le *Yidam* en se le représentant sous la forme qui lui est propre et muni des accessoires, ses attributs personnels, comme fleur, rosaire, sabre, livre tenu à la main, collier, coiffure, etc...

La répétition de certaines formules et un *kyilkhor* approprié font partie du rite dont l'objet est d'obtenir que le *Yidam* se montre à son fidèle. Du moins, c'est sous ce jour que le maître présente l'exercice au débutant.

Celui-ci n'interrompt sa méditation que pendant les quelques heures strictement nécessaires aux repas très frugaux (généralement même un unique repas par jour) et au sommeil très écourté. Souvent, le *tsham-pa* ne se couche point.

Cette dernière pratique est suivie par un assez grand nombre de lamas *riteu-pas*, soit pendant des périodes de méditations spéciales, soit de façon habituelle.

Il existe au Tibet des sièges spéciaux dénommés *gamti* (boîte-siège) ou *gomti* (siège de méditation); ce sont des caisses mesurant environ soixante centimètre carrés, dont l'un des côtés forme dossier. Dans le fond de cette caisse est placé un coussin sur lequel le lama s'assied les jambes croisées. Souvent, afin de maintenir plus facilement cette posture lorsqu'il s'endort, ou pendant de longues périodes de méditation, l'ermite se sert de la «corde de méditation» (*gomthag*). C'est une bande d'étoffe que l'on passe sur les genoux derrière la nuque, ou bien sur les genoux et sur les reins, de façon à soutenir le corps. Un grand nombre d'anachorètes passent ainsi les journées et les nuits sans jamais s'étendre. Ils sommeillent de temps en temps, sans jamais dormir profondément et, à part ces courts moments de somnolence, n'interrompent pas leur contemplation.

Des mois, voire même des années, peuvent s'écouler de la sorte. De temps en temps, le maître s'informe des progrès de son élève. Enfin, un jour, ce dernier lui annonce qu'il a atteint le but de son labeur. La déité s'est montrée. Généralement, l'apparition a été brève, nébuleuse. Le maître déclare que c'est un encouragement mais non pas un résultat définitif. Il est souhaitable que le novice puisse jouir de la compagnie plus prolongée de son protecteur.

L'apprenti *naldjorpa* est de cet avis et poursuit ses efforts. Une longue période de temps s'écoule encore. Puis le *Yidam* est « fixé » si je puis m'exprimer ainsi. Il habite le *tsham-khang* et le jeune moine le contemple constamment au milieu du *kyilkhor*.

« Excellent », répond le maître, lorsque ceci lui est annoncé. « Mais il vous faut mériter une plus grande faveur et pouvoir toucher avec votre tête les pieds de la déité, recevoir sa bénédiction, entendre des paroles de sa bouche. »

Les précédentes étapes de l'entraînement ont été relativement faciles à atteindre, mais celles-ci sont ardues. Une petite minorité seulement y accède.

Le *Yidam* finit par prendre vie. Le reclus qui le vénère sent distinctement ses pieds sous son front lorsqu'il se prosterne devant lui, il sent le poids de ses mains sur sa tête lorsqu'il le bénit, il voit ses yeux se mouvoir, ses lèvres s'entrouvrent, il parle... Et le voici qui sort du *kyilkhor*, qui se meut dans le *tsham-khang*.

C'est le moment dangereux. Jamais, lorsqu'il s'agit des *to-ouos*, irascibles demi-dieux ou démons, on ne doit leur permettre de s'échapper du *kyilkhor* dont les murailles magiques les emprisonnent. Libres, ils se vengeraient sur celui qui les a contraints d'y entrer. Ici, il s'agit d'un *Yidam* dont la forme est parfois terrifiante et qui possède un pouvoir redoutable, mais dont la bienveillance est acquise à ses fidèles. Ce personnage peut donc être laissé en liberté dans le *tsham-khang*. Mieux encore, il doit en sortir et sur le conseil de son maître, le novice doit expérimenter si la déité l'accompagnera au-dehors, à la promenade.

C'est là encore un pas difficile à franchir. La forme qui apparaît et même qui se meut et parle dans le calme du *tsham-khang* généralement sombre, parfumé d'encens et où se font sentir les influences dues à la concentration de pensée que le reclus y a effectuée pendant peut-être plusieurs années, cette forme pourra-t-elle subsister au grand air, au soleil, dans un milieu tout différent et en butte à des influences qui, au lieu de la nourrir, tendront à la dissoudre ?

Une nouvelle élimination se produit parmi les disciples. Le *Yidam* de la plupart de ceux-ci se refuse « à sortir avec eux ». Il reste tapi dans son ombre ou s'évanouit et, parfois, s'irrite et se venge des taquineries irrespectueuses auxquelles on prétend le soumettre. Des accidents étranges surviennent à certains disciples, mais d'autres triomphent et conservent leur compagnon vénéré, qui les accompagne en tous lieux.

« Vous avez atteint le but désiré, annonce le maître au *naldjorpa* heureux de son succès. Je n'ai plus rien à vous apprendre. Vous avez maintenant acquis la protection d'un inspecteur plus grand que moi. »

Il en est qui remercient et s'en retournent satisfaits et fiers à leur monastère, ou bien s'établissent dans un ermitage et, pendant le restant de leurs jours, jouent avec leur fantôme.

D'autres, au contraire, tremblants et angoissés, se prosternent aux pieds du lama et avouent une faute épouvantable... Des doutes leur sont venus qu'ils n'ont pu réprimer malgré leurs efforts. En présence même du *Yidam*, alors qu'il leur parlait, qu'ils le touchaient, la pensée leur est venue qu'ils contemplaient une pure fantasmagorie dont ils étaient eux-mêmes les créateurs.

Le maître paraît s'affliger de cette confession. S'il en est ainsi, le disciple doit retourner dans son *tsham-khang* et recommencer l'entraînement pour confondre une incrédulité qui répond bien mal à la faveur insigne que le *Yidam* lui a témoignée.

Généralement, la foi attaquée par le doute ne se retrouve

plus. Si le respect immense que les Orientaux éprouvent pour leurs guides spirituels ne retenait pas le disciple, peut-être céderait-il à la tentation de s'en aller, la conclusion de sa longue expérience le menant vers une sorte de matérialisme. Mais presque toujours, il reste. S'il doute du *Yidam*, il ne doute pas de son maître.

Après quelque temps, des mois ou des années, il lui renouvelle sa confession. Celle-ci est plus décidée que la précédente. Il ne s'agit plus de doute, il est *convaincu* que le *Yidam* est né de sa pensée, qu'il est son créateur.

«C'est bien cela qu'il fallait voir, lui dit alors le maître. Dieux, démons, l'univers tout entier est un mirage, il existe en l'esprit, surgit de lui et se dissout en lui.»

CHAPITRE VIII

Phénomènes psychiques et comment les Tibétains les expliquent.

Au cours des chapitres précédents, j'ai déjà signalé certains faits qui peuvent être rangés dans la catégorie des phénomènes psychiques. Peut-être, avant de terminer ce livre, est-il bon de reprendre ce sujet, car le Tibet doit surtout son renom à la croyance que les prodiges y éclosent aussi nombreux qu'ailleurs les fleurs des champs.

Comment cette singulière réputation lui est-elle venue ? Examinons-le rapidement, voyons quelle opinion les Tibétains entretiennent au sujet des « prodiges » et notons quelques-uns de ceux-ci. Quoi qu'en puissent penser certains, ces faits bizarres sont loin d'être communs et il est bon de se souvenir que les observations condensées ici en quelques pages ont été effectuées durant une période de plus de dix années.

La fascination exercée par le Tibet sur les peuples voisins date de très loin. Bien avant la naissance du Bouddha, les Hindous se tournaient avec une religieuse terreur vers l'Himâlaya, et des histoires extraordinaires circulaient au sujet de la contrée, voilée par les nues, portée sur les épaules de ses monts neigeux.

La Chine semble aussi avoir subi, autrefois, l'attraction des étranges solitudes tibétaines. La légende de son grand mystique Laotzeu relate qu'à la fin de sa longue carrière, le maître, chevauchant un bœuf, partit pour le «Pays des Neiges», en franchit la frontière et ne reparut plus. La même chose est quelquefois racontée au sujet de Bodhidharma et de quelques-uns de ses disciples chinois.

Encore maintenant, l'on rencontre parfois, sur les sentiers conduisant aux cols par où l'on pénètre au Tibet, des pèlerins hindous, se traînant comme en un rêve, hypnotisés, dirait-on, par une vision irrésistible. Lorsqu'on les interroge sur le but de leur voyage, la plupart ne peuvent que répondre qu'ils souhaitent mourir sur le sol tibétain. Trop souvent, hélas! le climat dur, la haute altitude, la fatigue et le manque de nourriture s'associent pour exaucer leur vœu.

Comment expliquer ce pouvoir magnétique du Tibet?

Il n'y a point de doute que la réputation de thaumaturges dont jouissent ses lamas ermites en soit la principale cause. Mais il reste à savoir pourquoi le Tibet a été spécialement reconnu comme la terre élue des sciences occultes et des phénomènes supranormaux.

Tout d'abord, la situation géographique du pays, enclos entre des chaînes de montagnes formidables et d'immenses déserts, y prêtait grandement.

Les hommes contraints d'abandonner des chimères chéries, incompatibles avec le milieu prosaïque où ils se meuvent, sont empressés à les transporter en des régions idéales mieux en harmonie avec elles. Comme dernière ressource, ils édifient pour elles des jardins dans les nues et des paradis au-delà des étoiles. Mais combien plus grande encore doit être leur hâte de saisir l'occasion de les loger plus à portée d'eux: ici-bas, parmi les humains.

Le Tibet offre cette occasion. Il présente tous les caractères des terres merveilleuses dépeintes dans les contes. Je ne crois pas exagérer en disant que ses paysages dépassent, à tous les points de vue, ceux éclos dans l'esprit des architectes fantaisistes constructeurs de mondes pour dieux ou pour démons.

Nulle description ne peut donner une idée de la sereine majesté, de la grandeur farouche, de l'aspect effroyable et du charme ensorcelant des différents paysages tibétains. Souvent, en parcourant ces hautes terres solitaires l'on ressent l'impression d'y être un intrus. Inconsciemment, on ralentit le pas, on baisse la voix et des paroles d'excuse montent aux lèvres, prêtes à être adressées au premier rencontré des maîtres légitimes du sol que l'on foule sans droit.

L'accoutumance n'a guère atténué, chez les indigènes, l'influence particulière qu'exercent les conditions physiques du Tibet. Traduites par leur esprit primitif, leurs impressions prennent les formes fantastiques des fantômes avec lesquels ils ont peuplé de façon si dense les grandes solitudes de leur pays vide.

D'un autre côté, de même que les bergers chaldéens jetèrent les bases de l'astronomie en observant le ciel étoilé, depuis longtemps les ermites tibétains et les chamans vagabonds ont médité sur les mystères des régions étranges où ils vivaient et noté les phénomènes qui y trouvaient un terrain favorable. Une science bizarre naquit de leur contemplation et sa possession valut aux initiés du « Pays des Neiges » le renom dont ils jouissent depuis longtemps.

Cependant, en dépit de sa situation naturelle si bien défendue, le Tibet n'est pas inaccessible. J'en puis parler en connaissance de cause. J'ai accédé plusieurs fois à ses plateaux méridionaux par différents cols de l'Himâlaya, voyagé pendant des années dans ses provinces orientales et ses déserts herbeux du nord et, lors de mon dernier voyage, j'ai traversé le pays tout entier, depuis son extrémité au sud-est jusqu'à Lhassa. N'importe quel voyageur robuste pourrait faire de même, n'était la politique qui ferme le pays aux étrangers.

Il est certain que — surtout depuis l'introduction du bouddhisme — un bon nombre d'Hindous, de Népalais, et plus encore de Chinois ont visité le Tibet, vu ses sites extraordinaires et ont entendu parler des pouvoirs supranormaux attribués à ses doubtobs[1]. Parmi ces voyageurs, quelques-uns ont certainement approché des lamas de Bönpos magiciens et entendu exposer les doctrines des ermites contemplatifs. Leurs relations amplifiées, comme toujours, à mesure qu'elles circulaient ont dû, en s'ajoutant aux causes physiques que je viens de mentionner et peut-être à

1. Sage qui possède des pouvoirs supranormaux.

d'autres causes encore, moins apparentes, tisser autour du « Pays des Neiges » l'atmosphère de magie dans laquelle il nous apparaît aujourd'hui enveloppé.

Devons-nous en conclure que la réputation du Tibet comme terre où florissent les prodiges, est entièrement usurpée ? Ce serait, probablement, une erreur égale à celle d'accepter sans contrôle tous les contes des indigènes, ou ceux nés plus récemment à ce sujet dans le cerveau ingénieux de quelques Occidentaux facétieux.

La meilleure voie à suivre est de nous inspirer de l'opinion, plutôt inattendue, professée par les Tibétains touchant les incidents anormaux. Nul, au Tibet, ne dénie que de tels faits surviennent, mais nul ne les tient pour miraculeux, au sens que le terme de miracle comporte en Occident, c'est-à-dire au sens d'événement surnaturel.

Tous les faits qui, en d'autres pays, ont été tenus pour miraculeux ou attribués d'une façon quelconque à l'intervention arbitraire d'êtres appartenant à d'autres mondes, sont considérés, par les adeptes avancés des doctrines mystiques tibétaines, comme des phénomènes psychiques.

D'une façon générale, les Tibétains distinguent deux catégories de phénomènes :

1° Les phénomènes qui sont produits *inconsciemment*, soit par une seule personne, soit par plusieurs individus.

L'auteur ou les auteurs du phénomène agissant inconsciemment, il va de soi que ce dernier n'est pas ordonné à un but déterminé d'avance par ceux qui le produisent :

2° Les phénomènes produits sciemment, en vue d'obtenir un résultat précis. Ceux-ci sont le plus souvent — mais pas nécessairement — l'œuvre d'une seule personne.

Cette personne peut être un homme ou bien appartenir à une autre des six classes d'êtres que les Tibétains reconnaissent comme existant dans notre univers. Quel qu'en soit l'auteur, le phénomène s'opère par les mêmes procédés. Il n'y a point de miracle.

Il sera utile de remarquer, en passant, que les Tibétains sont déterministes. Chaque volition, croient-ils, est conditionnée par nombre de causes dont les unes sont proches et les autres infiniment lointaines. Je ne m'étendrai pas sur ce point qui sort de mon sujet, mais il faut comprendre que, consciemment ou inconsciemment produit, le phénomène est dû à des causes multiples. D'abord, celles qui ont fait naître chez son auteur la volonté de la produire, ou qui, à son insu, ont mis en action des forces latentes en lui, puis celles qui, en dehors de l'auteur du phénomène, ont favorisé la production de ce dernier.

Les causes lointaines sont, la plupart du temps, représentées par leur descendance, si je puis employer ce terme imagé dont certains Tibétains se sont servis au cours de nos conversations. Cette «descendance»[1] ce sont les effets qui incarnent, pour le moment des actes matériels accomplis dans le passé ou des pensées anciennes.

Ainsi, lorsque je parlerai de concentration de pensée, il sera nécessaire de se souvenir que, d'après le système que nous étudions, celle-ci n'est pas absolument spontanée et que le phénomène dont elle est la cause directe[2] a derrière lui, à l'arrière-plan, un nombre de causes secondaires[3] tout aussi indispensables.

Le secret de l'entraînement psychique, comme les Tibétains l'entendent, consiste à développer une puissance de concentration de pensée dépassant de beaucoup celle que possèdent, naturellement, les hommes même les mieux doués à cet égard.

Les Tibétains affirment que par le moyen de cette concentration, des ondes d'énergie sont produites.

Le mot «onde» est de moi, bien entendu. Je l'emploie pour rendre l'explication plus claire et parce que, comme on le verra, il s'agit bien, dans la pensée des Tibétains, de courants de forces. Toutefois, ceux-ci emploient simplement le mot «énergie»[4]. Cette énergie, enseignent-ils, est produite chaque fois qu'une action mentale ou physique a lieu. Action de l'esprit du verbe ou du corps, d'après la classification bouddhiste. C'est de l'intensité de cette

1. En tibétain : *rigs*. Ainsi, le lait est présent dans le beurre et le fromage. La graine est présente dans l'arbre né d'elle, etc. Les Tibétains font grand usage de ces exemples.

2. *Gyu.*

3. *Rkyen* prononcé *kyène.*

4. *Chugs ou rtsal.*

énergie et de la direction qui lui est donnée que dépend la production des phénomènes psychiques.

Voici, d'après les maîtres magiciens du Tibet, différentes manières dont peut être utilisée l'énergie engendrée par une puissante concentration de pensée :

1° Un objet peut être *chargé* par ces ondes, à la façon d'un accumulateur électrique, et rendre, ensuite, l'énergie qu'il contient, sous la forme d'une manifestation quelconque. Par exemple : il augmentera la vitalité de celui qui entre en contact avec lui, lui communiquera de l'intrépidité, etc.

C'est en se basant sur cette théorie que les lamas préparent des pilules, de l'eau bénite et des charmes de diverses espèces, qui sont supposés protéger contre les accidents ou tenir en bonne santé.

Le lama doit premièrement se purifier par un régime alimentaire particulier et par la méditation dans la retraite ; ensuite, il concentre ses pensées sur les objets qu'il veut charger de force bienfaisante. Plusieurs semaines ou même plusieurs mois sont parfois consacrés à cette préparation. Cependant, quand il s'agit seulement d'écharpes ou de cordons charmés, ceux-ci sont souvent noués et consacrés en quelques minutes.

2° L'énergie transmise à l'objet infuse en lui une sorte de vie, et il devient capable de mouvement et peut accomplir des actes qui lui sont dictés par celui qui l'a animé.

L'on peut se rappeler ici l'histoire des gâteaux rituels (*tormas*) que le lama-sorcier de Trangloung envoya à travers les airs dans les maisons des villageois qui lui désobéissaient[1].

Un moyen quelque peu analogue est, dit-on, employé par les *ngags-pas*, pour nuire à autrui.

Voici un exemple de la façon dont ils opèrent :

Après une concentration de pensée qui durera peut-être plusieurs mois, le magicien infusera dans un couteau la volonté de tuer tel individu. Lorsque le *ngags-pa* supposera que l'instrument est en état de remplir son office, celui-ci sera placé à la portée de l'homme que l'on veut tuer, de

1. Voir p. 73.

façon à ce que, presque immanquablement, ce dernier soit amené à le saisir pour s'en servir. Alors, croient les Tibétains, dès que le contact s'est établi entre l'homme et le couteau, ce dernier se meut, imprime un mouvement irrésistible à la main qui le tient et tue ou blesse la personne contre laquelle il a été préparé. La blessure paraît ainsi avoir une cause naturelle : la maladresse ou la volonté de se suicider.

On assure que l'arme, étant animée, devient dangereuse pour le sorcier lui-même qui, s'il manque de la science et de l'habileté nécessaires pour se garder, peut en devenir la victime.

Il n'y a pas à s'étonner de ce que le sorcier se suggestionne lui-même au cours des rites très longs exigés par cette pratique et qu'un accident en résulte. D'après les Tibétains, toutes histoires de démons mises de côté, il peut y avoir là un phénomène du genre de celui qui survient lorsque le magicien a créé un fantôme et que celui-ci se rend indépendant de son auteur.

Certains lamas et quelques Bönpos m'ont assuré que l'on se méprendrait en croyant que le couteau devient animé et tue l'homme qui lui est désigné. C'est au contraire ce dernier, disaient-ils, qui, subissant la suggestion produite par la concentration de pensée du sorcier, se suicide inconsciemment.

Bien que le *ngags-pa*, expliquaient-ils, ne vise qu'à animer le couteau, la pensée de l'individu contre qui le rite est dirigé et la scène de sa mort future sont toujours présentes à son esprit. Or, comme cette victime peut être un «récepteur» propre à accueillir les ondes psychiques engendrées par le sorcier, tandis que le couteau inerte ne le peut pas, c'est elle qui subit l'influence du *ngags-pa*.

Il en résulte que lorsque l'homme dont la mort est voulue se trouve en contact avec le couteau préparé par le sorcier, la suggestion entrée en lui, à son insu, se déclenche et il y obéit en se frappant.

Je rapporte cette explication telle qu'elle m'a été donnée.

De plus, les Tibétains croient que, sans employer aucun objet matériel comme intermédiaire, les adeptes avancés des sciences occultes peuvent, même à distance, suggérer l'idée de se tuer ou n'importe quelle autre idée, à des hommes, des bêtes, des démons, des génies, etc...

Tous s'accordent, cependant, pour affirmer qu'une telle tentative ne peut réussir contre celui qui a pratiqué assidûment l'entraînement psychique, parce qu'il est apte à reconnaître la nature des «vagues» de forces dirigées vers lui et à repousser celles qu'il juge néfastes.

3° Sans le secours d'aucun objet matériel, l'énergie émise par la concentration de pensée transmet de la force à distance, et cette force donne lieu à des manifestations diverses à l'endroit vers lequel elle a été dirigée.

Elle peut, par exemple, produire un phénomène psychique à cet endroit. Il en a été dit quelque chose en parlant des *tulkous*[1].

Elle peut aussi pénétrer dans le but qui lui a été assigné et déverser en lui une force particulière.

C'est le procédé qu'emploient les maîtres mystiques en conférant les initiations à leurs disciples. Les initiations ne consistent pas, chez les Tibétains, en la communication d'une doctrine ou d'un secret, mais en une transmission de pouvoir ou de force psychique qui rend le disciple capable d'accomplir la chose spéciale en vue de laquelle il reçoit l'initiation. Le terme tibétain *angkour,* que nous traduisons par initiation, signifie littéralement « communiquer le pouvoir ».

Cette transmission de force psychique à distance permet aussi, dit-on, au maître de soutenir et de ranimer, en cas de besoin, la force physique et mentale de ses disciples éloignés.

Ce procédé ne tend pas toujours à enrichir le but vers lequel «l'onde» est dirigée. Quelquefois, au contraire, après avoir touché celui-ci, elle retourne vers le poste qui l'a émise[2]. Mais, en prenant contact avec son but, elle lui soutire une partie ou la totalité de sa propre énergie, et, ainsi chargée, elle retourne à son point de départ pour être réabsorbée dans l'auteur du phénomène.

---

1. Voir chapitre III : « les Bouddhas vivants ».
2. J'emploie ici encore des termes très peu tibétains mais qui rendent pourtant, aussi exactement que possible dans un langage étranger, les idées de mes interlocuteurs.

Il est dit que certains mages noirs et certains êtres démoniaques arrivent, par ce moyen, à prolonger indéfiniment leur vie, à acquérir une force physique extraordinaire, etc...

4° Les Tibétains affirment encore que, par la concentration de pensée, des gens exercés sont capables de projeter les formes conçues dans l'esprit et de créer toutes sortes de fantômes : hommes, déités, animaux, objets quelconques, paysages, etc.[1].

Ceux-ci n'apparaissent pas toujours comme des mirages impalpables. Ils peuvent être tangibles et doués de toutes les facultés et qualités appartenant naturellement à l'être animé ou à la chose qu'ils représentent.

Par exemple, un cheval-fantôme trotte et hennit ; le cavalier-fantôme qui le monte peut descendre de sa monture, parler avec un passant sur la route, manger un repas composé d'aliments véritables. L'odeur d'un buisson de roses-fantômes se répandra au loin ; une maison-fantôme abritera des voyageurs en chair et en os, etc., etc.

Tout ce qui précède paraît, à première vue, devoir être classé dans la catégorie des contes de fées, et l'on fait sagement en tenant pour tels quatre-vingt-dix-neuf pour cent des histoires tibétaines relatant des faits de ce genre. Cependant, l'on se trouve parfois en présence de cas troublants ; certains phénomènes se produisent, dont on ne peut nier l'existence. On est réduit, alors, à en chercher soi-même l'explication, si l'on ne veut pas accepter celle donnée par les Tibétains. Cependant les explications tibétaines, à cause de la forme vaguement scientifique qu'elles revêtent, constituent une attraction de plus et deviennent, en elles-mêmes, un champ d'investigations.

Les voyageurs occidentaux qui se sont approchés de la frontière tibétaine et s'y sont formé une opinion superficielle concernant les superstitions des masses populaires, seront peut-être très surpris d'apprendre quelles idées étrangement rationalistes et même sceptiques ces apparemment crédules benêts nourrissent dans les profondeurs de leur esprit.

Deux histoires populaires au Tibet serviront à illustrer le sujet. Que les faits rapportés soient ou non authentiques

1. Voir p. 122.

nous importe peu. Ce qu'il y a à retenir est l'interprétation donnée au miracle et l'esprit dont les récits sont imprégnés.

Un marchand voyageait avec sa caravane par un jour de grand vent. La bourrasque lui enleva son chapeau qui fut projeté dans les buissons.

Les Tibétains croient que ramasser sa coiffure, si elle vient de tomber de cette façon au cours d'un voyage, attire la malchance. Obéissant à cette idée superstitieuse, le marchand abandonna la sienne.

Le chapeau était en feutre souple, avec des couvre-oreilles en fourrure. Aplati dans les broussailles et à demi caché par elles, sa forme n'était guère reconnaissable.

Quelques semaines plus tard, à la nuit tombante, un homme passant par là distingua une forme imprécise qui paraissait tapie parmi les halliers. N'étant pas des plus braves, il pressa le pas et s'éloigna. Le lendemain, il raconta dans le premier village où il s'arrêta qu'il avait vu «quelque chose d'étrange» caché dans les buissons, à une petite distance du chemin.

Le temps passa, puis d'autres voyageurs aperçurent aussi, à la même place, un objet singulier dont ils ne purent définir la nature et en parlèrent dans ce même village.

Et ainsi de suite, d'autres encore entrevirent l'innocent couvre-chef et le signalèrent à l'attention des gens du pays.

Pendant ce temps, le soleil, la pluie et la poussière faisant leur œuvre, le feutre avait changé de couleur et les cache-oreilles redressés ressemblaient vaguement aux oreilles poilues d'un animal. L'aspect de la guenille en était devenu d'autant plus singulier.

Maintenant, voyageurs et pèlerins s'arrêtant au village étaient avertis qu'à la lisière des bois, une «chose», ni homme ni bête, demeurait embusquée et qu'il convenait d'être sur ses gardes. Certains émirent l'idée que la «chose» pouvait être un démon et bientôt l'objet jusque-là anonyme fut promu au rang de diable.

Davantage de gens virent le vieux chapeau, davantage en parlèrent et tout le pays en vint à s'entretenir du «démon» caché au coin du bois.

Alors, il advint qu'un jour des voyageurs virent la guenille remuer, un autre jour, elle parut chercher à se dégager d'entre les épines enchevêtrées autour d'elle, et finalement, elle poursuivit des passants qui, fous de terreur, s'enfuirent à toutes jambes.

Le chapeau avait été *animé* par l'effet des nombreuses pensées concentrées sur lui.

Cette histoire, que l'on assure véridique, est donnée comme exemple du pouvoir de la concentration de pensée, même effectuée inconsciemment et sans tendre à un but précis.

La seconde histoire a tout l'air d'avoir été imaginée par un plaisantin mécréant pour se moquer des dévots. Pourtant, il n'en est rien. Au Tibet, nul n'y trouve sujet à rire ou à s'indigner. Le fait rapporté est accepté comme l'expression de la réalité concernant tous les cultes où l'objet vénéré ne vaut que par la vénération qui lui a été témoignée et n'a de pouvoir que celui dont ses fidèles eux-mêmes l'ont investi par la concentration de leurs pensées pieuses et leur foi.

La vieille mère d'un marchand qui allait chaque année dans l'Inde, demanda un jour à celui-ci de lui rapporter une relique de la terre sainte. (L'Inde, berceau du bouddhisme, est la terre sainte des Tibétains.) Le marchand promit de s'acquitter de la commission mais, préoccupé par ses affaires, il l'oublia.

La vieille Tibétaine fut navrée et, l'année suivante, lorsque la caravane de son fils se mit de nouveau en route pour l'Inde, elle lui fit encore une fois promettre de lui rapporter une relique.

Celui-ci promit et oublia. Et la même chose se renouvela l'année d'après. Cette troisième fois, pourtant, le marchand se rappela la demande de sa mère avant d'arriver à sa demeure et fut sincèrement affligé en pensant à la peine qu'allait avoir la pieuse vieille femme. Comme il réfléchissait au moyen d'arranger les choses, ses yeux tombèrent sur un fragment de mâchoire de chien qui gisait sur le bord de la route. Une inspiration soudaine lui vint. Il détacha une dent de l'ossement desséché, la débarrassa de la poussière qui la couvrait, puis l'enveloppa dans un morceau de soie. Chez lui, il présenta cet os à sa mère comme étant, très précieuse relique, une dent du grand Saripoutra[1].

Transportée de joie et pleine de vénération, la bonne femme plaça la dent dans un reliquaire, sur un autel. Chaque jour, elle lui rendait un culte, allumant des lampes et faisant brûler de l'encens. D'autres dévots se joignirent à elle et, au bout de quelque temps, la dent de chien, promue sainte relique, émit des rayons lumineux.

Un proverbe tibétain est né de cette histoire :

Meu gus yeu na
Khyi so eu toung.

C'est-à-dire, la vénération fait surgir de la lumière, même de la dent d'un chien[2].

Ainsi qu'on a pu le voir au cours du présent ouvrage, les théories des lamaïstes concernant n'importe quels phénomènes sont, au fond, toujours identiques. Toutes sont basées sur le pouvoir de l'esprit et ceci n'est que logique de la part de gens qui, pour la plupart, considèrent l'univers, tel que nous le voyons, comme une vision subjective.

Le pouvoir de se rendre invisible à volonté exhibé par nombre de magiciens dans les contes de tous les peuples, est finalement attribué par les occultistes tibétains à la cessation de l'activité mentale.

Ce n'est pas que les légendes omettent de citer les moyens matériels produisant cette invisibilité. Parmi eux est le fameux *dip ching*, un bois fabuleux qu'une espèce particulière de corbeaux cache dans son nid. Le plus petit fragment de celui-ci assure l'invisibilité parfaite à l'homme, la bête ou l'objet qui le porte, ou près duquel il est placé. Mais les grands *naldjorpas*, les *doubtchens* éminents n'ont besoin d'aucun instrument magique pour arriver à ce résultat.

D'après ce que j'ai pu comprendre, les initiés à l'entraî-

---

1. L'un des plus éminents disciples du Bouddha.
2. Littéralement : s'il y a de la vénération, une dent de chien émet de la lumière.

nement psychique ne considèrent pas le phénomène de la même façon que les profanes. A les entendre, il semble qu'il ne s'agisse pas du tout de s'escamoter, bien que le vulgaire imagine le prodige sous cette forme. Ce qu'il faut, c'est parvenir à n'éveiller aucune sensation chez les êtres animés que l'on approche. De cette façon, l'on passe inaperçu et, à de moindres degrés de perfection du phénomène, on est très peu remarqué par ceux devant lesquels on passe, on ne provoque pas leurs réflexions et on ne laisse aucune impression dans leur mémoire.

Les explications qui m'ont été données à ce sujet peuvent à peu près se traduire comme suit : lorsque l'on avance en faisant un grand bruit, beaucoup de gestes, en heurtant les gens et les choses, l'on détermine de nombreuses sensations chez un grand nombre d'individus. L'attention s'éveille en ceux qui le ressentent et se porte sur celui qui en est l'auteur. Si, au contraire, on marche doucement, en silence, l'on ne fait naître que peu de sensations, celles-ci ne sont point vives, elles n'excitent pas l'attention chez ceux qui les éprouvent et il s'ensuit que l'on est peu remarqué.

Toutefois, si immobile et silencieux que l'on se tienne, le travail de l'esprit engendre une énergie qui se répand autour de celui qui la produit, et cette énergie est sentie de façons diverses par ceux qui entrent en contact avec elle. Si l'on parvient à supprimer tout mouvement de l'esprit, on n'éveille pas de sensations autour de soi et l'on n'est point vu.

Cette théorie me paraissant par trop hasardée, j'insinuai que, malgré tout, le corps matériel devrait forcément être vu. La réponse fut : nous *voyons* à chaque instant un nombre considérable d'objets, mais bien que tous se trouvent sous nos yeux, nous ne *remarquons* qu'un nombre très restreint d'entre eux. Les autres ne produisent aucune impression sur nous ; aucune «connaissance-conscience» ne suit le contact visuel ; nous ne nous rappellerons pas que ce contact a eu lieu. En fait, ces objets sont demeurés invisibles pour nous.

S'il fallait en croire toutes les nombreuses histoires

racontées à ce sujet ou ajouter foi aux rapports de toutes les personnes qui affirment avoir été témoins de matérialisations, celles-ci s'effectueraient fréquemment au Tibet, mais il convient toujours, en matière semblable, de faire large part à l'exagération comme aux hâbleries. Nombreux doivent être ceux qui, entendant relater un prodige, ne peuvent résister à la tentation de se vanter d'en avoir contemplé un plus extraordinaire.

Il faut aussi compter avec la suggestion collective et l'auto suggestion. Néanmoins, toutes réserves faites quant à la fréquence de ces phénomènes, il me serait difficile d'en nier complètement l'existence.

Les matérialisations[1], telles que les Tibétains les dépeignent et telles que j'ai pu en voir moi-même, ne ressemblent point à celles qui, paraît-il, ont été observées dans les séances de spiritisme. Au Tibet, les témoins des phénomènes n'ont pas été spécialement convoqués pour tenter d'obtenir ceux-ci, ils n'ont donc pas l'esprit préparé et porté à en voir. Il n'y a point de table sur laquelle les assistants posent les mains, point de médium en transe, point de cabinet noir où celui-ci s'enferme. L'obscurité n'est point requise non plus, le soleil et le plein air ne contrarient point les apparitions.

Comme il a été dit, certaines de ces apparitions sont créées volontairement, soit instantanément, si l'auteur du phénomène est doué d'une force psychique suffisante, soit par un procédé très lent du genre de celui décrit dans le chapitre précédent à propos de l'objectivation d'un *Yidam*.

En d'autres cas, l'auteur du phénomène produit celui-ci involontairement et n'est point conscient de l'apparition contemplée par d'autres.

Parfois, l'apparition consiste en une forme identique à celle de l'auteur de la matérialisation et dans ce cas, ceux qui d'une façon quelconque croient à l'existence d'un « double » éthéré, y verront une manifestation de ce dernier. Mais de multiples sosies de l'auteur du phénomène apparaissent, parfois, simultanément, et dans ce cas il est diffi-

---

1. Elles sont dénommées *toulpa*, écrit *sprulpa*, « créations magiques », « fantômes illusoires ».

cile d'attribuer les apparitions à l'existence d'un unique double. D'autres fois encore, la forme ou les formes créées n'ont aucune ressemblance avec celui qui les produit.

Je relaterai ici quelques-uns de ces phénomènes dont j'ai été témoin en même temps que d'autres personnes :

1° Un jeune homme qui était à mon service s'en alla voir ses parents. Je lui avais accordé trois semaines de congé, après quoi il devait m'acheter des vivres et engager des porteurs pour transporter les fardeaux à travers la montagne.

Le garçon, qui s'amusait parmi les siens, prolongea son absence. Près de deux mois s'étaient écoulés sans qu'il reparût. Je croyais qu'il m'avait quittée définitivement.

Une nuit, je rêvai de lui. Je le vis vêtu d'une façon qui ne lui était pas habituelle et coiffé d'un chapeau de forme européenne. Jamais il n'en avait porté.

Le lendemain matin, un de mes domestiques vient me trouver en courant : «Ouangdu arrive, dit-il, je l'ai aperçu à l'instant.» La coïncidence me paraît curieuse. Je sors pour regarder venir le voyageur.

L'endroit où je me trouvais dominait une vallée. Je vis très clairement Ouangdu habillé exactement comme dans mon rêve. Il était seul et montait le chemin zigzaguant sur le versant de la montagne.

Je fis la remarque qu'il n'avait pas de bagages avec lui et le domestique qui se tenait à côté de moi répondit : «Ouangdu aura devancé les porteurs.»

Deux autres hommes virent aussi Ouangdu gravissant la montagne.

Mon domestique et moi, nous continuions à le regarder s'approcher, lorsqu'il arriva près d'un petit *chörten*. La base de celui-ci était constituée par un cube en maçonnerie, d'environ 80 centimètres de côté et, y compris sa partie supérieure jusqu'au sommet de l'aiguille terminale, le monument tout entier ne mesurait pas plus de deux mètres. Il était construit partie en pierre, partie en pisé et complètement plein, n'offrant aucune cavité.

Le garçon passa derrière le *chörten* et ne reparut plus.

Il n'y avait à cet endroit, ni arbres, ni maisons, ni replis de terrain, rien que ce *chörten* isolé. D'abord le domestique et moi, nous supposâmes que Ouangdu s'était assis à l'ombre du petit monument. Puis, voyant que le temps passait sans qu'il se remît en marche, j'explorai les alentours à l'aide de mes jumelles. Je ne vis personne.

Sur mon ordre, deux de mes gens allèrent à la recherche de Ouangdu.

Je suivis leur marche dans les jumelles. Ils ne découvrirent personne non plus.

Le même jour, vers cinq heures du soir, Ouangdu apparut dans la vallée, à la tête de sa petite caravane. Il portait la robe et le chapeau que je lui avais vus d'abord dans mon rêve et ensuite, dans l'apparition.

Sans leur dire rien de cette dernière, sans leur laisser le temps de s'entretenir avec mes domestiques, j'interrogeai les porteurs et Ouangdu lui-même. Il résulta de cet interrogatoire que tous avaient passé la nuit dans un endroit trop éloigné pour qu'aucun d'eux pût arriver chez moi dans la matinée, et que d'ailleurs Ouangdu avait continuellement fait route avec les villageois.

Pendant les semaines qui suivirent cet incident, j'eus l'occasion de vérifier l'exactitude des déclarations qui m'avaient été faites, en procédant à une enquête dans les derniers villages où avait eu lieu le relais des porteurs. Il fut prouvé que les hommes avaient bien dit la vérité et fourni la dernière étape tout entière accompagnés par Ouangdu.

2° Un artiste tibétain qui se complaisait à peindre les déités terribles et leur rendait un culte assidu, entra un après-midi chez moi.

Derrière lui, je distinguai la forme quelque peu nébuleuse de l'un des personnages fantastiques qui figuraient souvent sur ses toiles.

La stupéfaction me fit faire un geste brusque et le peintre s'avança vers moi, sans doute pour m'en demander la raison. Je remarquai que le fantôme ne suivait pas son mouvement. Rapidement, j'écartai mon visiteur et fis quelques pas vers l'apparition, en étendant le bras en avant. J'eus la sensation de toucher quelque chose de peu solide qui cédait sous la pression. Le fantôme s'était évanoui.

Répondant à mes questions, l'artiste m'avoua qu'il procédait depuis plusieurs semaines à l'évocation du personnage que j'avais entrevu et qu'il venait, ce même jour, de travailler longuement à un tableau qui le représentait.

Bref, toutes ses pensées étaient concentrées sur le dieu qu'il voulait induire à le servir.

Le Tibétain, lui-même, n'avait pas vu le fantôme.

3° Le troisième incident singulier semble bien appartenir à la catégorie des phénomènes produits volontairement.

A cette époque, je campais près de Pounag riteu, au Kham. Une après-midi, je me trouvais avec mon cuisinier, dans une hutte qui me servait de cuisine. Le garçon demandait des provisions. Je lui dis : « Viens avec moi dans ma tente, tu y prendras dans les caisses ce dont tu as besoin. »

Nous sortons et, en approchant de ma tente dont les rideaux étaient ouverts, nous voyons tous les deux le lama supérieur du riteu assis sur une chaise pliante près de ma table. Ceci ne nous étonna pas, car ce lama me rendait souvent visite. Le cuisinier me dit aussitôt : « Rimpotché est là, il faut que je retourne faire du thé pour lui, je prendrai les provisions plus tard. »

Je réponds : « C'est cela, prépare du thé tout de suite. »

Le domestique s'en va, je continue à avancer. Arrivée à quelques pas de la tente, il me semble qu'un voile de brume diaphane, tendu devant elle, s'écarte doucement. Le lama avait disparu.

Un peu après, le cuisinier revenait en apportant du thé.

Il fut surpris de ne pas trouver le lama et pour ne pas l'effrayer, je lui déclarai : « Rimpotché n'avait qu'un mot à me dire, il est occupé et n'avait pas le temps de rester davantage. »

Je ne manquai pas de parler au lama de cette vision, mais il se borna à rire narquoisement, sans vouloir me donner d'explication.

La création d'un fantôme, telle que nous l'avons vue dans le chapitre précédent au sujet du *Yidam*, a deux buts : le but élevé qui consiste à apprendre au disciple qu'il n'existe point de dieux en dehors de ceux qu'il crée par sa pensée, et le but plus intéressé de pourvoir à sa propre protection.

Comment le fantôme protège-t-il son créateur ? En

apparaissant à sa place. C'est là une pratique courante. Chaque matin, le lama qui·y est initié revêt la personnalité de son dieu tutélaire (il pourrait en revêtir une autre s'il le désirait) et l'on suppose alors que les êtres malveillants, au lieu de le voir comme un homme, le voient sous celui d'une déité à l'aspect effrayant, ce qui les met en fuite.

Il s'en faut de beaucoup que tous ceux qui, très sérieusement, pratiquent, chaque matin, le rite consistant à revêtir la forme de leur *Yidam*, soient capables d'exhiber celle-ci. Je ne sais s'ils parviennent à duper les démons, mais il est certain qu'ils ne font point illusion aux humains. Cependant, j'ai entendu raconter que des lamas étaient soudain apparus sous l'aspect de certains personnages du panthéon lamaïste.

Quant aux magiciens, ils ne voient dans la création d'un *toulpa* (fantôme) qu'un moyen de se pourvoir d'un instrument qui exécutera leurs volontés. Et dans ce cas, le fantôme n'est pas nécessairement un dieu tutélaire, mais n'importe quel être ou même quel objet inanimé, propre à servir leurs desseins[1].

Une fois bien formé, ce fantôme tend, disent les occultistes tibétains, à se libérer de la tutelle du magicien. Il arrive qu'il devienne un fils rebelle et l'on raconte que des luttes, dont l'issue est parfois tragique pour le sorcier, s'engagent entre lui et sa créature.

On cite aussi des cas où le fantôme envoyé pour accomplir une mission, n'est point revenu et continue ses pérégrinations en marionnette à demi pensante et demi consciente. D'autre fois, c'est l'opération de la dissolution qui donne lieu à des drames. Le magicien s'efforçant de détruire son œuvre et le fantôme s'acharnant à conserver la vie qui lui a été infusée.

Tous ces contes dramatiques de «matérialisations» en révolte ne sont-ils que pure imagination?

C'est possible. Je ne me porte garante de rien, je me borne à relater ce qui m'a été narré par des gens qu'en d'autres occasions, j'avais trouvés dignes de foi. Mais eux-mêmes peuvent s'illusionner.

1. Voir ce qui est dit des *tulkous*, dans le chapitre III.

Quant à la possibilité de créer et d'animer un fantôme, je ne puis guère la mettre en doute.

Incrédule à mon ordinaire, je voulus tenter l'expérience moi-même et, afin de ne pas me laisser influencer par les formes impressionnantes des déités lamaïstes que j'avais l'habitude d'avoir sous les yeux, en tableaux et en statues, je choisis un personnage insignifiant : un lama courtaud et corpulent du type innocent et jovial. Après quelques mois, le bonhomme était formé. Il se «fixa» peu à peu et devint une sorte de commensal. Il n'attendait point que je pensasse à lui pour apparaître, mais se montrait au moment où j'avais l'esprit occupé de tout autre chose. L'illusion était surtout visuelle, mais il m'arriva d'être comme frôlée par l'étoffe d'une robe et de sentir la pression d'une main posée sur mon épaule. A ce moment, je n'étais point enfermée, je montais à cheval tous les jours, vivais sous la tente et jouissais, selon mon heureuse habitude, d'une excellente santé.

Un changement s'opéra graduellement dans mon lama. Les traits que je lui avais prêtés se modifièrent, sa figure joufflue s'amincit et prit une expression vaguement narquoise et méchante. Il devint plus importun. Bref, il m'échappait. Un jour, un pasteur qui m'apportait du beurre vit le fantôme, qu'il prit pour un lama en chair et en os.

J'aurais probablement dû laisser le phénomène suivre son cours, mais cette présence insolite commençait à m'énerver. Elle tournait au cauchemar. Je me décidai à dissiper l'hallucination dont je n'étais pas complètement maîtresse. J'y parvins, mais après six mois d'efforts. Mon lama avait la vie dure.

Que j'aie réussi à m'halluciner volontairement n'a rien de surprenant. La chose intéressante dans ces cas de «matérialisation» est que d'autres voient la forme créée par la pensée. Les Tibétains ne sont pas d'accord sur l'explication à donner à ce phénomène. Les uns croient qu'il y a réellement création d'une forme matérielle, les autres ne voient là qu'un cas de suggestion : la pensée du créateur du fantôme s'imposant involontairement à autrui et lui faisant voir ce qu'il voit lui-même.

Malgré l'ingéniosité déployée par les Tibétains dans leur

désir de trouver une explication rationnelle à tous les prodiges, certains de ceux-ci demeurent inintelligible, soit qu'ils soient de pures inventions, soit pour d'autres raisons.

C'est ainsi qu'il admettent généralement que les mystiques avancés ne doivent pas nécessairement mourir de la manière ordinaire, mais peuvent, n'importe quand ils le désirent, dissoudre leur corps de façon à n'en laisser aucune trace.

Il est raconté que Réstchounpa disparut de cette manière et que l'épouse de Marpa, Dagmédma, s'incorpora à son mari au cours d'une méditation particulière.

Toutefois, ces traditions, dont les héros vivaient il y a des siècles, nous apparaissent comme de pures légendes. Le fait suivant, de date relativement récente, est plus propre à nous intéresser, d'autant plus qu'au lieu de s'être produit dans un ermitage solitaire, le prodige s'est, dit-on, accompli au grand jour, devant des centaines de témoins.

Je dois déclarer, immédiatement, que je ne me trouvais pas parmi eux, et l'on peut imaginer combien je le regrette. Mes renseignements proviennent de gens qui m'ont affirmé avoir vu le phénomène. Le seul lien que j'aie avec le miracle est que j'ai connu celui qui est dit en être le héros.

Ce dernier était, comme je l'ai relaté[1], un des guides spirituels du Trachi-lama. On le dénommait Kyongbou rimpotché. Lors de mon séjour à Jigatzé, il était déjà vieux et vivait en ermite à quelques kilomètres de la ville sur la rive du Yésrou Tsangpo (Brahmapoutre). La mère du Trachi-lama le tenait en grande vénération et, tandis que j'étais auprès d'elle, j'entendis plusieurs histoires extraordinaires à son sujet.

L'on disait qu'à mesure que les années s'écoulaient, la taille du savant et saint ascète diminuait. Ceci est, d'après les Tibétains, le signe d'une haute perfection spirituelle, et de nombreuses traditions existent au sujet de mystiques-magiciens qui, ayant été des hommes de haute stature, furent graduellement réduits à des proportions minuscules et, finalement, disparurent.

Lorsque l'on commença à parler de la consécration de la

1. Voir p. 91

nouvelle statue de Maitreya, le Trachi-lama exprima le désir de voir Kyongbou rimpotché procéder à la cérémonie, mais celui-ci déclara qu'il serait mort avant que le temple contenant la statue soit entièrement terminé.

Le Trachi-lama, me dit-on, pria l'ermite de retarder le moment de sa mort, afin de pouvoir consacrer le temple et la statue.

Une telle requête peut sembler bizarre à un Occidental mais elle s'accorde avec la croyance tibétaine que les grands mystiques possèdent le pouvoir de choisir le moment de leur mort.

L'ermite, déférant au désir du Trachi-lama, promit donc qu'il officierait quand le jour de la consécration serait venu.

Alors, environ un an apres mon départ de Jigatzé, temple et statue étant terminés, une date fut fixée pour la solennité de leur consécration. Ce jour venu, le Trachi-lama envoya une magnifique chaise à porteurs et une escorte à Kyongbou rimpotché, pour l'amener à Trachilhumpo.

Les hommes de l'escorte virent l'ermite prendre place dans la chaise, celle-ci fut close et l'on se mit en marche.

Pendant ce temps, plusieurs milliers de personnes s'étaient assemblées à Trachilhumpo pour assister à la cérémonie. Quel ne fut pas leur étonnement, lorsqu'elles virent arriver Kyongbou rimpotché seul et à pied ! Il traversa le temple en silence, s'avança vers la gigantesque statue, s'en approcha jusqu'à la toucher et, graduellement, pénétra en elle.

Un peu plus tard, la chaise à porteurs entourée de son escorte arriva. On en ouvrit la porte... elle était vide.

Beaucoup affirment que le lama n'a jamais plus été vu depuis ce temps.

Le prodige, lorsqu'on me le narra à Lhassa, me parut dépasser toute imagination. Il m'intéressait particulièrement parce que j'avais connu l'ermite, vu le lieu où s'était opéré le phénomène et été directement informée des circonstances l'ayant précédé : c'est-à-dire la requête du Trachi-lama et la promesse faite par Kyongbou rimpotché de retarder le moment de sa mort.

Je brûlais du désir de me rendre à Jigatzé pour me renseigner concernant les derniers jours du lama et tâcher de trouver sa tombe, s'il était véritablement mort. Mais Yongden et moi vivions à Lhassa sous un déguisement et nous ne pouvions espérer conserver cet incognito à Jigatzé où l'un et l'autre nous comptions de nombreuses connaissances. Etre démasqués équivalait à être immédiatement conduits à la frontière et je tenais, après mon séjour dans la capitale du Tibet, à visiter les tombeaux des anciens rois et d'autres monuments dans la province de Yarloung. Ainsi, force me fut de renoncer à mon enquête.

Cependant, avant que nous quittions le Tibet, Yongden trouva le moyen de poser des questions sur le miracle de Jigatzé à quelques hommes paraissant capables d'avoir des idées éclairées à son sujet.

Malheureusement, l'événement remontait déjà à environ sept années. De grands changements s'étaient produits depuis lors dans la province de Tsang, et différents autres prodiges avaient été signalé en rapport avec le Trachi-lama au moment de sa fuite au Tibet. De plus, l'atmosphère politique n'était pas favorable aux gens et aux choses de Tsang. Les hommes occupant une situation sociale au-dessus du vulgaire étaient devenus d'une réserve exagérée sur tout ce qui pouvait sembler exalter la personnalité du Grand Lama exilé, ou ajouter au prestige de la statue dont l'érection, d'après la rumeur publique, avait excité la jalousie de la cour de Lhassa.

Nous recueillîmes les opinions suivantes :

Kyongbou rimpotché avait créé un fantôme identique à lui qui était entré dans la chaise et s'était comporté comme il a été relaté dans le temple de Maitreya. Ce fantôme s'était évanoui en touchant la statue comme l'avait combiné le lama-magicien qui, pendant ce temps, n'avait peut-être pas bougé de son ermitage.

Ou bien, de sa retraite, le lama avait été capable de faire éprouver une hallucination collective à la foule assemblée loin de lui.

Quelques-uns insinuèrent que Kyongbou rimpotché était déjà mort quand le miracle se produisit, mais avait laissé derrière lui un *tulpa* (fantôme), sa créature, pour se rendre à Trachilhumpo.

Ceci me rappela qu'un disciple de Kyongbou rimpotché m'avait dit, un jour, que par le moyen de certains genres de concentration d'esprit, des phénomènes pouvaient être préparés en vue d'événements futurs. Si la concentration était effectuée avec succès, toute la suite des actions voulues se déroulait mécaniquement, sans que la coopération du magicien fût encore nécessaire. Même, ajoutait ce lama, le magicien est, en bien des cas, incapable de défaire son œuvre et d'empêcher le phénomène de se produire au temps marqué, l'énergie qu'il a engendrée et dirigée vers un certain but étant passée hors de son contrôle.

On pourrait en dire bien davantage au sujet des phénomènes psychiques au Tibet.

La relation d'un seul investigateur ne peut être que très incomplète, particulièrement dans les conditions difficiles parmi lesquelles ces recherches doivent être poursuivies dans ce pays.

L'idée de faire un cours de magie ou de prêcher des doctrines quelconques au sujet des phénomènes psychiques est très loin de ma pensée. Mon but a simplement été de donner une idée de la manière dont sont envisagés, dans un des pays les moins connus du monde, certains faits rentrant dans le champ des études psychologiques.

Je serais heureuse si le présent livre pouvait inspirer, à quelques savants plus qualifiés que moi pour une telle besogne, le désir d'entreprendre de sérieuses investigations au sujet des phénomènes que j'ai mentionnés brièvement.

L'étude des phénomènes psychiques doit, il me semble, s'inspirer du même esprit que n'importe quelle recherche scientifique. Les découvertes que l'on peut faire dans ce domaine n'ont rien de miraculeux, rien qui puisse justifier les croyances superstitieuses et les divagations auxquelles certains se sont abandonnés à leur propos. Bien au contraire, ces recherches tendent à mettre au jour le mécanisme des prétendus miracles et le miracle expliqué n'est plus un miracle.

TABLE DES MATIÈRES

Faites de nouvelles
découvertes sur
www.pocket.fr

- Des 1ers chapitres à télécharger
- Les dernières parutions
- Toute l'actualité des auteurs
- Des jeux-concours

POCKET

Il y a toujours
un **Pocket** à découvrir

Imprimé en France par

BUSSIÈRE

à Saint-Amand-Montrond (Cher)
en octobre 2014

POCKET – 12, avenue d'Italie – 75627 Paris Cedex 13

N° d'impression : 2012032
Dépôt légal : 3e trimestre 1980
Suite du premier tirage : octobre 2014
S13462/08